国家技能型紧缺人才培养培训工程

中等职业教育物流服务与管理专业规划教材

集装箱码头业务操作

主　编　王　岩

副主编　贺维英　邵　婧　张杨春

参　编　陈　英　陈方园　俞　辉　沈婉莹

　　　　黄建锋　张　斌　傅毅峰　胡　靖

　　　　康雪松

机械工业出版社

本书采用项目教学、任务驱动法。为了使学生能更快更好地掌握集装箱码头的业务操作技能，本书简化了对理论知识的过多讲解，强化了应用性与实用性。本书分十二个项目，前五个项目是基础知识，后七个项目是实训内容。每一个项目都有情景创设、项目分析。每一个项目设置了相应的教学任务。有针对性地让学生从熟悉集装箱码头到会进行集装箱码头业务的操作，让学生能够在一个整体性的工作情景中认识到自己承担的工作对整个集装箱码头工作的意义，最大程度地激发学生的学习兴趣与积极性。

本书突出实践操作及职业素养的培养。通过本书的学习，应认识集装箱、集装箱码头、集装箱码头机械设备、集装箱船及其作业流程、集装箱码头进出口业务操作流程等基本理论知识；应掌握受理中心业务、闸口作业、堆场作业、泊位策划、配载、控制作业、理货作业等实践操作能力。

本书可作为中等职业学校物流专业学生的理论实践一体化教材，还可供从事集装箱码头作业的人员学习与参考。

图书在版编目（CIP）数据

集装箱码头业务操作/王岩主编．—北京：机械工业出版社，2014.11（2024.1 重印）
国家技能型紧缺人才培养培训工程　中等职业教育物流服务与管理专业规划教材
ISBN 978-7-111-49493-5

Ⅰ．①集…　Ⅱ．①王…　Ⅲ．①集装箱码头—业务管理—中等专业学校—教材　Ⅳ．①U656.106

中国版本图书馆 CIP 数据核字（2015）第 041765 号

机械工业出版社（北京市百万庄大街 22 号　邮政编码 100037）
策划编辑：宋　华　　　责任编辑：宋　华　张丹丹
责任校对：刘秀芝　　　封面设计：马精明
责任印制：邓　博
北京盛通数码印刷有限公司印刷
2024 年 1 月第 1 版第 4 次印刷
184mm×260mm・16 印张・375 千字
标准书号：ISBN 978-7-111-49493-5
定价：37.00 元

凡购本书，如有缺页、倒页、脱页，由本社发行部调换

电话服务	网络服务
服务咨询热线：010-88361066	机工官网：www.cmpbook.com
读者购书热线：010-68326294	机工官博：weibo.com/cmp1952
010-88379203	金 书 网：www.golden-book.com
封面无防伪标均为盗版	教育服务网：www.cmpedu.com

前　言

随着我国国民经济的不断发展，国际远洋航运业特别是国际集装箱运输业，在国民经济发展中的地位和作用也越来越重要。集装箱码头是国际集装箱运输网络的枢纽，是国际物流网络中的关键节点之一，是国际集装箱运输发展的核心环节。

随着港口物流业的不断发展，集装箱码头业务操作人员的培训和培养，也取得了一定的进步，但是现在市面上的教材，对于理论进行了过多的描述，缺乏实践操作，不符合中职学生的特点。本书通过编者在宁波港码头的实地考察、学习，并咨询了码头各个岗位的专家，收集了大量资料，积累了大量经验，构成了本书的核心内容。实训篇的内容，基本都是改编于实际案例，以典型的职业工作任务为依托构建学习内容，有效地填补了传统专业教学的空白，解决了与实践相脱离的问题。理论教学内容与实践教学内容通过工作任务紧密地结合在一起。通过典型的工作任务，让学生在校期间能接触今后从业的内容，针对性强，并帮助学生体验自己所从事的工作对于整个集装箱码头工作的价值与意义，最大程度地激发学生的学习兴趣与积极性，有利于学生的跨越性发展。

本书突出实践操作及职业素养的培养。通过本书的学习，应认识集装箱、集装箱码头、集装箱码头机械设备、集装箱船及其作业流程、集装箱码头进出口业务操作流程等基本理论知识；应掌握受理中心业务、闸口作业、堆场作业、泊位策划、配载、控制作业、理货作业等实践操作能力。

本书是宁波市北仑职业高级中学物流专业校企合作开发的系列教材之一，在教材编写前开展了大量的企业调研活动，本书框架基本依照现有集装箱码头营运操作部门组织结构安排设置，在整个编写过程中也有企业的技术骨干共同参与，尤其要感谢宁波港吉码头经营有限公司的张杨春经理等人。

本书由王岩任主编，贺维英、邵婧、张杨春任副主编，参编人员有陈英、陈方园、俞辉、沈婉莹、黄建锋、张斌、傅毅峰、胡靖、康雪松。在编写过程中征求了宁波港吉码头经营有限公司企业专家的意见，在此对他们表示衷心的感谢！

由于编者水平有限，书中难免存在错误和不足之处，敬请广大读者批评指正。

编　者

目　录

前言

项目一　认识集装箱 ... 1
　任务一　认识集装箱结构及部件 ... 2
　任务二　集装箱标识信息识读 ... 10
　任务三　集装箱分类及用途 ... 19

项目二　认识集装箱码头 ... 29
　任务一　集装箱码头的基本构成和布局 ... 30
　任务二　集装箱码头泊位及码头前沿 ... 35
　任务三　集装箱码头堆场分区及箱位编码 ... 39

项目三　认识集装箱码头机械设备 ... 47
　任务一　认识集装箱码头装卸与运输设备 ... 48
　任务二　认识集装箱码头堆码设备 ... 54

项目四　认识集装箱船及其作业流程 ... 59
　任务一　认识集装箱船舶 ... 60
　任务二　认识集装箱船图 ... 72
　任务三　集装箱船舶装卸作业 ... 79

项目五　认识集装箱码头进出口业务操作流程 ... 87
　任务一　集装箱码头进口业务流程 ... 88
　任务二　集装箱码头出口业务流程 ... 96

项目六　受理中心业务 ... 105
　任务一　预约业务 ... 106
　任务二　进口单证业务 ... 119
　任务三　出口单证业务 ... 128

项目七　闸口作业 ... 143
　任务一　重箱进场 ... 144
　任务二　提运重箱 ... 154

项目八　堆场作业 ... 161
　任务一　堆场堆存能力计算 ... 162
　任务二　堆场出口计划 ... 167

任务三　堆场进口计划 172

项目九　泊位策划 177
　　任务一　编制近期作业计划表 178
　　任务二　编制昼夜泊位安排图 182
　　任务三　编制昼夜集装箱作业计划表 190

项目十　配载 199
　　任务一　绘制预配图 200
　　任务二　绘制实配图 208

项目十一　控制作业 217
　　任务一　卸船作业 218
　　任务二　装船作业 224

项目十二　理货作业 233
　　任务一　卸船理货作业 234
　　任务二　装船理货作业 241

参考文献 250

项目一　认识集装箱

Project 1

 **情景创设**

陆浩就业以来一直从事城市配送的工作，一个偶然的机会看到宁波港集团招聘物流人才的信息，喜欢挑战自我的他动了心，在家人的支持下参加了宁波港集团的招聘考试，凭借多年的刻苦学习和在物流行业的经验积累，陆浩顺利地考入了宁波港集团，被分配到四期码头。四期码头的张主管热情地接待了陆浩和其他新同事，简单介绍了四期码头的业务，之后张主管带他们参观了集装箱码头（见图1-1）。陆浩和新同事都感到很新鲜，提出了不少的问题，其中有很多问题都是关于码头上的集装箱，这么多的问题让张主管无法一一回答。张主管笑着对大家说："各位新同事，很高兴你们对新的环境有这么高的热情，为了满足你们的好奇心，也为了让你们更快地适应港口工作，首先向你们介绍集装箱，别看它们其貌不扬，里面可有很多学问。我就简单地说三点，希望大家根据我说的话，去学习有关集装箱的知识。首先，认识集装箱应当从外部结构开始，先了解它的外部特征，由表及里。在日常作业时我们也会遇到有问题的集装箱，这时就需要向维修部上报，你们要能够说得出集装箱的零部件名称。其次，要读懂每一个集装箱，我们就要从集装箱标识着手，通过这些标识掌握集装箱信息。最后，不同性质的货物需要用不同类型的集装箱存放，新同事也应当对集装箱的用途有所了解。集装箱是我们工作中每天都打交道的伙伴，每一项工作基本上都围绕着它展开，希望大家能从我说的三点中由点到面，去认识和了解集装箱，大家加油！"

想一想：

货物运输采用集装箱有什么优势？

图1-1　集装箱码头

项目分析

陆浩根据张主管讲的三点要求,将需要了解和学习的内容以及应用的要求作了系统的整理和安排,具体见表1-1。

表1-1 认识集装箱项目引导

工作项目	工作任务	工作目标
认识集装箱	认识集装箱结构及部件	完成集装箱配件报修单填写
	认识集装箱标识	能够从集装箱标识获取集装箱信息
	掌握各类集装箱的用途	根据货物类型选取合适的集装箱

任务一 认识集装箱结构及部件

任务描述

在码头陆浩最重要的工作对象就是集装箱,他必须对集装箱有系统的认识。根据张主管的要求,陆浩需要在了解集装箱外部结构特征的基础上熟悉集装箱的每一个零部件,并且根据维修部的需求领取相应的零部件。

任务准备

一、集装箱的定义

所谓集装箱,是指具有一定强度、刚度和规格,专供周转使用的大型装货容器,如图1-2所示。中国香港称其为"货箱",中国台湾称其为"货柜"。它是流通过程合理化的必要媒介。集装箱的定义在各国国家标准、各种国际公约和文件中,都有具体的规定,其内容不尽一致。不同的定义在处理业务问题时就有不同的解释,这是一个十分复杂的问题。

图1-2 集装箱

早在 1968 年，国际标准化组织（ISO）第 104 技术委员会起草的集装箱标准（ISO/R830—1968）《集装箱术语》中，对集装箱已下了定义。该标准后来又作了多次修改。现以国际标准 ISO-830-1981《集装箱名词术语》中的定义作介绍："集装箱是一种运输设备：具有足够的强度，可反复使用；适于一种或多种运输方式运送，途中转运时，箱内货物不需换装；适合快速装卸和搬运，特别便于一种运输方式转移到另一种运输方式；便于货物装满和卸空；具有 $1m^3$ 及 $1m^3$ 以上的容积；集装箱这一术语，不包括车辆和一般包装。"

集装箱在《海关公约》的定义如下："集装箱一词是指一种运输装备（货箱、可移动货罐或其他类似结构物）；全部或部分构成装载货物的空间；具有耐久性，因其坚固，故能适合于重复使用；经专门设计，便于以一种或多种运输方式运输货物，无需换装；其设计便于操作，特别是在改变运输方式时便于操作；其设计便于装满和卸空；内部容积在 $1m^3$ 或 $1m^3$ 以上。"

在我国国家标准 GB/T 1992—2006《集装箱术语》中，集装箱定义为"一种供货物运输的设备"，应满足以下条件：

（1）具有足够的强度和刚度，可长期反复使用。
（2）适于一种或多种运输方式载运，在途中转运时，箱内货物不需换装。
（3）适合快速装卸和搬运，特别是从一种运输方式转移到另一种运输方式。
（4）便于货物装满和卸空。
（5）具有 $1m^3$ 及以上空间。
（6）是一种按照确保安全的要求设计，并具有防御无关人员轻易进入的货运工具。

集装箱运输不仅具有安全、迅速、简便、价廉的特点，还有利于减少运输环节，通过综合利用铁路、公路和航空等各种运输方式，实现"门到门"运输。

> 问题思考：
> 集装箱的概念如此之多，可否从中归纳集装箱最基本的特征？

二、集装箱规格的标准化

国际标准集装箱是根据国际标准化组织（ISO）第 104 技术委员会制定的标准来制造和使用的集装箱。现行标准中对集装箱尺寸提出了规定，包含了集装箱的长度、宽度、高度和箱门有效尺寸。根据现行的标准，集装箱外部尺寸分为 13 种，宽度一致（2 438mm），长度有 4 种（12 192mm、9 125mm、6 058mm、2 991mm），高度有 4 种（2 896mm、2 591mm、2 438mm、小于 2 438mm），见表 1-2。

表 1-2 现行国际标准集装箱箱型系列

箱型	L				W				H				R	
	mm	公差	ft-in	公差 in	mm	公差 ft	公差 in		mm	公差 ft-in	公差 in		kg	lb
1AAA	12 192	0~10	40	0~3/8	2 438	0~5	8	0~3/16	2 896	0~5	9.6	0~3/16	30 480	67 200
1AA									2 591		8.6			
1A									2 438		8			
1AX									<2 438		<8.6			

（续）

箱型	L				W			H			R	
	mm	公差 ft-in		公差 in	mm	公差 ft	公差 in	mm	公差 ft-in	公差 in	kg	lb
1BBB 1BB 1B 1BX	9 125	0～10	29.9375	0～3/8	2 438	0～5	0～3/16	2 896 2 591 2 438 <2 438	9.6 8.6 8 <8	0～3/16	25 400	56 000
1CC 1C 1CX	6 058	0～6	19.875	0～1/4	2 438	0～5	0～3/16	2 591 2 438 <2 438	8.6 8 <8	0～3/16	24 000	52 900
1D 1DX	2 991	0～5	9.813	0～3/16	2 438	0～5	0～3/16	2 438 <2 438	8 <8	0～3/16	10 160	22 400

注：1ft=0.304 8m；1lb=0.453 59kg。

> **问题思考：**
> 国际标准化组织（ISO）第104技术委员会制定集装箱尺寸标准的目的是什么？

集装箱内部尺寸是按集装箱内接最大矩形平行六面体确定的长、宽、高净空尺寸，不考虑顶角件凸入箱内。集装箱内部长、宽、高的乘积为集装箱的体积。集装箱内部不考虑角件凸出部分的高度为净空高度。第一系列集装箱的最小内部尺寸和最小箱门开口尺寸见表1-3。

表1-3　第一系列集装箱的最小内部尺寸和最小箱门开口尺寸　（单位：mm）

箱　型	最小内部尺寸			最小箱门开口尺寸	
	H	W	L	H	W
1AAA			11 998	2 566	
1AA			11 998	2 261	
1A			11 998	2 134	
1BBB			8 931	2 566	
1BB	外部尺寸减241mm	2 330	8 931	2 261	2 286
1B			8 931	2 134	
1CC			5 867	2 261	
1C			5 867	2 134	
1D			2 802	2 134	

知识链接

国际集装箱核算单位

为便于统计，将20ft的标准集装箱作为国际标准集装箱的数量标准换算单位，称为标准箱，简称TEU（Twenty-foot Equivalent Unit）。一个20ft的国际标准集装箱换算为1个TEU。

三、通用集装箱结构的部件说明

集装箱构件总体结构的部件如图1-3所示。

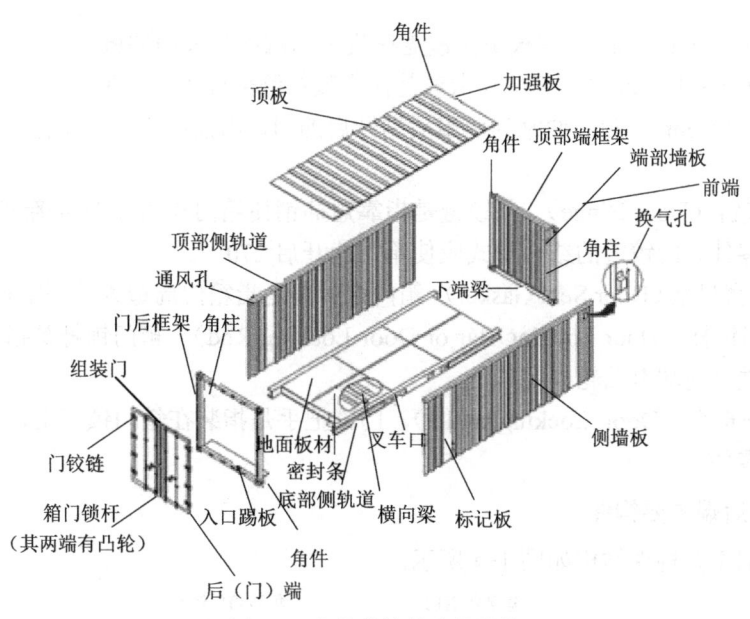

图1-3 集装箱构件总体结构

1．集装箱主要部件名称

（1）角件（Corner Fitting） 集装箱箱体的8个角上都设有角件。角件用于支承、堆码、装卸和紧固集装箱。集装箱上部的角件称顶角件，下部的角件称底角件，左右对称。

（2）角柱（Corner Post） 角柱是指连接顶角件与底角件的立柱。

（3）角结构（Corner Structures） 角结构是指由顶角件、角柱和底角件组成的构件，是承受集装箱堆码载荷的强力构件。

（4）上端梁（Top End Transverse） 上端梁是指位于端框架上部连接两个顶角件的横梁。

（5）下端梁（Bottom End Transverse Member） 下端梁是指位于端框架底部连接两个底角件的衡梁。

（6）门楣（Door Header） 门楣是指箱门上方的梁。

（7）门槛（Door Sill） 门槛是指箱门下方的梁。

（8）上侧梁（Top Side Rail） 上侧梁是指侧壁上部与前、后顶角件连接的纵向构件，左右对称，左面的称左上侧梁，右面的称右上侧梁。

（9）下侧梁（Bottom Side Rail） 下测梁是指侧壁下部与前、后顶角件连接的纵向构件，左右对称，左面的称左下侧梁，右面的称右下侧梁。

（10）顶板（Roof Sheet） 顶板是指箱体顶部的板。

（11）顶梁（Roof Bows） 顶梁是指在顶板下连接上侧梁，用于支承箱顶的横向构件。

（12）箱顶（Roof） 箱顶是指在上端框架和上侧梁范围内，由顶板和顶梁组合而成的组合件，使集装箱封顶。

（13）底板（Floor） 底板是指铺在底梁上承托载荷的板。由底梁和下端梁支承，是集装箱的主要承载构件。

（14）底梁（Floor Bearers or Cross Member） 底梁是指在底板下连接侧梁，用于支承底板的横向构件。

（15）端板（End Panel）　端板是指覆盖在集装箱端部外表面的板。

（16）侧壁（Side Panel）　侧壁是指覆盖在集装箱侧部外表面的板。

（17）箱门（Door）　箱门通常为两扇后端开启的门，用铰链安装在角柱上，并用门锁装置进行关闭。

（18）门铰链（Door Hinge）　门铰链是指靠短插销使箱门与角柱件连接起来，保证箱门能自由转动的零件。门铰链的结构形式应使箱门能开启270°。

（19）箱门密封垫（Door Seal Gasket）　箱门密封垫是指箱门周边为保证密封而设的零件。

（20）箱门锁杆（Door Locking Bar or Door Locking Rod）　箱门锁杆是指设在箱门上垂直的轴或杆，铁杆两端有凸轮固定其上。

（21）门锁把手（Door Lockinghandle）　门锁把手是指装在箱门锁杆上，在开箱门时用来转动锁杆的零件。

2．集装箱后端主要构件

集装箱后端主要构件结构如图1-4所示。

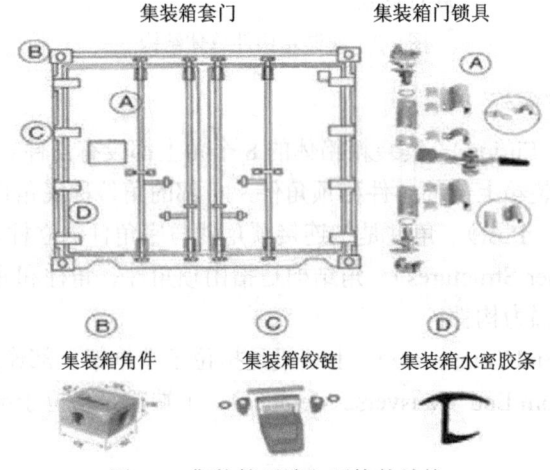

图1-4　集装箱后端主要构件结构

知识链接

通用集装箱箱体方位

前端：没有箱门的一端。后端：有箱门的一端。左侧：从箱门后端向前看，左边一侧。右侧：从箱门后端向前看，右边一侧。纵向：集装箱前后方向。横向：集装箱左右方向，即与纵向垂直的方向。

任务实施

步骤一：去维修部了解集装箱维修信息

陆浩在集装箱维修部，对集装箱的结构进行了观察和学习，对集装箱的结构已有了基本的认识。在集装箱维修部陆浩获取了当天的集装箱维修信息,信息内容为两个集装箱有破损,需要进行维修,破损集装箱如图 1-5 和图 1-6 所示。

图1-5　破损集装箱KNLU5078299

图1-6　破损集装箱TBXU3605231

陆浩根据集装箱破损的位置,准备填写集装箱报修单。

步骤二:填写集装箱报修单

陆浩为了能够正确填写集装箱报修单,又对集装箱的主要零件进行了重新整理和学习,整理内容参考表 1-4。

表 1-4　集装箱的主要零件

零件图片及名称	说　　明
角件	集装箱箱体的 8 个角上都设有角件。角件用于支承、堆码、装卸和紧固集装箱。集装箱上部的角件称顶角件,下部的角件称底角件,左右对称
门铰链	靠短插销使箱门与角柱连接起来,保证箱门能自由转动的零件。门铰链的结构形式应使箱门能开启 270°

（续）

零件图片及名称	说　　明
 箱门	通常为两扇后端开启的门，用铰链安装在角柱上，并用门锁装置进行关闭
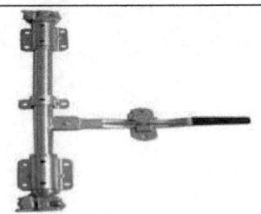 集装箱箱门锁具	箱门锁杆是指设在箱门上垂直的轴或杆，铁杆两端有凸轮固定其上 门锁把手装在箱门锁杆上，在开箱门时用来转动锁杆
 集装箱中间锁	在图片中未标示该配件的具体位置，该配件是集装箱中经常使用的锁具
 集装箱底板	集装箱底板是集装箱的重要组成部分和主要承载配件，因为底板会影响到货物的运输安全和质量，因此也是人们关注的焦点之一
集装箱顶板	顶板用于集装箱的顶部，是标准 20mm 厚的板，波高 25mm，波宽 91mm，坡度宽为 13.5mm，折弯处的圆弧角度为 R30mm，波纹与波纹之间相隔 91mm
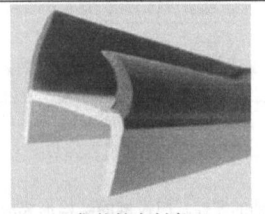 集装箱密封条	主要用于集装箱货柜门框的密封。按其功能不同可分为风雨密封条（普通货物通用集装箱用）、气密胶条（保温集装箱用）两类。按其截面不同可分为"J"型、"C"型、"CO"型、"O"型、"JC"混合型和复式组合型

陆浩对集装箱结构进行细致的了解和掌握后，对刚刚获取的两台破损集装箱的实际情况填制了集装箱报修单，见表 1-5。

表1-5 集装箱报修单

集装箱编号	破损部件	领取零件	领取数量
KNLU5078299	底板	底板	3
KNLU5078299	底板	密封条	2
TBXU3605231	角件	角件	3

领料人：陆浩　　　　　　　　主管：×××

步骤三：根据维修部需要，完成领料

集装箱维修部的零配件种类繁多，零件及编号如图1-7所示。

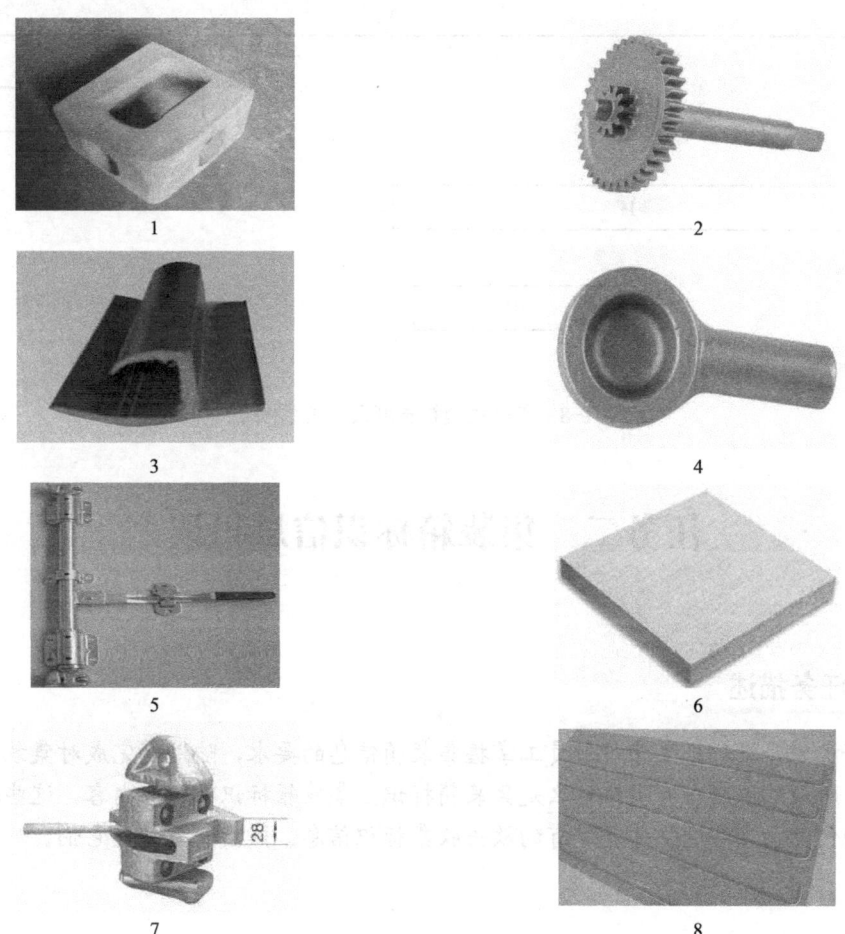

图1-7 集装箱维修部的零配件及编号

陆浩根据集装箱的破损情况和集装箱报修单的内容，选择领取的集装箱零配件清单见表1-6。

表1-6 集装箱零配件清单

配件名称	数　　量	零件编号
集装箱底板	3块	6
集装箱密封条	2条	3
集装箱角件	3个	1

拓展提升

按照国际集装箱尺寸标准，各尺寸集装箱之间存在换算关系，根据任务材料中对集装箱尺寸关系的数据描述，在图1-8空白处绘制符合其尺寸关系的标准集装箱，使各层之间的集装箱总长度（含间隙）相等，完成国际标准集装箱长度尺寸关系图。

a1	1A
2	i　1D
3	1C　i
4	i　1D　i

i=箱间距=76mm（3in）

图1-8　国际集装箱长度尺寸关系图

任务二　集装箱标识信息识读

任务描述

在本任务中，针对张主管对新员工掌握集装箱信息的要求，陆浩要完成对集装箱标识信息的识读。所以陆浩应当弄明白什么是集装箱标识，集装箱标识有哪些内容，这些标识分布在集装箱的何处。只有这样才可以有的放矢收集标识信息，然后正确解读它们。

任务准备

一、集装箱标识

为了便于海关及其他机构对国际流通集装箱进行监督和管理，每一个集装箱均须在适当位置涂刷规定的标识。国际标准化组织规定的集装箱标识分为集装箱必备标记和自选标记两类。不论是必备标记还是自选标记，又可以再分成识别标记和作业标记。

（一）必备标记

1. 识别标识

识别标识包括箱主代号、顺序号和核对数字。

（1）箱主代号　箱主代号由四个大写英文字母组成，包含了前三位的所有者代码和第四位设备代码。国际标准化组织规定，前三位所有者代码为集装箱所有企业在国际集装箱局注册的后三位大写拉丁字母。第四个字母为设备代码，海运集装箱一般用 U 表示，如图 1-9 所示。

（2）顺序号　顺序号又称系列号，由 6 位阿拉伯数字组成。如有效数字不是 6 位时，则在有效数字前用"0"补足 6 位。

图1-9　识别标记

（3）核对数字　它仅包含一位数，不由箱主公司制定，而是按规定的方法算出，用来检验、核对箱主代号、设备识别码与顺序号在数据传输或记录时的正确性与准确性，它与箱主代号、设备识别码和顺序号有直接的关系。实践中是通过箱主代号、设备识别码和顺序号计算出校验码的，若计算出的校验码与实际记录的校验码一致，则说明箱主代号、设备识别码和顺序号在数据传输或记录时未出错，否则应重新核对。

2. 作业标记

作业标记包括以下三个内容：

（1）额定重量和自定重量标记　额定重量即集装箱总重，自定重量即集装箱空箱质量（或空箱重量），ISO688 规定应以千克（kg）和磅（lb）同时表示，如图 1-10 所示。

（2）空陆水联运集装箱标记　因为该集装箱的强度仅能堆码两层，所以国际标准化组织对该集装箱规定了特殊的标记，该标记为黑色，位于侧壁和端壁的左上角，如图 1-11 所示。

图1-10　额定重量和自定重量

图1-11　空陆水联运集装箱标记

（3）登箱顶触电警告标记　该标记为黄色底黑色三角形，一般设在罐式集装箱和位于登箱顶的扶梯处，以警告登箱顶者有触电危险，如图1-12所示。

图1-12　登箱顶触电警告标记

（二）自选标记

1. 识别标记

识别标记即箱型代码，如图1-13所示，集装箱的箱型代码由两位字符组成。第一位为拉丁字母，表示箱型；第二位为阿拉伯数字，表示箱体物流特征或其他特性。

图1-13　识别标记

2. 作业标记

（1）超高标记　该标记为在黄色底上标出黑色数字和边框，此标记贴在集装箱每侧的左下角，距箱底约0.6m处，同时该标记贴在集装箱主要标记的下方。凡高度超过2.6m的集装箱，应贴上此标记，如图1-14所示。

图1-14　超高标记

（2）国际铁路联盟标记　凡符合《国际铁路联盟条例》规定的集装箱，可以获得此标记。

该标记是欧洲铁路运输集装箱的必要通行标记，如图 1-15 所示。

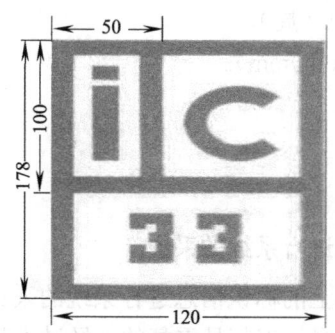

图1-15　国际铁路联盟标记（单位：mm）

3．通行标记

集装箱在运输过程中能顺利地通过或进入他国国境，箱上必须贴有按规定要求的各种通行标记。集装箱上主要的通行标记有：集装箱批准牌照、安全合格牌照、检验合格徽及国际铁路联盟标记等。

二、集装箱主要标记的位置

集装箱主要标记的位置如图 1-16 所示。

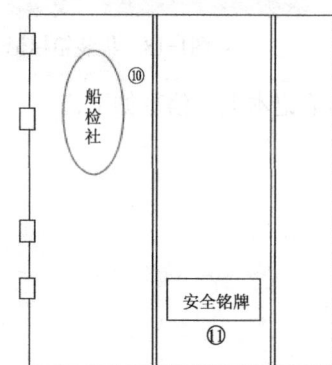

图1-16　集装箱主要标记的位置

图 1-16 中，各序号所代表的主要标记如下：

① 箱主代号。

② 顺序号。

③ 核对数字。

④ 国家和地区代号。

⑤ 尺寸和类型代号。

⑥ 额定重量。

⑦ 自定重量。

⑧ 载重量。

⑨ 体积。
⑩ 检验合格徽和船检社标记（局）。
⑪ 安全合格牌照（200mm×100mm）。

 **任务实施**

步骤一：对集装箱上的标识进行系统的采集

陆浩来到码头开始对集装箱上的标识信息进行系统的采集。他通过仔细地观察发现：集装箱上的标识虽然很多，但是很多标识都是重复的。经过集装箱四面信息的收集后，他的结论是集装箱门上的信息最为完整和全面。于是他找了一个比较清晰的集装箱，将箱门的照片拍了下来，如图1-17和图1-18所示。

图1-17　集装箱标记（一）

图1-18　集装箱标记（二）

回家后陆浩将照片中的信息摘抄到了自己的笔记本上，信息如下：

AMFU 884653 ④

45G1

MAX. GROSS: 　32 500 KGS
　　　　　　　　71 650 LBS

TARE: 　　　　3 940 KGS
　　　　　　　8 690 LBS

NET: 　　　　28 560 KGS
　　　　　　　62 960 LBS

CU.CAP. 　　　76.2 CU.M
　　　　　　　2 690 CU.FT

步骤二：根据采集的集装箱标识信息，对集装箱必备标记进行识读

陆浩在之前掌握的信息中了解到国际集装箱标准化组织规定的标记有必备标记和自选标记两类，每一类又分识别标记和作业标记，完成本任务从这两方面入手，他决定先从必备标记入手。必备标记如下：

AMFU 884653 ④

MAX. GROSS: 32 500 KGS

                71 650 LBS
TARE: 3 940 KGS
                8 690 LBS
NET: 28 560 KGS
                62 960 LBS
CU.CAP.   76.2 CU.M
                2 690 CU.FT

1. 必备标记中的识别标记

识别标志为 AMFU 884653 4，即箱主代号、顺序号、核对数字。

（1）AMFU——箱主代号　陆浩根据之前了解的信息上网搜寻了箱主代号 AMFU，掌握了 AMF 是英国某租箱公司，但后来被美国天泰集装箱公司收购，但还是用原公司的代码。所以箱主代号反映的整体信息是 Amficon 公司的海运集装箱。

（2）884653—顺序号　按照之前所学内容，陆浩进行了核对，该箱的顺序号为六位，号码为 884653，符合顺序号的要求。

（3）4——核对数字　陆浩在收集集装箱标记资料的前期就对核对数字留下了深刻的影响。核对数字相当于集装箱的验证码，最为关键的是在集装箱作业信息传递中，它是核对箱主代码是否正确的重要手段。核对数字的产生则需要按照一定运算要求进行计算，目前大多数集装箱业务部门都有各自的核对数字计算软件。

2. 作业标记的识别

（1）MAX. GROSS: 32 500 KGS
                      71 650 LBS
   TARE: 3 940 KGS
                      8 690 LBS
   NET: 28 560 KGS
                      62 960 LBS

根据英文的字面意思 MAX. GROSS 为最大总重，陆浩又上网查询确认此项也可翻译为额定重量，那么就可以得出集装箱的额定重量是：32 500 千克，英制单位就是 71 650 磅。

另外陆浩通过查询还知道了额定重量的计算方法：MAX. GROSS=集装箱自重+最大载货量。

陆浩用同样的方法对重量为单位信息做了英文信息和中文信息的转换，如下：
集装箱自重：3 940 千克
                8 690 磅
载重量：   28 560 千克
                62 960 磅

（2）CU.CAP.   76.2CU.M
                    2 690CU.FT

这组标记和上面重量标记有所不同，经过一番努力，陆浩总算有所收获，破解了这个密码。

CAP 是 Containerized at Pier 的缩写，意思是在码头装箱。
CU 应该是 Cubic 的简写，意思是立方，比如 CU.M 就是"立方米"。
1CU.M=35.314CU.FT。
1CU.FT=0.028 3CU.M。

 小贴士

目前在全球范围内流转的集装箱主要来源于船公司，其原因是抛开时间因素从集装箱单位运输成本的角度来看，依靠海运资金最为节约。为方便海运业务开展，大多船公司都有各自的集装箱，同时也从事集装箱租赁业务。另外也有专门的集装箱租赁和销售公司，提供集装箱的出租和销售。世界主要的船公司及其代码见表 1-7。

表 1-7 世界主要的船公司及其代码

公司名称	公司代码	公司名称	公司代码
美国总统轮船	APL/APS	中海	CCL/CSL
韩进	HJL/HJC	高丽海运	KMT
现代	HYN/HYG	日本邮船	NYK
以星	ZIM/ZCS	万海	WHL
阳明	YML/YMG	意大利邮船	LTL
法国达飞	CMA/CMC	北欧亚	NOR
川崎	KKF/KKT/KLF/KLT	太平船务	PIL

步骤三：完成对自选标记的识别

陆浩在识读自选标记的过程中，通过查阅一些资料，发现我国关于集装箱术语的标准有两个比较重要的版本。分别是新版本 GB/T 1992—2006 和老标准 ISO 6346—1984，二者对于集装箱自选标记内容的区别主要体现在：

（1）老标准 ISO 6346—1984 中的分类有：

1）识别标记包含国家代号和尺寸及类型代号。

2）作业标记包含超高标记和国际铁路联盟标记。

（2）而新标准 GB/T 1992—2006 中的变化是：

1）识别标记取消国家代号，保留尺寸及类型代号。

2）作业标记中，原来的超高标记已移至必备标记中，增加了"最大载货重量"，保留了国际铁路联盟标记。

（3）接下来他完成了以下信息的识读：

1）45G1　由集装箱尺寸和箱型代码可知：

45 第一位数字表示长度 12 192mm，第二位数字表示高度 2 896mm，有鹅颈槽。G1 表示一端或者两端开门的通用集装箱。

小贴士

尺寸代码：集装箱尺寸代码用数字表示，共有两位。第一位代表箱长，第二位代表箱高。见表1-8。

表1-8　集装箱尺寸代码

22	第一位数字表示长度 6 058mm	第二位数字表示高度 2 591mm	无鹅颈槽
23	第一位数字表示长度 6 058mm	第二位数字表示高度 2 591mm	有鹅颈槽
24	第一位数字表示长度 6 058mm	第二位数字表示高度 2 896mm	无鹅颈槽
25	第一位数字表示长度 6 058mm	第二位数字表示高度 2 896mm	有鹅颈槽
42	第一位数字表示长度 12 192mm	第二位数字表示高度 2 591mm	无鹅颈槽
43	第一位数字表示长度 12 192mm	第二位数字表示高度 2 591mm	有鹅颈槽
44	第一位数字表示长度 12 192mm	第二位数字表示高度 2 896mm	无鹅颈槽
45	第一位数字表示长度 12 192mm	第二位数字表示高度 2 896mm	有鹅颈槽

小贴士

集装箱类型代码：集装箱类型代码由两个字符组成，第一位是拉丁字母，表示箱型；第二位是数字，表示该箱型特征。

表1-9　集装箱类型代码

类　　型	前代号	现代号	类型组代号
通用集装箱	00～14	G 0～9	GP
通风集装箱	15～19	V 0～9	VH
温控集装箱	20～49	R 0～9	RE、RT、RS
		H 0～9	HR、HI
敞顶集装箱	50～59	U 0～9	UT
平台式和台架式集装箱	60～69	P 0～9	PL、PF、PC、PS
罐式集装箱	70～79	T 0～9	TN、TD、TG
散货集装箱	80～84	B 0～9	BU、BK
以货物命名集装箱	85～89	S	
空陆水联运集装箱	90～99	A 0	AS

2）其他主要标记　其他主要标记可以分为作业标记和通行标记。自选作业标记和必备作业标记的不同之处是一些特殊集装箱在作业中需要注意的问题反映在自选标记中，譬如超过2.6m的集装箱就需要贴上超高标记，如图1-19所示。

通行标记的标注有两个目的：一是提高国际集装箱流转的作业效率，如标注国际铁路联盟标记的集装箱就符合欧洲铁路的通行要求；另一个目的是在集装箱运行过程中要顺利通过他国国境，必须贴

超高标记

图1-19　其他主要标记

上该国所要求的标记，如安全合格牌照、检验合格徽、集装箱批准牌照等。

 **拓展提升**

1. 自选标识识读

在集装箱的箱门上，除了任务中接触到的标识外，船公司和码头也会在符合政策法规的允许下结合自己的业务或者作业需要涂刷一些自选的标识，请通过资料收集或上网查询，完成图1-20中标识的识读。

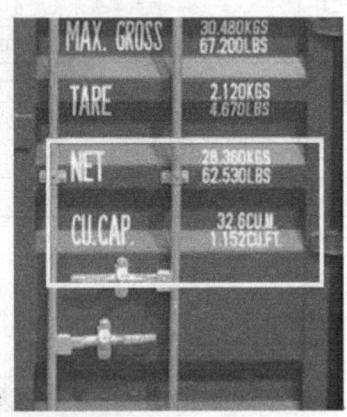

图1-20　标识

2. 核对数字的计算

核对数字是箱主代号和顺序号在传输或记录时验证其准确性的手段。因此，它与箱主代号中的每一个字母和顺序号中的每一个数字都有直接的关系。箱主代号等效数值表见表1-10。

核对数字的计算方法如下：

先将箱主代号中的每一个字母和顺序号中的每一个数字，按序取出等效数值，然后将取出的等效数值分别乘以 $2^0 \sim 2^9$ 的加权系数，加权系数 2^0 用于箱主代号的第一个字母，然后以 $2^1 \sim 2^8$ 乘方递增，最后以 2^9 与顺序号的最末位数字相乘。

将所有的乘积相加，得出总和，除以模数 11，除后所得出的余数，即取为核对数（若余数为 10，则取核对数字为 0）。

表 1-10　箱主代号等效数值表

字　母	等效数值	字　母	等效数值	字　母	等效数值	字　母	等效数值
A	10	H	18	O	26	V	34
B	12	I	19	P	27	W	35
C	13	J	20	Q	28	X	36
D	14	K	21	R	29	Y	37
E	15	L	23	S	30	Z	38
F	16	M	24	T	31		
G	17	N	25	U	32		

集装箱的箱主代号和顺序号为 ABZU123456，求其核对数字。

任务三　集装箱分类及用途

任务描述

在集装箱运输的发展过程中，因所装货物的性质和运输条件的不同出现了不同种类的集装箱。陆浩需要在认识集装箱的基础上进一步了解集装箱的分类，并且能够根据货物种类的不同选取适合其运输的集装箱。

任务准备

运输货物用的集装箱种类繁多，分类方法不一。除了按尺寸分类外，还可以按材料、结构和用途的不同进行分类。

一、按使用材料分类

集装箱在运输过程中经常受到各种外力作用和环境影响，因此，集装箱的材料首先要有足够的刚性和强度，应尽量采用质量轻、使用年限长、维修保养费用低的材料。

1．钢集装箱

钢集装箱（见图 1-21）外板和结构部件均采用钢材，占世界总箱量的 84%～85%。其优点是强度大，结构牢，焊接性和水密性好，价格低廉。主要缺点是自重大，易腐蚀生锈。国外使用年限一般是 11～12 年。

图1-21 钢集装箱

2．铝（铝合金）集装箱

铝（铝合金）集装箱（见图1-22）的角件、角柱及框架结构一般仍采用钢材，占世界总箱量的11%。其优点是质量轻、不易生锈、外表美观、弹性好；加工方便，加工费低。缺点是焊接和耐磨性差，强度不足。

3．玻璃钢集装箱

玻璃钢集装箱是在钢制的集装箱框架上装上复合板构成的，占世界总箱量的3.8%，适用于兽皮集装箱和动物集装箱。其优点是强度大，刚性好，不生锈，防水性好。缺点也很明显，投资较大，塑料材料易老化。

4．不锈钢集装箱

不锈钢是一种新的集装箱材料，占世界总箱量的 2%，优点是强度大，耐蚀性能好，外表美观。缺点是价格高，初始投资很大，如图1-23所示。

图1-22 铝（铝合金）集装箱

图1-23 不锈钢集装箱

> **问题思考：**
> 玻璃给大家的印象是透明和易碎，但是集装箱也可以选用玻璃作为制造的原材料，这种"玻璃"究竟有什么不同？

二、按结构分类

1．内柱式和外柱式集装箱

"柱"是指集装箱端柱和侧柱，端柱和侧柱位于端壁和侧壁之内，称为内柱式集装箱；反之，端柱和侧柱位于端壁和侧壁之外，称为外柱式集装箱。一般钢集装箱和玻璃钢集装箱均没有端柱和侧柱，故内柱式和外柱式集装箱均指铝集装箱。

2. 折叠式和固定式集装箱

折叠式集装箱是指端壁、侧壁和门等主要部件能很方便地折叠起来，再次使用时可以撑开来的一种集装箱。与折叠式集装箱相反，端壁、侧壁和箱顶等部件永久固定在一起，呈密闭状的集装箱为固定式集装箱，又称为非折叠式集装箱。

3. 预制件式和薄壳式集装箱

集装箱的骨架由许多预制件组合起来，并由它承受载荷，由于外板和骨架均为预制件，故称为预制件式集装箱。薄壳式集装箱像飞机的结构那样，把集装箱的所有部件结合成一个刚性整体。

三、按用途分类

随着集装箱运输的发展，为了适应装载不同种类的货物出现了不同种类的集装箱。

1. 杂货集装箱（Dry Cargo Container General Purpose）

杂货集装箱又称干货集装箱，是一种通用集装箱，用以装载除液体货物和需要调节温度的货物外以一般杂货为主的集装箱，约占箱量的85%。

2. 敞顶集装箱（Open Top Container）

敞顶集装箱是一种箱顶可以拆下来的集装箱，箱顶可分为硬顶和软顶两种。软顶是指用可拆式扩伸弓梁支撑的帆布、塑料布式涂塑布制成顶篷，其他构件与通用集装箱类似。硬顶是指顶篷用一整块钢板制成。

3. 台架式集装箱（Platform Based Containe）

台架式集装箱（见表1-11）的种类繁多，常见的台架式集装箱没有箱顶和侧壁，有的台架集装箱连端壁也被去掉，只有底板和角柱，这种集装箱的特点是可以从前后、左右以及上方进行作业。

表1-11 台架式集装箱分类

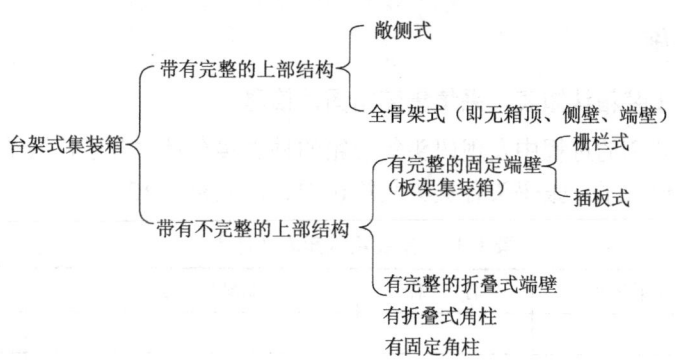

4. 平台集装箱（Platform Container）

平台集装箱是无上部结构，只有底结构的一种集装箱。平台的长度和宽度与国际标准集装箱的箱底尺寸一致，可以使用与其他集装箱相同的紧固件和起吊装置。

5. 冷藏集装箱（Reefer Container）

冷藏集装箱是一种专为运输要求保持一定温度的冷冻货或低温货进行特殊设计的集装箱。目前国际上采用的冷藏集装箱有两种：一种是集装箱内带有冷冻机的机械式冷藏集装箱；另一种是箱内没有冷冻机只有隔热结构的离合式冷藏集装箱。

6. 散货集装箱（Bulk Container）

散货集装箱是一种密闭式集装箱，除了端部设有箱门外，在顶部上还设有 2～3 个装货口。

7. 通风集装箱（Ventilated Container）

通风集装箱外表似杂货集装箱，是一种带有箱门的密闭式集装箱，一般在侧壁或端壁设有 4～6 个通风口。

8. 罐式集装箱（Tank Container）

罐式集装箱有单罐和多罐等类型，罐体四角由支柱、撑杆构成整体框架。

9. 动物集装箱（Pen Container）

箱顶通常采用胶合板露盖，侧面和端面有铝丝网制成的窗，侧壁下有清扫口、排水以及喂食口。

10. 服装集装箱（Garment Container）

箱内上侧梁装有很多横杆，每根横杆上垂下若干条皮带扣、尼龙带扣或绳索，外部结构和一般通用集装箱无明显差异。

11. 汽车集装箱（Car Container）

汽车集装箱是专用箱的一种，其特点是在简易箱底上装一个钢制框架，通常没有箱壁。这种集装箱分为单层和双层两种。

> **问题思考：**
> 在集装箱运输以及相关行业中，作业人员经常会说到"保温集装箱"，这种集装箱究竟是一种集装箱还是由多种集装箱构成的一类呢？

任务实施

步骤一：制作集装箱认知表，采集集装箱图片信息

陆浩在认识集装箱的过程中发现码头集装箱的种类实在是太多了，为了更好地完成对各类集装箱的认识，他做了一张码头各类集装箱认知表，见表 1-12。

表 1-12 集装箱认知表（样表）

序 号	采集集装箱图片	名 称	材料及结构特点	适 用 范 围
1				
2				
3				

陆浩做好表格后，就拿起相机和笔记本电脑去码头收集相关的材料了。

步骤二：根据收集的各类集装箱信息，完成集装箱认知表

经过实地拍照和网上照片的收集，去掉重复和不清晰的照片，陆浩将照片进行了整理和编码，如图 1-24 所示。

图1-24　收集的集装箱信息

陆浩根据编好码的集装箱图片，完成了集装箱认知表1-13。

表1-13 集装箱认知表

序号	采集集装箱图片	名称	材料及结构特点	适用范围
1		杂货集装箱（Dry Cargo Container）	用来运输无需控制温度的件杂货，通常为封闭式，在其一端或者侧壁设有箱门	平时最常用的集装箱。不受温度变化影响的各类固体散货、颗粒或粉末状的货物都可以由这种集装箱装运。这种集装箱通常用来装运文化用品、化工用品、电子机械、工艺品、日用品、纺织品以及仪器零件等
2		冷藏集装箱（Reefer Container）	冷藏集装箱是以运输冷冻食品为主，能保持所定温度的保温集装箱。目前国际上采用的冷藏集装箱基本分为两种：一种是集装箱内带有冷冻机的机械式冷藏集装箱；另一种是箱内没有冷冻机而只有隔热结构，即在集装箱端壁上设有进气孔和出气孔，箱子装在舱中并由船舶的冷冻装置供应冷气，这种集装箱叫做离合式冷藏集装箱（又称外置式或夹箍式冷藏集装箱）	专门运输鱼、肉、新鲜水果、蔬菜等食品
3		隔热集装箱（Thermal Insulation Container）	该集装箱通常用干冰制冷剂，保温时间为72h左右	隔热集装箱是为运载水果、蔬菜等货物，防止温度上升过大，以保持货物新鲜度而具有充分隔热结构的集装箱
4		通风集装箱（Ventilated Container）	该集装箱在端壁和侧壁上有通风孔，如将通风口关闭，同时可以将其作为通用集装箱使用	通风集装箱可装运水果、蔬菜等不需要冷冻而具有呼吸作用的货物
5		罐式集装箱（Tank Container）	这种集装箱有单罐和多罐等类型，单罐由于其侧壁强度较大，故一般用于装载麦芽和化学品等相对密度较大的散货，多罐侧用于装载相对密度较小的谷物	罐式集装箱是专门用来装运酒类、油类（如动植物油）、液体食品以及化学品等液体货物的集装箱。它还可以装运其他液体的危险物品
6		台架式集装箱（Platform Based Container）	台架式集装箱没有箱顶和侧壁，甚至连端壁也被去掉而只有底板和4个角柱。这种集装箱可以从前后、左右以及上方进行装卸作业，适合装载长大件和重货件。台架式集装箱没有水密性，怕水湿的货物不能装运，或用帆布遮盖装运	适用于装运重型机械、钢材、钢管、木材、钢锭
7		敞顶集装箱（Open Top Container）	这是一种没有刚性箱顶的集装箱，但有可折叠式或可折式顶梁支撑的帆布、塑料布或涂料布制成的顶篷，其他构件与通用集装箱类似	这种集装箱适用于装载大型货物（如钢铁、木材）和玻璃板等易碎的重物。利用吊车从顶部将货物吊入箱内

（续）

序号	采集集装箱图片	名称	材料及结构特点	适用范围
8		汽车集装箱（Car Container）	又称汽车箱，是集装箱的一种，是专业箱厂专门设计的、专门用来运载各种类型汽车的一种特种集装箱。由于集装箱在运输途中常受各种力的作用和环境的影响，因此集装箱的制造材料要有足够的刚度和强度，应尽量采用质量轻、强度高、耐用、维修保养费用低的材料，并且材料既要价格低廉，又要便于取得	各类型汽车
9		服装集装箱（Garment Container）	服装集装箱在箱内上侧梁上装有许多根横杆，每根横杆上垂下若干条皮带扣、尼龙带扣或绳索，成衣利用衣架上的钩直接挂在带扣或绳索上。这种服装装载属于无包装运输，他不仅节约了包装材料和包装费用，而且减少了人工劳动，提高了服装的运输质量	服装
10		动物集装箱（Pen Container or Live Stock Container）	该集装箱为了遮蔽太阳，箱顶采用胶合板露盖，侧面和断面都有铝丝网制成的窗，以求有良好的通风 侧壁下方设有清扫口、排水口以及喂食口，并配有上下移动的拉门，垃圾可以被扫除。动物集装箱在船上一般应装在甲板上，因为甲板上空气流通，这样便于清扫和照顾动物	动物集装箱是一种装运鸡、鸭、鹅等活家禽的集装箱
11		散货集装箱（Solid Container）	散货集装箱除了有箱门外，在箱顶还设有2~3个装货口，在箱门的下部设有卸货口。使用时需要注意保持箱内清洁，两侧保持光滑，以便于从箱门卸货。使用集装箱装运散货，一方面提高了装卸效率，另一方面提高了货运质量，减轻了粉尘对人体和环境的侵害	散货集装箱用于装运粉状或粒状的货物

步骤三：根据不同类型的货物，选取合适的集装箱

陆浩在完成了集装箱认知表后，已经掌握了各种集装箱的用途和特点，现在陆浩需要将下表中的货物进行装箱，根据货物的不同属性，陆浩选择了不同的集装箱进行货物装箱，见表1-14。

表1-14 选择不同的集装箱进行货物装箱

图片	货物名称	选择的集装箱类型	说明
	速冻食品	冷藏集装箱	速冻食品对温度要求比较苛刻，要求达到零摄氏度以下，所以冷藏集装箱适合该类型的货物
	水果	隔热集装箱、通风集装箱	不同水果有不同的要求，要求温度不能过高影响水分，采用隔热集装箱，需要制冷的可以添加干冰 对于温度要求不高或者不需要低温的水果或蔬菜，可以采用通风集装箱

（续）

图　片	货物名称	选择的集装箱类型	说　明
	木材	台架式集装箱	木材可以根据其大小和长度选用不同的集装箱，通常采用平台式或台架式集装箱
	西服	服装集装箱	由于西服的造价相对昂贵，储存和运输的要求条件较高（不能过度折叠），所以最好采用挂衣箱
	原油	罐式集装箱	液体货物在运输过程中需要罐式集装箱装载
	牲畜	动物集装箱	需要用特殊的动物集装箱
	汽车	汽车集装箱	集装箱汽车通常采用汽车列车的组合形式，是载运集装箱的专用运输汽车
	大型机械设备	台架式集装箱	观察大型机械设备的高度和宽度，可选用敞顶集装箱或者台架式集装箱

(续)

图　片	货物名称	选择的集装箱类型	说　明
	散装大豆	散货集装箱	散装颗粒和粉尘类货物可选择散货集装箱
	文化用品	杂货集装箱	文化用品在运输过程中没有特殊的要求，用一般的杂货集装箱即可

 **拓展提升**

在任务中对不同用途的集装箱已经有了比较系统的认识和了解，这些集装箱不同的结构和功能特点保障了现代商品经济在流通领域的高效，但是大家有所不知，在众多不同类型的集装箱中，有一部分集装箱在船舶或堆场中想要保持正常运转，对作业环境有一定的要求，究竟是哪些集装箱？它们又有着什么样的要求呢？

项目二　认识集装箱码头

Project 2

 **情景创设**

在过去的两天里，陆浩和他的同事们把集装箱的上上下下，角角落落研究了个遍。通过查阅资料、请教有经验的员工，陆浩和其他新同事克服困难，对集装箱的箱型和代码有了一定的了解，圆满完成了张主管布置的认识集装箱的任务。张主管对新员工们认真和积极的态度感到非常地欣慰。紧接着张主管把大家召集在会议室，总结了上一个任务的完成情况，并对大家的认识结果进行了分析和总结，纠正了其中错误的概念，然后又对大家提出了新的要求："通过这两天的学习，大家对集装箱已经有了一定的了解。这两天里大家忙碌在集装箱码头和堆场之间，是不是发现集装箱码头中也有许多奥秘呢？那么我们实习的第二个项目就是认识集装箱码头（见图2-1）。对于集装箱码头可以从三点着手去学习：首先，认识集装箱码头的基本构成要素，并了解各基本要素分别位于码头的什么位置，绘制出简单的集装箱码头布局图；其次，了解泊位及码头前沿；最后，了解堆场分区及编码。集装箱码头中每一个构成要素都发挥着不可替代的功能，合理的码头布局能使工作更加流畅，泊位和码头前沿的设置用于船舶停靠和装卸，准确的堆场分区及编码将不同类型的集装箱分类摆放，为码头工作带来便利。希望大家能根据我给的提示，对集装箱码头和堆场有全面的了解。"

想一想：
1. 集装箱码头有哪些基本构成要素？这些要素具有什么重要作用？
2. 泊位和码头前沿起着什么作用？
3. 集装箱码头堆场是根据什么依据进行分区的呢？

图2-1　集装箱码头

项目分析

陆浩根据张主管讲的三点要求,将需要了解和学习的内容以及应用的要求作了系统的整理和安排,具体见表2-1。

表2-1 认识集装箱码头项目引导

工作项目	工作任务	工作目标
认识集装箱码头	集装箱码头的基本构成和布局	能描述集装箱码头的布局和基本构成
	集装箱码头前沿和泊位	能描述集装箱码头泊位分区和码头前沿
	集装箱码头堆场的分区及箱位编码	能够划分堆场箱区,识别与绘制堆场的集装箱位

任务一 集装箱码头的基本构成和布局

任务描述

陆浩对集装箱由表及里有了一定的了解,他决定由点及面地探索集装箱码头。要了解集装箱码头的整体布局,必须从基本构成开始着手,了解每个构成因素的基本功能,最后根据构成要素绘制简单的集装箱码头布局图。

任务准备

一、集装箱码头概述

集装箱码头是指包括港池、锚地、进港航道、泊位等水域以及货运站、堆场、码头前沿、办公生活区域等陆域范围的,能够容纳完整的集装箱装卸操作过程的具有明确界线的场所。

集装箱码头在整个集装箱运输过程中占有重要地位。它是水陆联运的枢纽站,是集装箱货物转换运输方式时的缓冲地,也是货物的交接点。

二、集装箱码头的基本构成

1. 泊位

泊位是供集装箱船舶停靠和作业的场所,通常有三种形式:顺岸式、突堤式和栈桥式。

集装箱码头通常采用顺岸式。泊位除需要足够的水深和岸线长度外，还应设有系缆桩和碰垫。

2．码头前沿

码头前沿是指泊位岸线至堆场的这部分区域，主要用于布置集装箱装卸设备和集装箱牵引车通道。

 **知识链接**

码头线的布置有多种形式，有的与岸线平行，称为顺岸码头；有的与岸线正交或斜交，称为突堤码头。前者多用于河港，后者多出现在海港，以便在有限的范围内形成较多的曲折岸线，可以布置更多的码头泊位。

3．堆场

堆场是集装箱码头堆放集装箱的场地，为提高码头作业效率，堆场又可分为前方堆场和后方堆场两个部分。

4．控制室

控制室又称中心控制室，简称"中控"，是集装箱码头各项生产作业的中枢，集组织指挥、监督、协调、控制于一体，是集装箱码头重要的业务部门。

5．闸口

闸口俗称"道口"，是公路集装箱进出码头的必经之处，也是划分交接双方对集装箱责任的分界点，同时闸口还是处理集装箱进出口有关业务的重要部门。

三、集装箱码头的布局

集装箱码头的整个装卸作业是采用机械化、大规模生产方式进行的，要求各项作业密切配合，实现装卸工艺系统的高效化。这就要求集装箱码头上各项设施合理布置，并使它们有机地联系起来，形成一个各项作业协调一致、相互配合的有机整体，形成高效率的、完善的流水作业线，以缩短车、船、箱在港口码头的停留时间，加速车、船、箱的周转，降低运输成本和装卸成本，实现最佳的经济效益。

图 2-2 所示为吊装式集装箱船专用码头平面布局图。对于集装箱专用码头，码头布置应要求集装箱泊位岸线长为 300m 以上，集装箱码头陆域纵深应能满足各种设施对陆域面积的要求。由于集装箱船舶日趋大型化，载箱量越来越多，因此，陆域纵深一般应为 350m 以上，有的集装箱码头已达 500m 以上。

码头前沿宽度一般为 40m 左右，这取决于集装箱装卸工艺系统及集装箱岸壁起重机的参数和水平运输的机械类型。一般码头前沿不铺设铁路线，不考虑车船直取的装卸方式，以确保码头前沿船舶装卸效率不受影响。每一集装箱专用泊位，应配置两台岸壁集装箱起重机。

集装箱堆场是进行集装箱装卸和堆存保管的场所，集装箱堆场的大小，应根据设计船型的装卸能力及到港的船舶密度决定。有关资料表明，岸线长 300m 的泊位，堆场面积达 105 000m² 甚至更大，这还与采用的装卸工艺系统和集装箱在港停留时间有关。

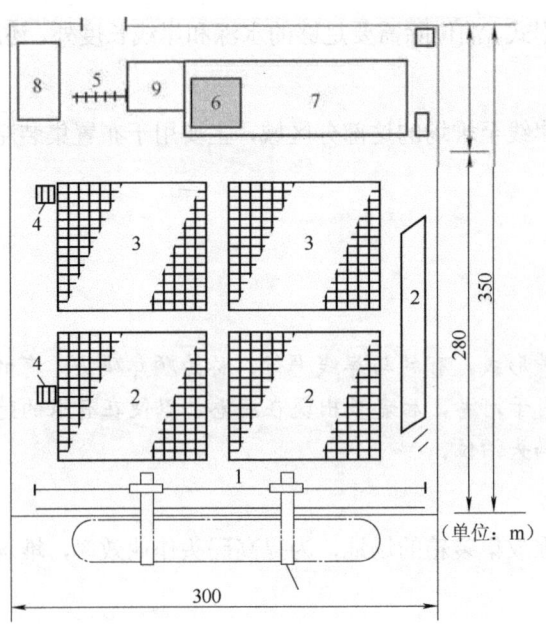

图2-2　吊装式集装箱船专用码头平面布局图

1—码头前沿　2—编排场　3—集装箱堆场　4—调头区　5—大门
6—控制塔　7—拆、拼箱库　8—维修车间　9—办公楼

**任务实施**

偌大的集装箱码头，每个部门都在井然有序地工作着。有些区域看似使用的是相同的设备，但其执行的任务却各有不同。陆浩决定从距离海岸最近的区域开始观察。

步骤一：集装箱码头的基本构成

沿着海岸停靠着大大小小的集装箱船，每艘船都停靠在相应的泊位（见图2-3），船上的缆绳连接着岸上的缆桩加以固定。

图2-3　泊位

岸上紧靠着泊位布置的是集装箱装卸设备和集装箱牵引车通道，这个区域被称为码头前沿（见图2-4），也就是码头工作的一线。陆浩看到集装箱装卸设备正将船上的集装箱卸下来，并平稳地放置在牵引车上，一辆辆牵引车井然有序地在牵引车通道穿行。

图2-4　码头前沿

从码头前沿开出的牵引车将集装箱运送到堆场（见图2-5）。临时存放的进出口集装箱被放置在前方堆场，而那些需要长期放置的集装箱则被运送到了后方堆场。

图2-5　堆场

陆浩离开堆场来到了控制室（见图2-6），控制室里工作人员正在忙着安排船只进出港。集装箱码头能够平稳地运行，全靠这个中枢在控制。

图2-6　控制室

走出控制室的陆浩远远地看到一辆辆集装箱车从闸口（见图 2-7）进入码头，便走过去看了看，发现其实闸口不仅仅是集装箱车辆的进出口，还是划分交接双方对集装箱责任的分界点，同时还在这里处理集装箱进出口的有关业务。

图2-7　闸口

步骤二：根据集装箱码头的构成，绘制简单的集装箱码头布局图

陆浩通过实地考察，对集装箱码头各个构成因素有了一定的了解，结合在网上查阅其他集装箱码头的布局图，绘制了具有泊位、码头前沿、堆场、控制室、闸口的简单的集装箱码头布局图，如图 2-8 所示。

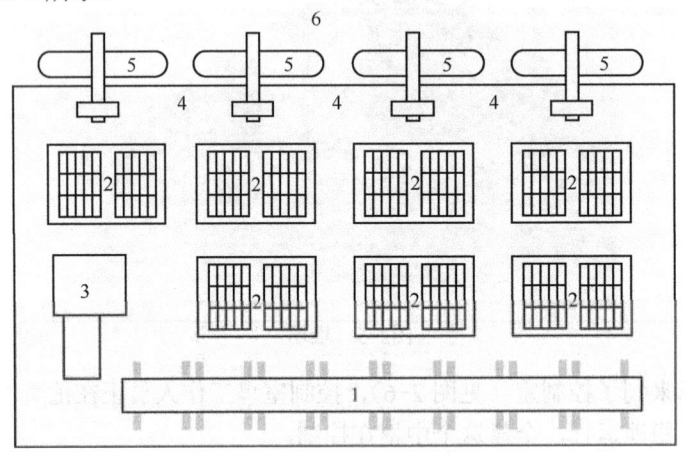

图2-8　集装箱码头布局图

1—闸口　2—堆场　3—控制室　4—码头前沿　5—泊位　6—水面

 **拓展提升**

集装箱码头内的货运站

集装箱货运站（CFS）是指进行集装箱拼箱与拆箱业务的企业或部门，是专门处理集装箱拼箱货的地点。集装箱货运站在整个集装箱运输和集装箱多式联运中，发挥了"连接"和"纽带"的作用。

设置于集装箱码头内的集装箱货运站，主要处理各类拼箱货，进行出口货的拼箱作业和进口货的拆箱作业。货主托运的拼箱货，凡是出口的，均先在码头集装箱货运站集货，在货运站拼箱后，转往出口堆箱场，准备装船；凡是进口的，均于卸船后，运至码头集装箱货运站拆箱，然后向收货人送货，或由收货人提货。一般集装箱码头均设有集装箱货运站。

阅读以上资料，说说集装箱码头内货运站的作用。

任务二　集装箱码头泊位及码头前沿

任务描述

通过任务一的学习，陆浩已经熟悉集装箱码头的布局和基本构成。他要做的第二步就是为一艘即将进港的集装箱船选择泊位。

任务准备

一、泊位

（一）泊位的概念

泊位是指港区内能停靠船舶的水域位置。

泊位长度为设计最大吨级靠泊船的长度和相邻泊位船之间必要的间距之和，宽度按规范规定一般为设计最大吨级靠泊船宽度的 2 倍，水深为设计低水位以下的深度，由设计最大吨级靠泊船的满载吃水深度加上必要的富裕水深组成。

知识链接

专门用于装运集装箱的船舶分六类：
小型支线船：100～499TEU
大型支线船：500～999TEU
灵便型船：1 000～1 999TEU
次巴拿马型船：2 000～2 999TEU
巴拿马型船：3 000～3 999TEU
超巴拿马型船：4 000TEU 以上

（二）系缆桩

船舶系泊设备上的绳索与固定于岸上的系缆桩连接，以保证船舶在港期间不会发生大的位置变动，如图 2-9 所示。

图2-9　系缆桩

（三）碰垫

碰垫（见图 2-10）设置于码头沿岸的岸墙上，以免船舶靠泊时与岸墙发生剧烈碰撞，避免船体损坏。有时也会设置于船舶停靠时相邻两艘船之间。

图2-10　碰垫

 **知识链接**

泊位利用率

泊位利用率是码头泊位的作业时间占码头泊位日历时间的比重，其中，作业时间包括装卸时间和各类辅助时间。泊位利用率高，说明港口码头等设施利用充分，但由于船舶到港的不平衡，泊位利用率越高，船舶待泊的可能性就会越大，若船在锚地等待的情况严重，就会增加航运公司及货主的成本。反之，如果泊位利用率过低，会导致码头泊位过度空闲，资源得不到有效利用，则会严重影响港方的经济效益。所以合理的泊位利用率应该建立在平衡港、航、货三方利益的基础之上。

二、码头前沿的主要构成

(1) 从岸壁线到集装箱桥吊第一条轨道（靠海侧）的距离部分，一般为2～3m。
(2) 桥吊的轨道或轮胎间的距离部分，一般为15～30m。
(3) 从桥吊第二条轨道（靠陆侧）到堆场前的距离部分，一般为10～25m。

集装箱码头前沿除安装了集装箱桥吊和铺有桥吊轨道外，一般还备有高压和低压电箱、船用电话接口、桥吊电缆沟、灯塔等设施。码头前沿应始终保持畅通，以确保集装箱桥吊的装卸效率。

任务实施

陆浩学习了集装箱码头基本布局后，对泊位和码头前沿很感兴趣。今天有一艘集装箱船进港，他跟着师傅一起去看看，学习船舶靠泊的相关知识。

步骤一：了解集装箱码头泊位情况

陆浩先对集装箱码头内A作业区的泊位情况进行了了解，并将信息汇总列表，见表2-2。

表2-2 集装箱码头A作业区的泊位情况

作业区	泊位名称	长度/m	水深/m	靠泊能力（吨级）	装卸货种	桥吊情况
A作业区	1号泊位	185	-9.8	10 000	集装箱	桥吊2×30.5t
A作业区	2号泊位	254	-15.7	20 000	集装箱	桥吊3×30.5t
A作业区	3号泊位	260	-19.7	30 000	集装箱	桥吊4×30.5t
A作业区	4号泊位	190	-11.7	50 000	散化肥	桥吊3×10t
A作业区	5号泊位	166	-9.5	10 000	件杂货	桥吊2×10t

步骤二：了解靠泊船舶的基本情况，选择合适泊位

陆浩又了解到，此次靠泊的集装箱船，长度为220m，吃水8.3m，吨位为15 000t，由于要求尽快卸货，需三台30.5t的桥吊同时操作。

陆浩认为这艘集装箱船可以靠泊在2、3号泊位，本着资源合理利用的想法，选择2号泊位更加合适，与调度部门给出的调度方案相同。

步骤三：碰垫就位，靠泊后将缆绳系至系缆桩

碰垫就位，避免靠泊时撞击损害船体。当集装箱船平稳靠泊至2号泊位后，将缆绳系至系缆桩。确保同一艘船舶使用的是相同材质及相同口径的缆绳，以保证相同的松紧度。

步骤四：码头前沿的装卸及搬运设施开始工作

将船缆绳系紧后，码头前沿的龙门吊、桥吊等装卸设备将集装箱从船舶上取下，平稳放置到集装箱车上，如图2-11所示。

图2-11 装卸及搬运

 **拓展提升**

自动化码头：绿色　节能　环保

自动化运转的集装箱码头首先出现在劳动力成本昂贵和熟练劳动力匮乏的欧洲。20世纪80年代中期，自动化学科技术的进步使得英国泰晤士港、日本川崎港和荷兰鹿特丹港率先规划尝试建设自动化集装箱码头，运营效果达到预期目标；但受经济波动和财政政策的影响，自动化集装箱码头的发展一度陷入了停滞状态。

世界上第一个自动化集装箱码头在1993年荷兰鹿特丹港投入运行，接着是英国伦敦港、日本川崎港、新加坡港、德国汉堡港等相继建成全自动化或仅堆场自动化（半自动化）的集装箱码头。在自动化集装箱码头的发展过程中，基本可分为三个阶段：第一代以荷兰鹿特丹ECT为代表，它的特点是岸桥为单小车，水平运输采用的AGV为固定路线运行，堆场内只有一台轨道吊。第二代以2002年投入运营的德国HHLA港为代表，特点是岸桥为双小车，水平运输采用的AGV为灵活路线运行，堆场内的轨道吊为穿越式布置。第三代以2010年投入运营的荷兰鹿特丹Euromax为代表，与第二代相比，堆场内的轨道吊为接力式对称布置。随着环保理念不断深入人心并付诸于实施，将来的第四代集装箱码头，一定会在新能源和信息技术的应用方面有所突破。

随着经济全球化和区域经济一体化进程的进一步加快，集装箱运输得到迅速发展，加上集装箱船舶不断大型化，带动了集装箱中转运输的发展，远洋运输快速向干线港集中。集装箱码头面临吞吐量急剧增长的巨大压力。尤其是进入21世纪后，劳动力成本的增加和劳动力资源的匮乏，科技技术的进步等因素再次为自动化集装箱码头的发展带来新机遇。

自动化码头技术含量高，运行安全可靠，尤其是随着云计算、智能制造、无线通信的发展，与传统码头相比，在智能化、可靠性、稳定性、设备利用率、运营成本等方面具有无与伦比的优势。为了减少作业安全事故，提高作业效率。降低作业成本，全球不少集装箱码头开始考虑研究采用自动化技术，码头向自动化、智能化、大型化方向发展已是大势所趋，这样的趋势体现在目前正在规划建设中的国外自动化集装箱码头上。

欧洲：伦敦Gateway（3个泊位），鹿特丹码头（4个泊位），马士基鹿特丹码头（2个泊位），马士基意大利Vado码头。

美国：长滩 Pier J 码头（2 个泊位），长滩 LBCTI 码头（3 个泊位），新泽西码头，美国港口集团奥克兰外港码头，美国港口集团 Pier S 码头，洛杉矶 Tra Pac 码头。

其他地区：布里斯班码头，新加坡码头，韩国釜山 2-4 项目。目前在中国还没有全自动集装箱码头。

请总结自动化码头的优势具体可以表现在哪里。

任务三　集装箱码头堆场分区及箱位编码

通过任务二的学习，陆浩已经对泊位及码头前沿有所了解。他要做的第三步就是了解集装箱码头堆场分区及分区编码。他要将一批集装箱放置到合适的箱区，并对抽象的堆场局部立体图上各种数字和标记进行解读。

一、集装箱码头堆场

集装箱码头堆场包括集装箱前方堆场和集装箱后方堆场。集装箱前方堆场在集装箱码头前方，是为加速船舶装卸作业暂时堆放集装箱的场地。

集装箱后方堆场是重箱或空箱进行交换、保管和堆存的场所。但有些国家或地区对集装箱堆场并不分前方堆场或后方堆场，统称为堆场。集装箱后方堆场是集装箱装卸区的组成部分。在发货港集装箱码头堆场交接意味着发货人自行负责装箱及集装箱到发货港装箱码头堆场的运输。在卸货港集装箱码头堆场交接意味着发货人自行负责集装箱到最终目的地的运输和拆箱。

二、集装箱码头堆场的分区

集装箱堆场是由很多个箱区组合而成的，箱区是指码头堆放集装箱的区间位置，每个箱区都有其专门名称。

（1）按进出口业务不同可分为进口箱区、出口箱区和中转箱区。

（2）按集装箱种类不同可分为普通箱区和特种箱区。

其中特种箱区包括温控箱区、危险品箱区、超限箱区和残损箱区。

（3）按箱子的状态不同可分为空箱区和重箱区。

 **知识链接**

特种箱区的管理

对于敞顶箱、台架箱、平台箱、通风箱等特种箱必须堆放特种箱区。对四超箱（超高、超长、超宽、超重）通常限于一层高，并采用相应的特种箱操作工艺作业。

三、场箱位

（一）场箱位的概念

场箱位又称集装箱的堆场位置，是码头用一组代码来表示集装箱在堆场内的物理位置。堆场被划分为若干个堆存区，在定位某一个具体集装箱时，通常根据集装箱在堆场中所在的位置运用类似于三维定位的方法，来清楚读取集装箱的位置。

（二）场箱位的作用

1. 能清晰地读取堆场现有集装箱情况

场箱位能清楚显示集装箱堆场哪些位置已经堆放集装箱，哪些位置仍可堆放集装箱。有利于堆场计划人员为新进出堆场的集装箱计划合理的箱位，以便于后续的堆场现场作业。

2. 能明确地告诉场站工作人员、集卡驾驶人具体提箱位置

场站人员、集卡驾驶人提取指定的集装箱，需要从偌大的一个堆场提取，若没有具体的集装箱定位说明，无法准确找到相应的集装箱。

3. 便于龙门吊等装卸设备的作业

龙门吊司机能根据集装箱的箱位堆存集装箱，不至于出现找不到相应集装箱的情况。

四、堆场集装箱箱位识别

箱位是集装箱堆场的最小单元。堆场的箱位由区（Block）、贝（Bay）、排（Row）、层（Tier）四个部分组成，如图2-12所示。

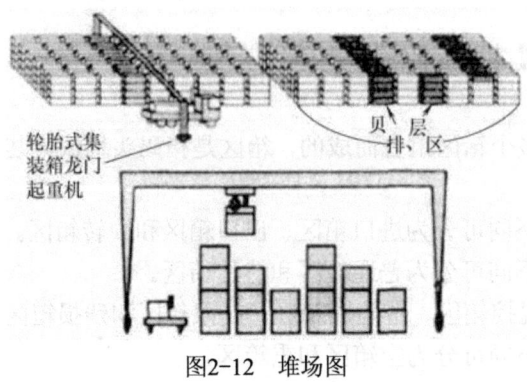

图2-12 堆场图

1. 整个堆场划分"区"

"区"的标号,通常有两种表示方法:①由两位数字表示;②由一个英文字母和一个数字表示。国内码头普遍采用一个英文字母和一个数字的组合来表示箱区的编码。在一般的龙门吊箱区中第一位英文字母表示码头的泊位号,第二位数字表示箱区从海侧(码头)到陆侧(堆场)的顺序号,正面吊箱区和堆高机箱区则视具体的情况而定其名称。如1号泊位靠近海侧的堆场区域A1、A2,如图2-13所示。

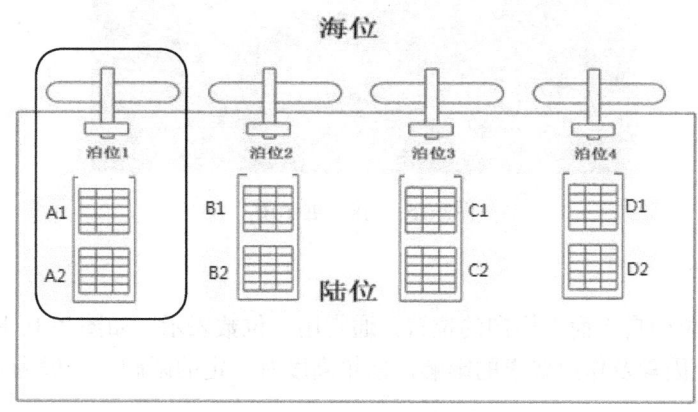

图2-13 箱区展示图

2. 确定"贝"

一个箱区由若干个贝组成,如图2-14所示,"贝"的编号用两位数字表示,是由北向南以奇数的形式标注(如01、03、05等)。每一个贝的宽度可放下一个20ft箱,则用奇数01,03,05,07……表示20ft箱的贝。而当摆放一个40ft货箱时,其必定占用两个贝。显而易见,一个40ft箱占用两个20ft箱的位置,因此,使用其所占用的两个贝号间的偶数来表示40ft或45ft箱位。如一个20ft箱为01贝,一个40ft箱占用了01、03两个贝,那么就用02贝来表示此箱位置。箱区、贝数、泊位的长度均存在着一定的关系。可以说泊位的长度或者纵深对应了箱区的长度,而贝数与堆场箱区的长度有关。

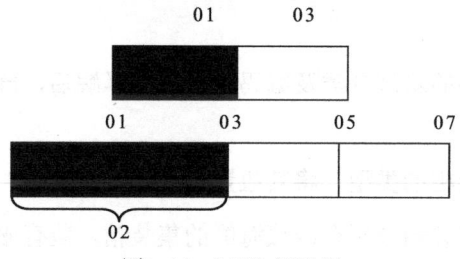

图2-14 "贝"展示图

3. 看清"排"

排是指每个箱位中从外侧到里侧纵向的位置,一般用两位数字表示,如图2-15所示。一般来说,由于轮胎吊的跨度限制,在主堆场即重箱堆场中,每一贝都有6排,分别是01、02、03、04、05、06排。空箱堆场可达十几排;"排"号的标注方法:靠近车道一侧的排为

06排，而靠近拖车道那一侧的排则为01排。如A1、A2箱区中间有一条拖车道，因此，两个箱区分别向着海侧及陆侧（即向着非拖车道）的排为06，而两场相对应（即向着拖车道）的一排为01。

图2-15 "排"展示图

4．数明"层"

"层"是指箱位中自下而上横向的位置，通常用一位数表示，如图2-16所示。由于受设备堆垛能力、安全因素及作业要求的影响，摆箱高度有一定的限制，一般为4～5层。

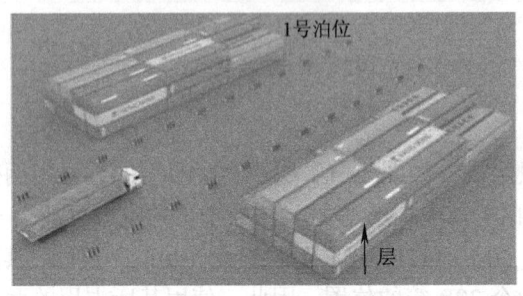

图2-16 "层"展示图

任务实施

陆浩对集装箱码头堆场的箱区分类及编码有了一定了解后，自告奋勇要求当一回堆场工作人员。

步骤一：了解集装箱货柜的类型，将其放置到合适的箱区

今天上午拉进堆场的集装箱分别有冷藏海鲜的集装箱，装有服装的集装箱，装载危险品的集装箱，若干个因风浪掉落到海里被打捞起来破损变形的集装箱以及一些装载特殊超重物品的集装箱。陆浩将这些集装箱放置在了合适的箱区：

（1）冷藏海鲜的集装箱　使用的是冷藏集装箱（见图2-17），应放置在温控箱区。

（2）装有衣物的集装箱　衣物属于干货，那么这个集装箱是普通箱（见图2-18），应放置在普通箱区。

图2-17 冷藏集装箱　　　　　　　　　　　图2-18 普通箱

（3）装载危险品集装箱　应放置在危险品箱区（见图2-19）。

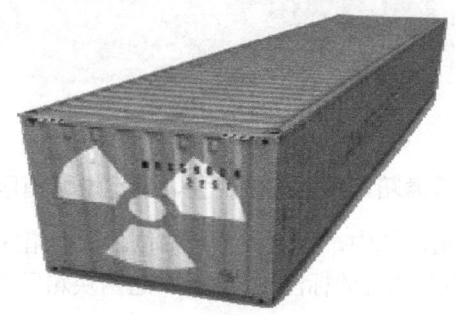

图2-19 危险品集装箱

（4）因事故破损的集装箱　需要进行检修，应放置在残损箱区（见图2-20）。

图2-20 破损集装箱

（5）某单位装载特殊货物的超重集装箱　放置在超限箱区（见图2-21）。

图2-21 超重集装箱

师傅看陆浩已经在那学习了一会了，决定拿着堆场局部立体图先考考他。师傅要求陆浩在图样上根据所学的信息，标注堆场箱区、贝、排、层。然后写出他点出的集装箱的具体箱位（见图2-22）。那么，我们就跟着陆浩一起来做吧。

图2-22　集装箱箱位图

步骤二：选取其中一个普通箱，根据泊位位置，确定堆场箱区

陆浩从局部的立体堆场箱区图中，找到了1号泊位。根据箱区的表示方法，可以确定此块区域用字母"A"表示。离海侧近的标注1，因此，这两块箱区为"A1"、"A2"。在图样中分别标注"A1"、"A2"，如图2-23所示。

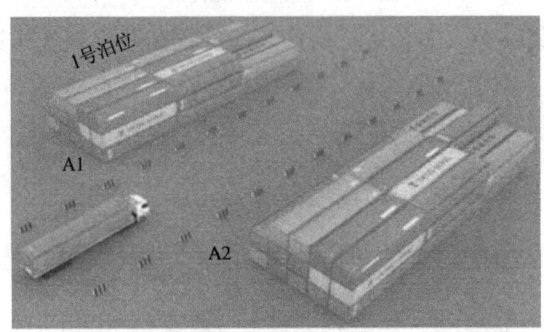

图2-23　箱位图（一）

步骤三：标注"贝"

查看图样上的方向标识，由北往南标注"贝"。"贝"以单数表示，陆浩写下了"01"、"03"、"05"（见图2-24）。

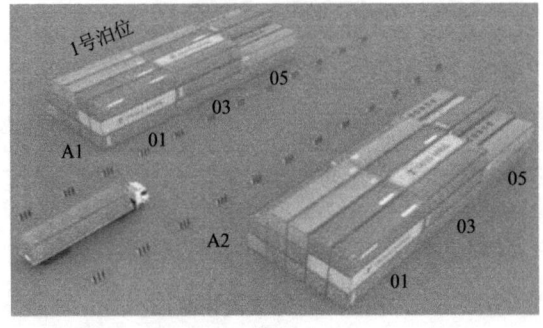

图2-24　箱位图（二）

> **问题思考：**
> 师傅问陆浩，如果是 40ft 堆放的箱区，怎么标注呢？

步骤四：标注"排"

靠近拖车道的为 01 排，那么"A1"、"A2"箱区之间为拖车道，因此，由拖车道向外侧标注"01"、"02"、"03"、"04"、"05"（见图 2-25）。

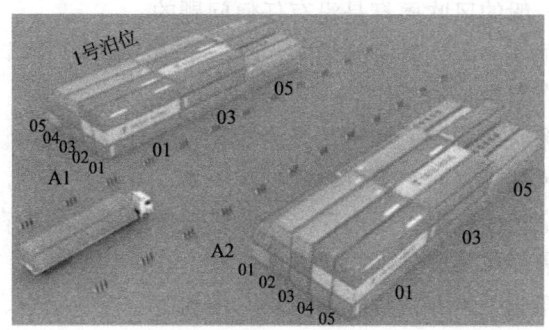

图 2-25　箱位图（三）

步骤五：标注"层"

从箱位中自下而上开始标注，"1"、"2"、"3"（见图 2-26）。

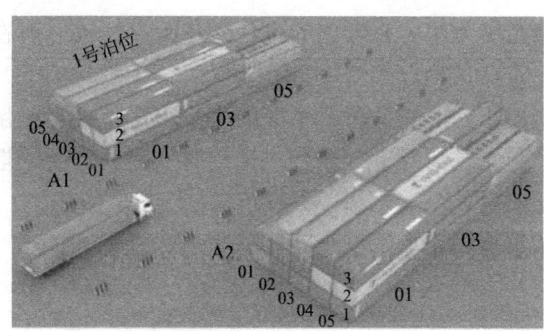

图 2-26　箱位图（四）

步骤六：写出指定集装箱的具体箱位

读取指定集装箱的箱区为"A1"，贝为"03"，排为"03"，层为"3"。因此，该集装箱的箱位为"A103033"（见图 2-27）。

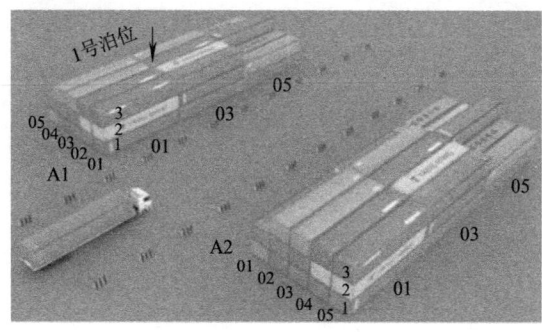

图 2-27　箱位图（五）

45

 **拓展提升**

集装箱堆场的安全措施

集装箱堆场针对不同的货物种类设定有不同的管理区域和措施。一般集装箱在水里能保持48h的水密性,所以一般的风吹雨打是没有任何问题的。

首先,集装箱不怕雨淋,因为是密闭状态,除非箱顶有破损,所以在大多数集装箱港区和堆场有专门人员从事查看箱顶的工作。

其次,集装箱分重箱(有货物)和空箱(无货物)之分,一般来讲重箱最多只能堆到4个高,因此无需担心大风刮落。而空箱可以堆到8个高,且没有货物,自重较轻,大风天气极有可能被吹落,但是空箱往往上百个堆在一起,以长方形密布紧挨在一起,相互作用力下形成一定的抗风力,只需简单采取外围固定即可。

还有,危险品集装箱必须堆存在危险品堆场,堆场有监控、喷淋、巡检等措施,危险品箱堆存规定不得超过2个高,且高危危险品不得堆在上层,因此不会倒地。

另外,危险品送入集装箱前必须加外包装,一般为密闭桶装后集中打包,即使再恶劣的天气也不怕损坏或泄漏。而危险品集装罐(通常存储气态、液态等)外层充有惰性气体,更加安全。

对于特种箱(如危险品集装箱)有专门的堆栈,危险品堆栈一般在特殊的仓库里有专用的消防、安全设备检测危险品货物。

在6级以下风力的情况下,4个高到5个高的集装箱是不会被吹倒的,如有必要,会在箱子底部安装底锁固定,在大风情况下(如台风来的时候)就需要采取特别措施了,如安装挡风墙和设定固定锁保证安全。

阅读以上资料,总结集装箱堆场的安全措施。

项目三　认识集装箱码头机械设备

Project 3

情景创设

通过之前四天的实习，陆浩对集装箱的箱型代码和集装箱码头有了一定的了解，而对于集装箱码头和堆场上林立的大大小小的机械设备设施还是一知半解。陆浩带着疑问走进了张主管的办公室，将这四天内的实习心得进行了汇报。张主管对他认真严谨的工作态度表示肯定。陆浩向张主管说出了心中的疑惑："张主管，我们码头和堆场上这些形形色色的机械设备设施，有的看似作用差不多，但好像又有些不同，能否给我们讲解一下呢？"张主管笑着说："这就是我接下去要交给你们的任务，认识集装箱码头的设备，你去把大家召集到会议室来，我给大家统一讲讲。"大家在会议室集中后，张主管说道："集装箱码头中常用的机械设备（见图3-1）可以分成两大类：第一类用于集装箱的装卸，另一类用于集装箱箱体的堆码。希望接下去的几天，大家能够对我说的两大类常用机械设备有具体的了解，并对其他在集装箱码头中起辅助作用的设备有一定的了解。"

想一想：

集装箱码头日常运作的机械设备有哪些？

图3-1　集装箱码头中常用的机械设备

项目分析

陆浩根据张主管所说的两大类设备，将需要了解和学习的内容以及应用的要求作了系统的整理和安排，具体见表 3-1。

表 3-1　认识集装箱码头设备、设施项目引导

工 作 项 目	工 作 任 务	工 作 目 标
认识集装箱码头机械设备	认识集装箱码头装卸设备、设施	能够认识岸边集装箱起重机 能够认识集装箱龙门起重机
	认识集装箱码头堆码设备、设施	能够认识、熟悉集装箱正面吊运机 能够认识、熟悉集装箱正面叉车

任务一　认识集装箱码头装卸与运输设备

任务描述

根据张主管的提示，陆浩了解到集装箱码头中常用的机械设备可以分成两大类。他决定先认识装卸设备，并能够区分不同类型的岸边集装箱装卸设备和集装箱龙门装卸设备。

任务准备

一、岸边集装箱装卸设备

岸边集装箱起重机是集装箱码头前沿进行集装箱船舶装卸作业的专用机械。集装箱船舶的大型化发展，对岸边集装箱起重机提出了更新、更高的要求。

岸边集装箱装卸桥按外形结构分类主要有 A 形框架式（见图 3-2）、H 形框架式（见图 3-3）等结构。这两种装卸桥的海侧臂架都可用铰链将悬臂俯仰，其中 A 形框架式对船舶上层建筑避性好，整机重量小。H 形框架式的高度低，制造拼装容易。根据特殊作业要求，岸边集装箱装卸桥的外形与结构还有滑动式低门架型、前臂折叠型等。

 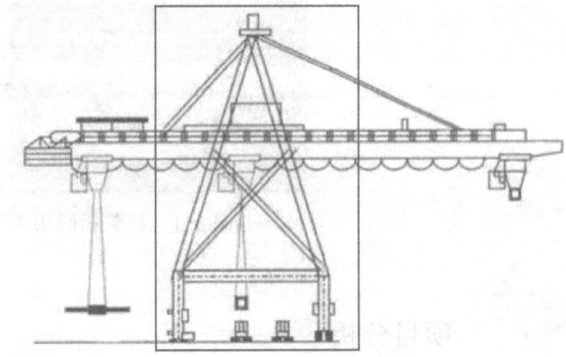

图3-2　A形框架式

项目三　认识集装箱码头机械设备

 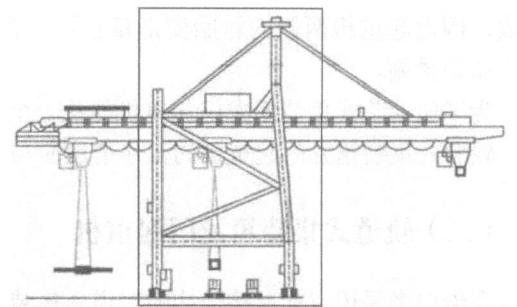

图3-3　H形框架式

岸边集装箱装卸桥的金属结构主要有行走机构的门架机构、臂架机构、拉杆等。臂架又可分为海侧臂架、陆侧臂架以及中间臂架三部分。

为了提高集装箱桥吊的装卸效率，并降低集装箱桥吊的自重，集装箱桥吊的起升机构多采用简单钢丝绳卷绕系统，小车行走机构则多采用全伸缩牵引式卷绕系统，而且还具有视野良好的独立移动式司机室。

二、集装箱龙门装卸设备

集装箱龙门起重机专门用于集装箱货场进行装卸作业，按其行走部分不同可分为轮胎式和轨道式两种。

（一）轮胎式集装箱龙门起重机

轮胎式集装箱龙门起重机（见图 3-4）由前后两片门框和底梁组成门架，由橡胶充气轮胎支撑，以便在货场上行走。装有集装箱吊具的行走小车沿着门框主梁上的轨道行走，进行装卸作业。

 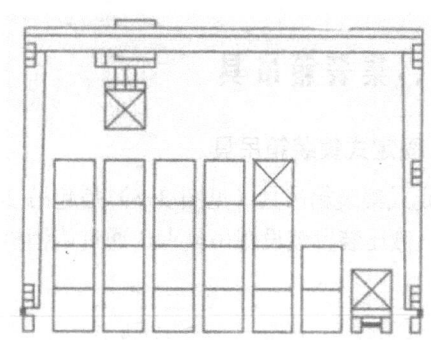

图3-4　轮胎式集装箱龙门起重机

轮胎式集装箱龙门起重机主要有大车运行、小车行走和起升机构，并设有吊具回转装置和减摇装置。

（1）回转装置使吊具能在水平面内小范围回转（通常为±5°），以便吊具对准集装箱锁孔。

（2）减摇装置的作用是防止吊具和集装箱摆动。

轮胎式集装箱龙门起重机由于行走小车的位置和吊重经常变化，轮胎充气压力不完全

49

一致，因而起重机两侧的轮胎变形量也不一样，可能使起重机走偏或变形，为此必须采取行走微调措施。

为了使轮胎式集装箱龙门起重机能从一个堆场转移到另一个堆场工作，需要装设转向装置。轮胎式集装箱龙门起重机的工作速度应与码头前沿岸边集装箱起重机的生产率相适应。

（二）轨道式集装箱龙门起重机

在港口多采用双梁焊接结构的轨道式集装箱龙门起重机（见图3-5），个别采用L形单主梁焊接结构龙门起重机。

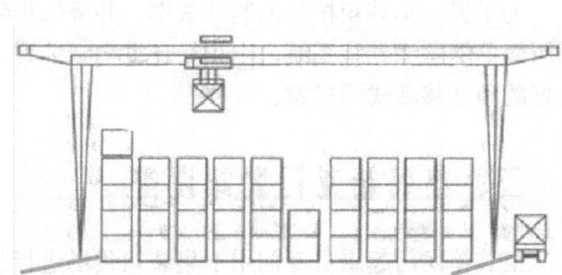

图3-5　轨道式集装箱龙门起重机

在集装箱码头上，岸边集装箱起重机将集装箱从船上卸到码头前沿的挂车上，拖到堆场，用轨道式集装箱龙门起重机进行装卸作业。

集装箱专用码头上轨道式集装箱龙门起重机的工作速度应与码头前沿岸边集装箱起重机的生产率相适应，以保证码头前沿不停顿地进行船舶装卸作业。为了便于装卸集装箱半挂车，在轨道式集装箱龙门起重机的载重小车上还装有回转机构。

三、集装箱吊具

1．固定式集装箱吊具

固定式集装箱吊具（见图3-6）是起吊20ft或40ft集装箱的专用吊具，直接悬挂在起升钢丝绳上，液压装置装设在吊具上，通过旋锁机构转动旋锁，与集装箱的角配件连接或者松脱。

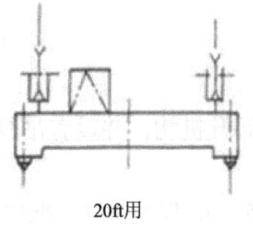
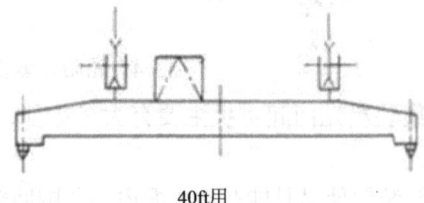

20ft用　　　　　　　　　　40ft用

图3-6　固定式集装箱吊具

这种吊具结构简单，重量轻，只适用于起吊一定尺寸的集装箱。对不同尺寸的集装箱必须更换吊具。

2．伸缩式集装箱吊具

伸缩式集装箱吊具（见图 3-7）是为适应集装箱的不同尺寸要求，可以进行长短伸缩的一种吊具。其特点为变换时间短（20s 左右），自重大，用途广泛，是目前集装箱起重机使用最为广泛的一种吊具。

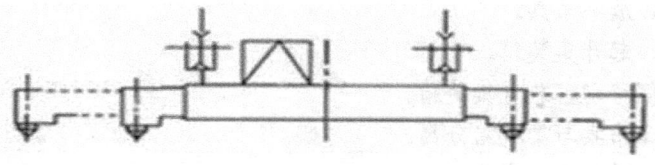

图3-7　伸缩式集装箱吊具

3．组合式集装箱吊具

组合式集装箱吊具（见图 3-8）为 20ft 集装箱专用吊具，可起吊 20ft 集装箱，液压装置装设在基本吊具上。当需要起吊 40ft 集装箱时，则将 40ft 集装箱专用吊具的角配件（与集装箱角配件相同）与 20ft 集装箱专用吊具的旋锁连接。40ft 专用吊具的旋锁机构由装设在 20ft 专用吊具上的液压装置驱动。

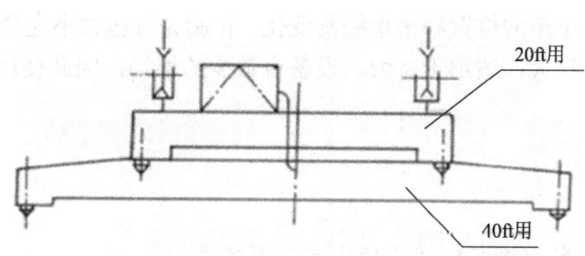

图3-8　组合式集装箱吊具

任务实施

步骤一：观察岸边集装箱装卸设备，认识 A 形、H 形框架式岸边集装箱装卸桥

今天恰好有一艘来自美国的集装箱船在码头靠岸，陆浩带着任务来到码头观察集装箱船卸货时所使用的岸边集装箱装卸设备与设施。集装箱船靠岸固定后岸边集装箱装卸桥就开始忙碌地工作起来。陆浩发现在执行相同装卸任务的岸边集装箱装卸桥有两种不同的外形。

通过询问码头的工作人员他得知，岸边集装箱装卸桥根据其结构的不同可以分为 A 形框架式和 H 形框架式：A 形框架式岸边装卸桥的自重较轻，但稳定性差；H 形框架式岸边装卸桥的自重相对大一些，但稳定性比较好。

 **小贴士**

集装箱装卸桥的基本作业步骤
（1）船舶靠泊前，将大车行至安全位置。
（2）船舶靠泊后，将大车移至具体的作业舱位。
（3）移动小车，放下吊具。
（4）扭锁锁定，起升集装箱。
（5）小车向陆侧移动，放置集装箱。
（6）松开扭锁，吊具与集装箱分离。
（7）吊具起升，进入下一步作业。

步骤二：观察集装箱龙门装卸设备，认识轮胎式、轨道式集装箱龙门起重机

了解了岸边集装箱装卸桥后，陆浩看到码头前沿有一些高耸的类似于门框的设备横跨在集装箱牵引车通道上方，陆浩观察到自己所在的码头使用的是轨道式集装箱龙门起重机，这类起重机是采用双梁焊接结构的轨道式集装箱龙门起重机，个别采用 L 形单主梁焊接结构，适用于堆场面积有限和吞吐量较大的集装箱专用码头。

陆浩查阅资料发现除了轨道式集装箱龙门起重机，还有一类轮胎式集装箱龙门起重机。由于这种龙门起重机行走小车的位置和吊重经常变化，轮胎充气压力不完全一致，可能使起重机走偏或变形，且转弯半径大，适用于宽敞、设备台数少的堆场，因此使用得比较少。

 **小贴士**

轮胎式集装箱龙门起重机与轨道式相比有以下特点
（1）跨度较大，可跨 14 列或者更多列集装箱，最多可堆放 5~6 层集装箱。
（2）堆场面积利用率高，提高了堆场的堆贮能力。
（3）机械结构简单，维修保养容易，作业可靠。
（4）机械由电力驱动，节约能源。
（5）机械沿轨道运行，灵活性差，作业范围受限制。
（6）适用于堆场面积有限和吞吐量较大的集装箱专用码头。

 **拓展提升**

组合式集装箱吊具

组合式吊具由两种或两种以上不同规格的固定式吊具组合而成，以适应起吊不同规格的集装箱。其形式还可分为以下三种：
（1）吊梁式吊具（见图 3-9） 吊梁悬挂在起重机的起升钢丝绳上，当需要起吊不同规格的

集装箱时，将不同规格的集装箱吊具与吊梁用销轴相接，连接接口具有统一的尺寸。驱动用的液压装置等分别装设在各个吊具上。吊梁式吊具比固定式吊具使用方便，但质量较重，成本也较高。

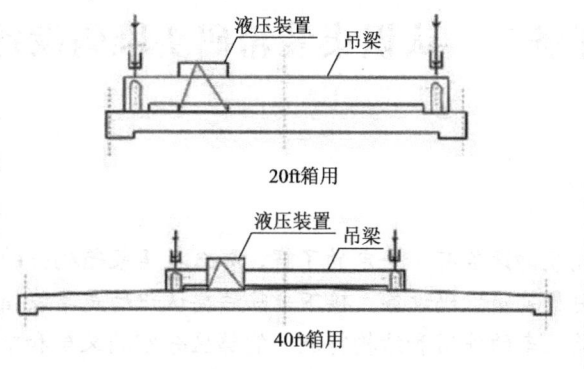

图3-9　吊梁式吊具

（2）主从式吊具（见图3-10）　基本吊具为20ft集装箱专用吊具，能直接起吊20ft集装箱。当起吊40ft集装箱时，将40ft集装箱专用吊具的箱角件与20ft基本吊具的转销连接，并通过20ft吊具上的液压装置来实现40ft吊具上的各个动作。主从式吊具也可以设计成其他规格的专用吊具与基本吊具配套使用，实现吊装其他规格的集装箱。主从式吊具的更换比吊梁式吊具更为方便，但质量也较重。

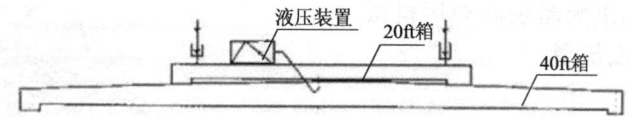

图3-10　主从式吊具

（3）子母式吊具（见图3-11）　其结构形式与吊梁式吊具相似，但液压装置装在母体的吊梁上，在吊梁下可换装20ft、40ft等多种规格集装箱固定吊具的子体框架，液压系统通过快速接口实现上下相连。与主从式吊具相比，质量减小，由于共用一套液压装置，成本也相应降低。

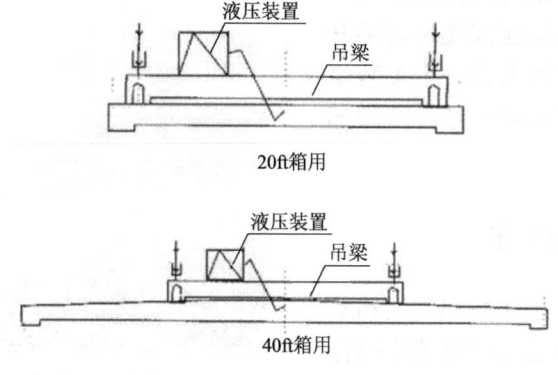

图3-11　子母式吊具

结合上述说明，查阅资料，说说这三种组合式集装箱吊具的优缺点。

任务二　认识集装箱码头堆码设备

任务描述

陆浩已经对集装箱装卸设备有了一定的了解，那么在集装箱码头的日常工作当中除了装卸设备以外，还需使用集装箱堆码设备。接下来陆浩要认识的是集装箱堆码设备，了解集装箱正面吊运机和集装箱叉车的作用和结构特点，能够区分空箱叉车和重箱叉车。

任务准备

一、集装箱正面吊运机

集装箱正面吊运机（见图3-12）是随着集装箱码头、集装箱货场、中转站和铁路场站对多用途的流动式集装箱装卸搬运机械的需求而开发的一种新机型。

二、集装箱正面叉车

集装箱正面叉车（见图3-13）简称集装箱叉车，它是集装箱码头和货场常用的一种进行集装箱堆码和搬运的专用机械。主要用在集装箱吞吐量不大的综合性码头和货场上进行堆码及短距离的搬运作业。既可采用货叉插入集装箱底部叉槽内举升搬运集装箱，也可在门架上装一个集装箱吊具，借助旋锁件与集装箱连接，从顶部起吊集装箱。

（一）集装箱重箱叉车

集装箱重箱叉车（见图3-14）又称集装箱重箱堆高车，是用来完成重箱堆码操作的叉车。

图3-12　集装箱正面吊运机

图3-13　集装箱正面叉车

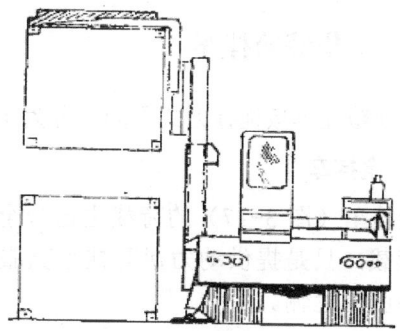

图3-14　集装箱重箱叉车

（二）集装箱空箱叉车

集装箱空箱叉车（见图3-15）又称集装箱空箱堆高车，是用来完成空箱堆码操作的叉车。

图3-15　集装箱空箱叉车

三、集装箱水平搬运设备

（一）集装箱牵引车

集装箱牵引车（见图3-16）俗称拖车，专门用于拖带集装箱的挂车或半挂车，两者结合组成车组，是长距离运输集装箱的专用机械，主要用于港口码头、铁路货场与集装箱堆场之间的运输。

图3-16　集装箱牵引车

（二）集装箱挂车

集装箱挂车按拖挂方式不同，分为半挂车和全挂车两种，其中以半挂车最为常用。

1．全挂车

全挂车（图3-17）的荷载由自身全部承担，与机车仅用挂钩连接。机车不需要承担挂车荷载，只是提供动力帮助挂车克服路面摩擦阻力。全挂车主要用于码头、工厂、港口等场区内运输。

2．半挂车

半挂车（见图3-18）是车轴置于车辆重心（当车辆均匀受载时）后面，并且装有可将水平力和垂直力传递到牵引车的连接装置的挂车。半挂车一般是三轴半挂车，其种类分为十一米仓栏半挂车、十三米仓栏半挂车、低平板半挂车等种类，是通过牵引销与半挂车头相连接的一种重型的运输交通工具。

图3-17　全挂车

图3-18　半挂车

任务实施

步骤一：观察集装箱正面吊运机，了解集装箱正面吊运机的结构特点

陆浩在堆场观察正面吊运机的工作过程，他发现集装箱正面吊运机具有以下结构特点：

（1）有可伸缩和左右回转180°的吊具　悬挂在伸缩臂架上的吊具可绕轴线回转，且可左右各移动800mm，几乎可以在任何条件下在集装箱堆场进行作业。

（2）有能带载变幅的伸缩臂架　集装箱的升降运动由臂架伸缩和变幅来共同完成，无专门起升机构，伸缩和变幅可同时进行，升降速度大，生产率高。

（3）作业幅度大，能堆码多层集装箱及进行跨箱作业　具有集装箱叉式装卸车和跨运车的共同特点，能吊装四到五个箱高，且可跨箱作业。

（4）具有多种保护装置，能保证作业安全

1）防倾覆保护。限制各种工作幅度下的起重量允许值。超起重量时臂架不能伸缩、俯仰，吊具不能回转，有红色信号灯警告。

2）旋锁动作保护。旋锁完全进入集装箱角配件孔中，旋锁才动作；或是旋锁不在全开或全闭的状态下，臂架伸缩、俯仰和吊具回转都不能动作，同时也有信号灯指示。

3）高速保护。起吊集装箱后，整机不能用高速档行驶，否则发动机自行停止运转。

4）变速杆入档后，发动机不能起动。

5）臂架最大仰角的限位保护。

6）入档后再拉手制动，发动机即停止。

（5）加装吊钩后，可吊装其他重大件货物　能实现所谓集成吊运，即将集装箱连同公路运输的拖车一同吊装上火车。

（6）轮压低　由于满载后整车的重心位置仍在前后轮之间的接近中心处，并有八个轮胎接地，因此轮压比叉车低。

小贴士

集装箱正面吊运机的主要技术参数

（1）起重量。起重量根据额定起重量和吊具的重量来确定。额定起重量一般按所吊运的集装箱最大总重量确定，其吊具质量约为10t。

（2）起升高度。起升高度即堆码高度，一般为四层箱高，起升高度一般为11m左右。要求堆五层箱高时，一般为13m左右。

（3）工作幅度。通常能跨一排箱作业。一般要求在对第一排箱作业时，前轮外沿离集装箱的距离为700mm左右，工作幅度最小应距前轮外沿2m。在对第二排箱作业时，前轮离第一排集装箱的距离为500mm左右，工作幅度最小距离前轮外沿4.1m。

（4）车身外形尺寸。集装箱正面吊运机主要用于货场作业，要求能适应狭小的场地条件，对通过性能要求较高，需要控制车身宽度和长度，一般要求正面吊运机能在7.5m左右的直角通道上转弯，在9.5m左右的通道内能90°转向。要求最小转弯半径在8.5m左右，最大轴距为5.5m左右，车体带臂架长度约为7.5~8m，车宽一般为3.5~4m。

（5）行走速度。其运行距离一般在40~50m较为合理。如距离太远，则应在前沿机械与堆场间用拖挂车进行水平运输。满载时只允许低速行驶，因集装箱正面吊运机自重较大，如行驶速度过快，则对爬坡、制动、整机稳定性以及发动机功率都有较大影响，故满载时最高速度一般不超过10km/h。空载时可高速行驶，一般为25km/h左右。

步骤二：观察集装箱正面叉车，了解重箱叉车和空箱叉车

陆浩在堆场观察，发现在进行集装箱堆码时会用到两种不同构造的叉车，经过询问得知，一种用于空箱堆高，另一种用于重箱堆高。

1．空箱叉车

空箱叉车是集装箱运输的关键设备，广泛用于港口、码头、铁路公路中转站及堆场内的集装箱空箱的堆垛和转运，具有堆码层数高、堆垛和搬运速度快、作业效率高、机动灵活、节约场地等特点。目前市场上有起升高度最高达到20m、堆码9层、门架高度13m的空箱叉车。空箱叉车机动灵活，性能可靠，可一机多用，既可做水平运输，又可做堆场堆码、装卸搬运、拆装箱作业，造价低，使用维修方便。

起重系统是空箱叉车的重要组成部分，它反映空箱叉车的起重能力和装卸效率，是决定空箱叉车作业生产率的重要因素。空箱叉车通过起重系统的上下运动实现集装箱的堆码与搬运。堆码高度取决于起重系统的最大起升高度，作业生产率取决于起重系统的起升和下降速度。因此，起重系统的相关参数是决定空箱叉车性能优劣的重要指标之一。

 小贴士

空箱叉车作业标准

（1）工作环境为-20～40℃，最大相对湿度为≤95%。
（2）工作时风力不大于6级。
（3）工作场地平整坚实，地面坡度不高于3°。
（4）起重链条安全系数应不低于5。
（5）使用的软管、硬管和连接部件能承受液压回路3倍压力1min而不破裂，且无异常现象。
（6）结构能承受额定压力1.33倍的超载重量，无变形和损坏。
（7）超载10%时，门架系统和液压系统不应有泄漏和其他异常现象。

2．重箱叉车

重箱叉车是指货叉装置位于车体侧面的集装箱叉车。它可将门架和货叉从侧面移出，叉取集装箱后收回，将集装箱放置在货台上进行搬运。与正面集装箱叉车比较，其载箱行走时的横向尺寸要小得多，因而要求的通道宽度也小；且此时的负荷中心位于前后车轮之间，故行走稳定性较好，轮压分配也较均匀。但其结构和操作较复杂，装载视线差，装卸效率也较低。一般适用在集装箱吞吐量不大的普通综合性码头和堆场上进行作业。

 拓展提升

集装箱牵引车

集装箱牵引车本身具有与普通牵引车相似的牵引、行驶和制运装置，按驾驶室形状不同分两种：

（1）长头式　发动机在司机座前方，司机舒适感好，碰撞时较安全，检修方便，但车身长度及转弯半径大。

（2）平头式　发动机在司机座下面，司机舒适感差，但视线好，轴距及车身长度小，转弯半径小，使用日益广泛。

结合上述资料，说说两种集装箱牵引车的优缺点。

项目四　认识集装箱船及其作业流程

Project 4

情景创设

通过学习，陆浩对集装箱码头的设备、设施有了一定的了解，但对于集装箱码头中最为重要的"设施"——集装箱船（见图4-1），还是了解甚少，并且对于集装箱船的作业流程也是一知半解的。陆浩下决心要认识集装箱船并且要熟悉其作业流程。于是，陆浩带着疑问再次走进了张主管的办公室，向张主管道出心中的疑惑："张主管，我们码头的集装箱船有好多种啊！它们之间有什么区别吗？各自的作用又是什么？还有这些集装箱船舶是如何进行装卸作业的？装卸作业过程中工作人员参照的船图又是如何识别的呢？"张主管回答说："别急，接下来的任务便是认识集装箱船舶的种类、特点及集装箱船图的识别，同时掌握集装箱的装卸船作业流程。"说完，张主管带领大家前往集装箱码头开始认识集装箱船和船图，了解集装箱船作业流程。

想一想：

1. 集装箱船舶的使用给世界海路运输做出了怎样的贡献？
2. 同学们是否参观过集装箱船呢？是否可以识读集装箱船图信息呢？是否可以描述出它的结构特点和作业流程呢？

图4-1　集装箱船（一）

集装箱码头业务操作

 **项目分析**

陆浩根据张主管所说的集装箱船舶的种类、船图特点及作业流程,将需要了解和学习的内容以及应用的要求作了系统的整理和安排,具体见表4-1。

表4-1 认识集装箱船及其作业流程项目引导

工作项目	工作任务	工作目标
认识集装箱船及其作业流程	认识集装箱船舶	能够了解集装箱船舶的特点 能够了解集装箱船舶的种类
	认识集装箱船图	能够认识集装箱船图信息 能够认识集装箱船图上各箱位对应的具体船体位置
	认识集装箱船舶装卸作业	能够认识、熟悉装卸作业流程 能够熟悉装卸工艺系统的特点

任务一 认识集装箱船舶

 **任务描述**

陆浩渐渐对集装箱码头有了一些基本的认识,为了能够更快速地了解码头,还必须了解、认识集装箱船舶的分类及结构特点。

负责培训的张主管为了能够让陆浩认识集装箱船舶,带领陆浩进行集装箱船的参观和学习,张主管要求陆浩在参观学习的过程中,掌握这艘船及船上基础部件的结构,并认真记录船舶各结构名称。

 **任务准备**

一、集装箱船的概念

第一艘集装箱船是美国于1957年用一艘货船改装而成的。它的装卸效率比常规杂货船大10倍,停港时间大为缩短,并减少了运货装卸中的货损量。从此,集装箱船得到迅速发展,到20世纪70年代已成熟定型。

集装箱船也称为箱装船或货箱船,是一种专门载运集装箱的特种船。它的全部船舱(或部分船舱)用来装载集装箱,必要时,在甲板上也可放集装箱。它的装卸,一般是靠码头上的专用装卸机具来完成的。

60

集装箱船完全是一种新型的船。它没有内部甲板，机舱设在船尾，船体其实就是一座庞大的仓库，可达 300m 长，再用垂直导轨分为小舱，当集装箱下舱时，这些集装箱装置起着定位作用，船在海上遇到恶劣天气时，它们又可以牢牢地固定住集装箱。因为集装箱都由金属制成，而且是密封的，所以里面的货物不会受雨水或海水的侵蚀。集装箱船一般停靠专用的货运码头，用码头上专门的大型吊车装卸，其效率可达每小时 1 000～2 400t，比普通杂货船高 30～70 倍，因此被现代船运业普遍采用。

二、集装箱船的特点

结合图片、资料（见图 4-2），可以认识集装箱船具有如下特点：
（1）稳定性要求高。这是因为：
1）甲板上要堆装 4～6 层箱子，全船的重心提高了。
2）受风面积增大。
3）装卸时对船体的倾斜限制较大。
4）希望航行中的横摇加速度较小，即摇摆周期要长。
（2）宽大的舱口。为了充分利用货舱舱容，舱底与舱口一样宽。与其他船型不同，大开口舷要宽得多，甲板面积大部分被舱口占去，甲板的宽度变得极窄。为了弥补强力甲板剖面面积的不足，就要增加甲板边板和舷侧顶列板的厚度。但随着船舶尺度的增大，成本也增加了，所以厚度不能无限制增加。于是大型船采用了双船壳结构，既可提高总纵强度，又可作为压载水舱、油舱使用。主甲板以上为通道，在结构上称为抗扭箱。

图 4-2　集装箱船（二）

（3）船型基本上都是偏尾机型。可使货舱尽可能方正，能够多装箱子。同时还要考虑到正常甲板装载条件下瞭望的要求，又不能过分靠后。SOLAS 公约对驾驶台可视范围的要求为 2 倍船长或 55 m。
（4）舱内为格栅结构，便于装箱，防止移动。格栅焊在横舱壁上，又可以作为扶强材，提高了横舱壁强度。
（5）货舱方正。在艏、艉部的货舱由于船体形状的原因，为了装箱，形成一个个小平台，只能装 20 ft 箱，填平后再装 40 ft 箱。

(6)船体削瘦,方形系数小,有利于提高速度。

(7)有完善的、标准的系固系统。非标准箱的系固需另行获得批准。

三、集装箱船的种类

集装箱船可分为部分集装箱船、全集装箱船和可变换集装箱船三种。

1．部分集装箱船

部分集装箱船(见图 4-3)是以船的中央部位作为集装箱的专用舱位,其他舱位仍装普通杂货。

图4-3　部分集装箱船

2．全集装箱船

全集装箱船(见图 4-4)指专门用以装运集装箱的船舶。它与一般杂货船不同,其货舱内有格栅式货架,装有垂直导轨,便于集装箱沿导轨放下,四角有格栅制约,可防倾倒。集装箱船的舱内可堆放 3～9 层集装箱,甲板上还可堆放 3～4 层。

图4-4　全集装箱船

3. 可变换集装箱船

可变换集装箱船（见图 4-5）货舱内装载集装箱的结构为可拆装式的。因此，它既可装运集装箱，必要时也可装运普通杂货。集装箱船航速较快，大多数船舶本身没有起吊设备，需要依靠码头上的起吊设备进行装卸。这种集装箱船也称为吊上吊下船。

图4-5　可变换集装箱船

> **问题思考：**
> 集装箱船舶的结构是怎样的呢？特点又是什么呢？

四、集装箱船的优点

为了降低单箱成本，形成规模效益，完善服务，增强市场竞争能力，集装箱船向大型化、高速化、现代化发展的趋势非常明显，这就形成了资金高度密集、技术高度密集、劳动力也高度密集的船舶。在这个过程中，不仅是一个逐步大型化的过程，更是一个技术不断进步、科技含量不断提高、队伍不断成熟、安全水平不断提高、管理水平不断提升、效益贡献不断提高的过程。集装箱运输作为一个庞大的系统工程发展到今天已基本成熟，作为一种主体运输方式还将继续发展。

集装箱船与一般杂货船相比，具有以下一系列优越性：

（1）装卸效率高，周转速度快，运营成本低，全部实现了高效装卸作业的机械化和自动化。

（2）由于集装箱船运输可以节省装卸和理货等手续，因而能减少作业环节，简化作业程序，改善劳动条件，减轻劳动强度。

（3）可减少货物的损坏、遗失和混装现象。

（4）集装箱船对所运货物有较好的适应性。据有关部门统计，国际海上贸易中，有80%左右的货物可通过集装箱船运输。

五、集装箱船的结构特点

集装箱船的结构与一般的货船不同，它的货舱口宽度几乎与货舱宽度一样大，对船体的抗弯强度、抗扭强度和横向强度都很不利，在结构上应采取补偿措施。

其船体基本结构形式为双层体和双层舷侧结构，且在双层舷侧的顶部设置有效的抗扭结构。其结构特点包括：

（1）单层甲板，宽舱口。6000TEU集装箱船舶的舱内最多横向15列，舱面为17列。

（2）舱内设有固定的箱格导轨，舱面设有集装箱系固设备。

（3）采用双层体船壳结构，设置有大容量压载水舱。

（4）采用尾机型或中后机型。

集装箱船货舱区域的舷侧都具有双层壳板，其货舱载货的有效宽度和货舱宽度差不多。内舷侧纵壁对甲板大开口造成的总纵强度的削弱做了补偿。此外，舷边舱既能提高船体的抗沉性，还能用作压载水舱。舷边舱内一般设置平台甲板，对增加总纵强度和刚度都有帮助，同时，平台甲板还可用作人员通道。集装箱船舷侧多采用纵骨架式，有些船舶将上层平台甲板以下采用横骨架式，上层平台与甲板间采用箱形结构作为抗扭箱，以提高船舶的抗扭强度和总纵强度。

为了装更多的集装箱，集装箱船通常设计成大的货舱开口和狭长的甲板条船舶，这使得船体的水平弯曲、扭转效应、横向强度在其总纵强度中所占的比例明显上升，舱口角隅处也会有明显的应力集中。而随着货舱开口的宽度增加，应力集中也越来越明显，机舱前端壁为纵横构件的交汇处，应力集中达到了最大。一般的船舶货舱上甲板角隅采用抛物线形、椭圆形、圆弧形。

> 问题思考：
> 集装箱船舶各结构的名称是什么？

任务实施

张主管带着陆浩来到码头岸边对东方海外（OOCL）的一艘集装箱船舶（见图4-6）进行参观学习，张主管要求陆浩认识并熟悉集装箱船舶船体结构与船上加固部件的名称及具体位置，并了解船舶上一些基础部件名称。下面就跟随陆浩一起来参观和学习集装箱船舶吧。

项目四　认识集装箱船及其作业流程

图4-6　OOCL集装箱船舶

步骤一：参观学习集装箱船舶船体结构

张主管先带陆浩认识这艘集装箱船舶的整体构造（见图 4-7），结合矢量图进行船舶结构的学习和认知。

甲板部分

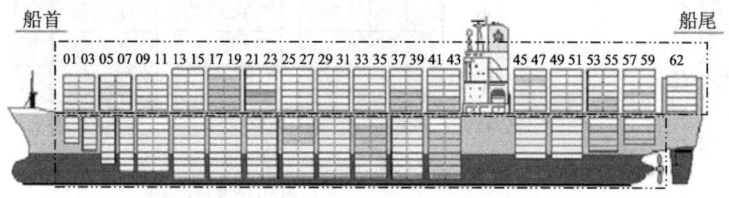

舱底部分

图4-7　船舶整体构造

张主管介绍这艘集装箱船舶的箱区设置情况，箱区形状均方正，可装载 20ft 箱和 40ft 箱，如图 4-8 所示。集装箱船舶艏艉部分由于船体形状限制，会形成一个小平台，这里一般只能装 20ft 箱，填平后可再装 40ft 箱，如图 4-8 所示。

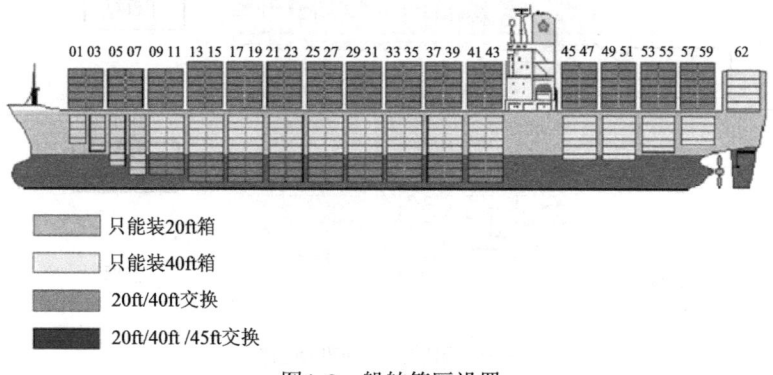

图4-8　船舶箱区设置

张主管为了能够让陆浩更进一步全面了解这艘集装箱船舶的结构,制作了这艘船的侧视、俯视和横剖切面的矢量图,如图4-9所示。

从图4-9中可以清晰地看到船首、船尾、船纵深及箱区横剖面的具体位置及构造。其中船舶箱区的具体设置方式可以通过图4-10所示的横剖切面图清晰地看到。

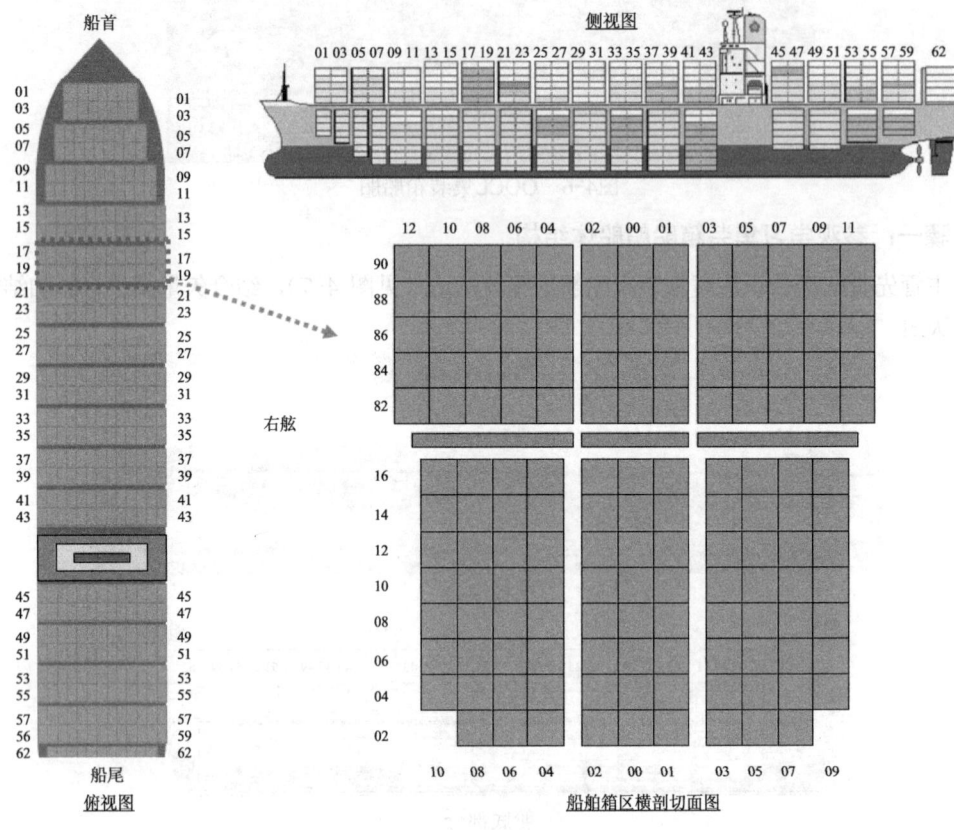

图4-9 船舶整体结构图

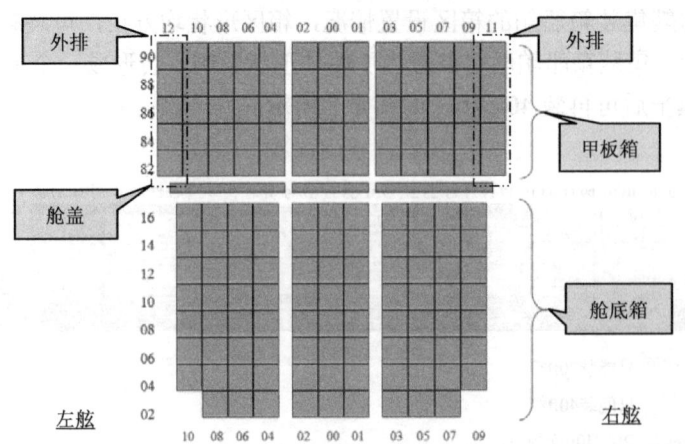

图4-10 船舶箱区横剖切面图

步骤二：参观学习船上加固部件

张主管介绍道："船上加固部件是用于固定船上集装箱的装置，防止集装箱因船舶摇摆和风压等作用产生移动。"船上最常见的加固部件多为锁销、加固栓扣等。

（1）锁销柜　船方自带设备，用于存放旋锁的装置（多数使用20ft半高柜，里面放置6～8个抽屉），如图4-11所示。

图4-11　锁销柜

（2）甲板底层锁销孔　设置于船甲板上，上面放置锁销（多为标准锁销），用于固定甲板上的底层箱，如图4-12和图4-13所示。

（3）舱内底层锁销孔　舱内底层锁销孔设置于船舱内最底层，上面放置锁销（多为联接器），在舱内摆放20ft箱时固定时用，如图4-14所示。

图4-12　甲板底层锁销孔

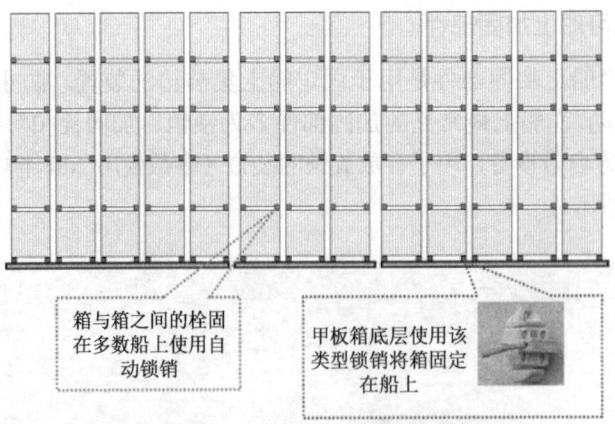

图4-13 甲板箱锁销设置位置

图4-14 舱内底层锁销孔

（4）舱内导槽 舱内导槽是指在船舶上用于摆放和固定集装箱的装置设备，如图 4-15 所示。

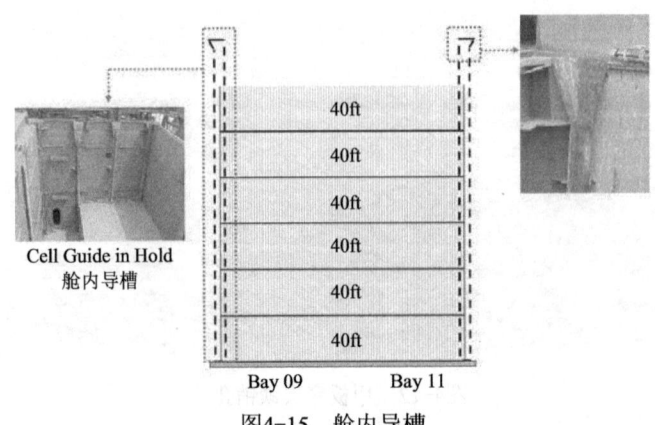

图4-15 舱内导槽

（5）加固杆固定栓扣　加固杆固定栓扣用于固定和栓扣集装箱加固杆，如图4-16所示。

a)

b)

图4-16　加固杆固定栓扣

步骤三：船舶其他部件名称

陆浩在了解、掌握了集装箱船舶船体结构与船上加固部件的名称及具体位置之后，还需要对集装箱船舶其他基础部件进行了解和认知。

船舶其他基础部件名称及其位置如图4-17所示。

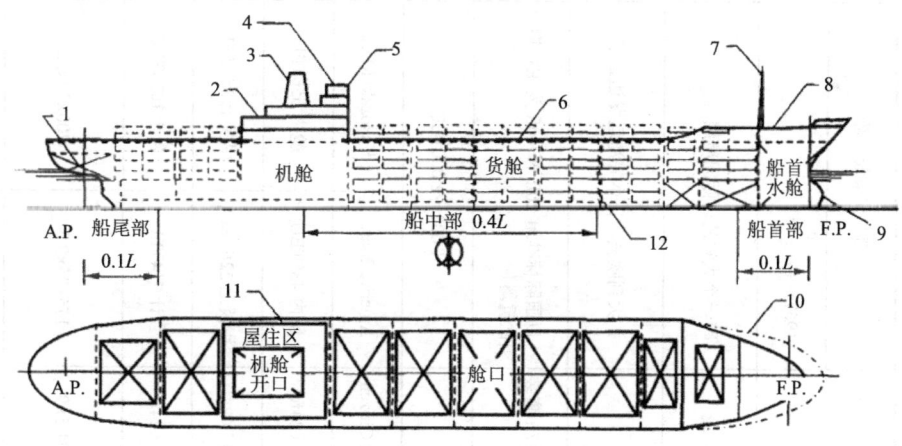

图4-17　船舶其他基础部件名称及其位置

1—船尾水槽　2—甲板室　3—烟囱　4—雷达天线桅　5—船桥　6—上甲板
7—前桅　8—船首楼　9—球鼻首　10—船首楼　11—甲板室　12—双层底
L—船长度　A.P.—尾垂线　F.P.—首垂线

　拓展提升

集装箱船的分代时间、典型的船舶以及主要参数，整理见表4-2，根据表4-2的学习完成表4-3对应内容的填写。

表 4-2 集装箱船发展汇总表

代别	第一代集装箱船	第二代集装箱船	第三代集装箱船	第四代集装箱船	第五代集装箱船
年份	1966 年以前	1967~1970 年	1971~1983 年	1984 年以后	
航线	美国、澳大利亚国内沿海航线	跨一个大洋的国际间航线	远东—欧洲跨两个大洋国际航线，开始形成支线网，出现陆桥运输	开始实现环球航线	
开展地区	美国、澳大利亚	扩大到欧洲、日本等海运发达国家	发展到东南亚、中东、南美等发展中国家	发展到非洲、中南美洲、南非等不发达国家	
使用箱型	以公司标准 35ft、24ft 和 17ft 集装箱为主，大量使用铝质箱	以国际标准 20ft 和 40ft 为主，钢质箱比重增加	出现高度为 9ft 和 9.5ft 高箱积，以钢质箱为主	出现长度为 45ft、48ft、53ft 等非国际标准箱	
载箱量	700~1 000TEU	1 000~2 000TEU	2 000~3 000TEU	3 000~4 000TEU	6 000TEU
典型船舶 船名	Gateway City	America Maru	Hakozaki Maru	KurobeMaru	Frankfurt Express	Econships	
典型船舶 载箱分配	舱内 166 (35ft) 甲板上 60 (35ft) 合计 226 (35ft)	舱内 112 (24ft) 甲板上 296 (24ft) 合计 408 (24ft)	舱内 488TEU 甲板上 226TEU 合计 714TEU	舱内 656TEU 甲板上 354TEU 合计 1010TEU	舱内 979TEU 甲板上 850TEU 合计 1829TEU	舱内 1940TEU 甲板上 1105TEU 合计 3045TEU	舱内 1232TEU 甲板上 996TEU 合计 2228TEU	
典型船舶 尺度 (L/m ×B/m ×T/m)	135.7×22×7.7	141.8×21.5×9	175×25×9.5	200×30×9.5	242×32.2×10.5	271×32.2×13.0	279×32.2×11.65	300×39.4×13.5（超巴拿马型）
典型船舶 载重量/t	7785	10282	15440	19914		57800	75000

（续）

代别	第一代集装箱船	第二代集装箱船	第三代集装箱船	第四代集装箱船	第五代集装箱船
典型船舶 装载断面图	6列/2列/1列/5列/6列	8列/2列/10列/2列/7列/6列	13列/3列/10列/6列	13列/8列/10列	16列/5列/12列/6列
装卸工艺	底盘车方式	轮胎式龙门吊为主，开始使用计算机管理	轮胎式龙门吊与跨运车混合工艺，出现自动化装卸工艺	正式应用自动化装卸工艺	
主要机械	船用装卸桥（Shiptainer）	大量采用岸壁集装箱装卸桥（Portainer）	大型高速装卸桥		第二代集装箱装卸桥（鹿特丹 ECT 码头）
装卸桥的主要参数	起重量：22.68t	起重量：30.5t	起重量：45t		起重量：55t
	小车速度：125m/min	小车速度：150m/min	小车速度：152m/min		小车速度：160m/min
	起升速度：30.5m/min	起升速度：36m/min	起升速度：40m/min		起升速度：50m/min
	跨距：10.87m	跨距：16m	跨距：26m		跨距：30m
	外伸距：23.7m	外伸距：35m	外伸距：37.3m		外伸距：45m
	净空高度：17.20m	净空高度：34m	净空高度：38m		净空高度：
	总重：350t	总重：680t	总重：750t		总重：850t

表 4-3 汇总问题表

问　题	答　案
请简述集装箱船舶的发展过程 （从外观、内部构造、载重量等方面）	
列举出集装箱船舶的种类，并说明其载货方式的不同	
列举出全球主要航线的名称及所经国家	

任务二　认识集装箱船图

任务描述

陆浩已经掌握了集装箱船舶的特点及结构，接下来张主管递给陆浩一张集装箱船图，这张船图要如何识别呢？这节任务就跟随陆浩一起来认识集装箱船图，掌握船图位置编码的规则、每个贝位位置的识读和各贝位在集装箱船上的位置。

任务准备

一、集装箱船图的概念

船图一般由总图、贝位图（Bay Plan）、特种箱清单等部分组成。贝位图是船图的核心部分，按船舶贝位顺序记录了船舶所载集装箱的实际船箱位和主要箱信息。如果是特种箱，还标有相应的特种信息，如温控箱标有设定温度，危险品箱标有危险品等级等。现在大多数船进口船图都通过 EDI 传输，但为了进口资料录入的准确性，不管是书面的还是 EDI 的，都需船公司提供进口的总图和箱信息（如箱量汇总、特种箱清单等）。

船公司一般根据订舱单进行分类整理以后，编制一个计划配载图，又称预配图或配载计划。而码头的配载人员会根据预配图和码头单船作业要求，以及堆场堆垛原则、各种可能发生的情况等，制定出实配图。装船结束后，外理会根据实际装船情况编制出船图，此船图称为积载图，又称最终积载图。集装箱船的船图分预配图、实配图和最终积载图三种。简而言之，船图就是反映集装箱在船上所处位置的图。

二、集装箱船图的分类

（1）预配图　预配图是船公司、船舶代理的集装箱配载中心或船舶大副，根据该船舶、该航次分类整理的订舱单来编制的，然后将其传递给集装箱码头配载人员。预配图由字母图、重量图、特殊箱图三张图构成。

1）字母图（Letter Plan）。字母图表示在本港装船的集装箱到各港口的集装箱的数量、装载位置、作业顺序。

2）重量图（Weight Plan）。重量图用来表示每个集装箱的总重量，单位为吨。

3）特殊箱图（Special Container Plan）。特殊箱图也称冷藏箱和危险货物箱图，用于反映特殊集装箱的情况。

（2）实配图（Container Terminal Bay Plan）　预配图只是对待装集装箱在船上的装载位置按不同卸货港作了一个初步的分配。实配图规定了不同卸货港的集装箱的装载位置，并且对同一卸货港的各个集装箱的具体装载位置（箱位）也有明确规定，所以，实配图是码头现场操作的指导性文件，是码头装卸作业的依据。

集装箱船的实配图由两张图组成，一张是封面图，另一张是每一行位的行箱位图。

1）封面图。封面图是一份反映集装箱船舶整体装卸计划的图样，分装箱图和卸箱图两种。

2）行箱位图（Bay Plan 或 Hatch Print）。行箱位图是一份反映该行位的具体装箱情况的图样，是码头现场作业的指导文件，行箱位图为每个行位一张。

（3）最终积载图（Stowage Bay Plan or Final Stowage Bay Plan）。最终积载图又称主积载图，反映集装箱船舶实际装卸情况的最终结果，也是计算集装箱船舶的稳性、吃水差和强度的依据。

三、集装箱船图的识别

在识别集装箱船图之前，首先应了解集装箱船上的箱位号。每个集装箱在集装箱船上都有一个用6位阿拉伯数字表示的箱位号。它以"行"、"列"、"层"三维空间来表示集装箱在船上的位置。第1、2两位数字表示集装箱在船上所处的行号；第3、4两位数字表示集装箱的列号；第5、6两位数字表示集装箱的层号。

1. 船上箱位号的表示方法

（1）行的表示方法　"行"指集装箱在船舶纵向（首尾方向）的排列次序号，规定由船首向船尾顺次排列。由于集装箱有20ft和40ft之分，因此舱内的箱格也分20ft和40ft两种。根据箱格结构的不同，有的箱格导柱是固定的，就是说20ft的箱格只能装20ft的箱子，如图4-18中01行所示；40ft的箱格只能装40ft的箱子，如图4-18中28行所示；但也有的箱格其导柱是可以拆装的，就是说两个20ft的箱格拆掉导柱后可以拼装40ft的箱子，如除01、

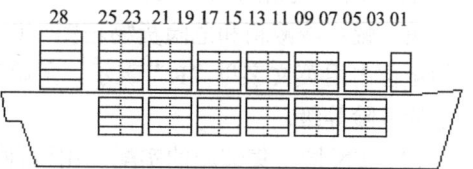

图4-18　船行的表示方法

28行以外的行都可以拼大箱位。另外，根据每行所放的大小箱不同，称不同的"行"为不同的"贝"，如图4-18中07、09两行的箱格中放了一个大箱，则称这个大箱所处的

贝位为 08 贝。

（2）列的表示方法 "列"是指集装箱在船舶横向（左右方向）的排列次序号，一般来说根据奇、偶数列的不同，表示方法也不同。

如果是奇数列，应从中间列算起，向左舷为双数编号，向右舷为单数编号。如左舷为 02，04，06，……，右舷为 01，03，05，……，中间列为 00 号，如图 4-19a 所示。如果是偶数列，则 00 号空，如图 4-19b 所示。这是目前最为常见的表示方法。

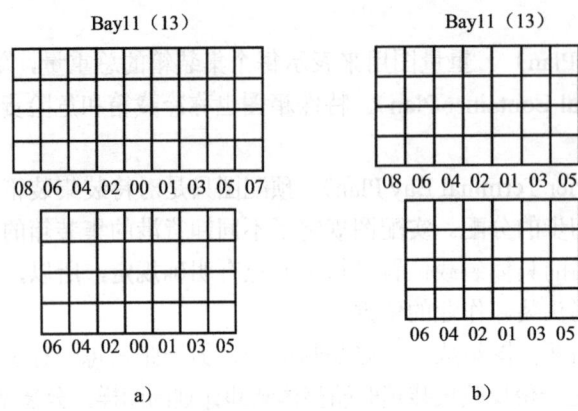

图4-19 船列的表示方法

（3）层的表示方法 "层"是指集装箱在船舶竖向（上下方向）的排列次序号，目前最常用的表示方法为：舱内和甲板分开编号，从舱底算起用双数，即 02，04，06，……甲板上从甲板底层算起，层号数字前加 "8"，即 82，84，86，……如图 4-20 所示。

2．不同类型船图的表示方法

（1）预配图 集装箱船的预配图由以下三幅图组成：

第一幅：字母图。船图上每个箱位内用 1 个英文字母表示该箱的卸箱港，如 K 代表神户港（KOBE），L 代表长滩港（LONGBEACH），N 代表纽约港（NEWYORK），H 代表休斯顿港（HOUSTON）等，一般在预配图有注明。如 K 表示该集装箱的卸货港为神户港。

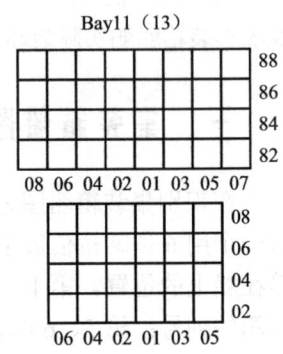

图4-20 船层的表示方法

第二幅：重量图。在图上每个箱位内用阿拉伯数字表示以 t 为单位计算的集装箱总重。如 9 表示该集装箱的总重在 9t 以上。

第三幅：冷藏箱和危险货物箱图。该图上所配的均为冷藏箱和危险货物箱，冷藏箱在图上的箱位内用英文字母 "R" 表示，危险货物箱在图上箱位内用阿拉伯数字表示按国际危规规定的危险等级。

（2）实配图 集装箱的实配图由两种图组成：一种是封面图，另一种是每一行的箱位图。封面图，即船图总图，只有一幅，通常在图上标注集装箱的卸箱港和特殊集装箱的标记。行贝位图，即分贝图，一般用不同的颜色表示不同的卸货港，如图 4-21 所示。

项目四 认识集装箱船及其作业流程

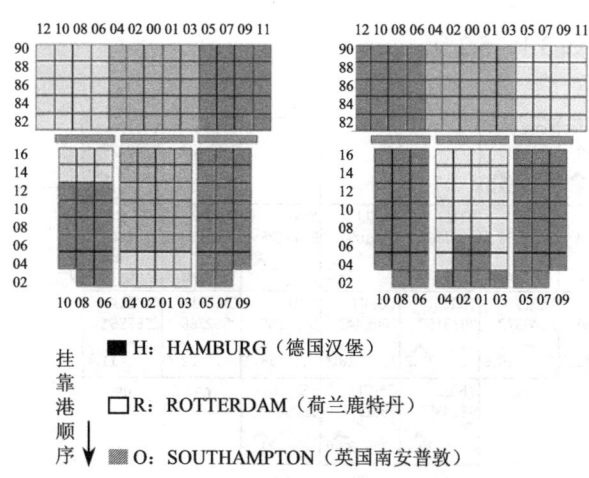

挂靠港顺序 ↓
- ■ H：HAMBURG（德国汉堡）
- □ R：ROTTERDAM（荷兰鹿特丹）
- ▨ O：SOUTHAMPTON（英国南安普敦）

图4-21 不同挂靠港货箱在船上的堆放位置

问题思考：
集装箱挂靠港顺序的排列原则是什么呢？

每一张贝位图由甲板和舱内两部分组成，在甲板和舱内的每一个舱位图格内，都应标注以下内容：

1）集装箱箱号。集装箱箱号（见图4-22）由箱主代码和7个阿拉伯数字组成，箱主代码由4个大写的英文字母构成。

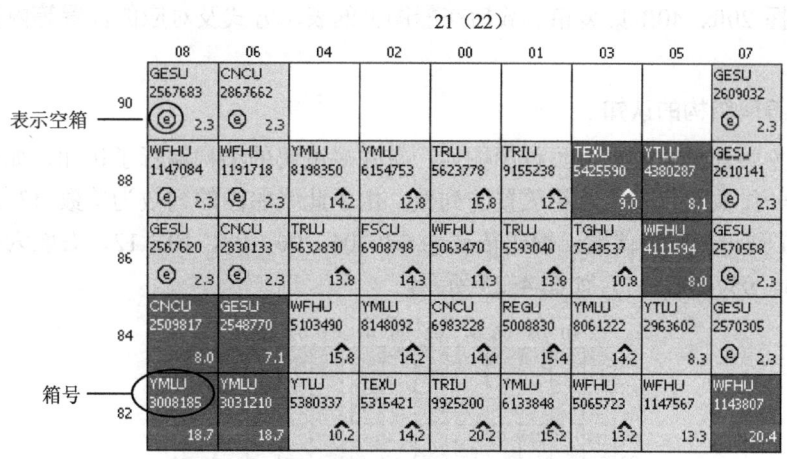

图4-22 箱号的表示

2）集装箱重量和箱高。集装箱的重量和箱高都由阿拉伯数字构成，如图4-23所示。

3）装货港、卸货港和目的港。装货港、卸货港和目的港一般用相应的英文缩写表示，如果整个贝位所配的集装箱的卸货港和目的港相同，也可在这张贝位图上只表明一次，有的贝位图当某贝某层的卸货港和目的港相同时，也只在该贝该层标注一次。

4）特殊箱标志。特殊箱标志主要有冷藏箱标志、危险品标志、超高超宽标志，冷藏箱必须标明设定温度，如"-10"；超高箱用"^"标志；超宽箱用"⟨"、"⟩"标志。危险品必

75

须标明危险品的级别，如 3.1、5.2 等。

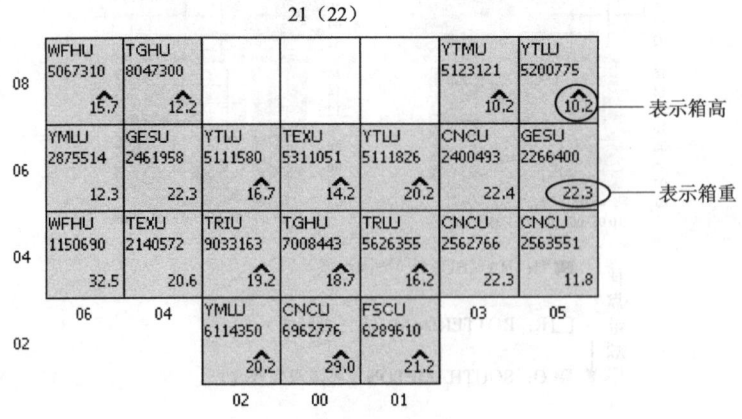

图4-23 重量和箱高的表示

5）集装箱进场堆存位置。

 **任务实施**

张主管递给陆浩一张集装箱船图，要求陆浩学习、认识集装箱船图中所表述的各种信息，认识这张船图的编码方式，掌握贝位船图中具体箱位的编码方式及该箱位在集装箱船上对应的位置，并掌握 20ft、40ft 集装箱装载后在船图上的表示方式及对应的位置等内容。陆浩学习步骤如下：

步骤一：编码结构的认知

陆浩从张主管那里拿到这张贝位船图后，首先对编码的结构进行了认知，如图 4-24 标注所示，横向一排数字代表集装箱放置的列数，由于此张船图的列数为单数 13 列，所以中间列编码为 00 列，左舷为偶数，编码依次为 02、04、06、08、10、12，右舷为奇数，编码依次为 01、03、05、09、11，如图 4-25 所示。

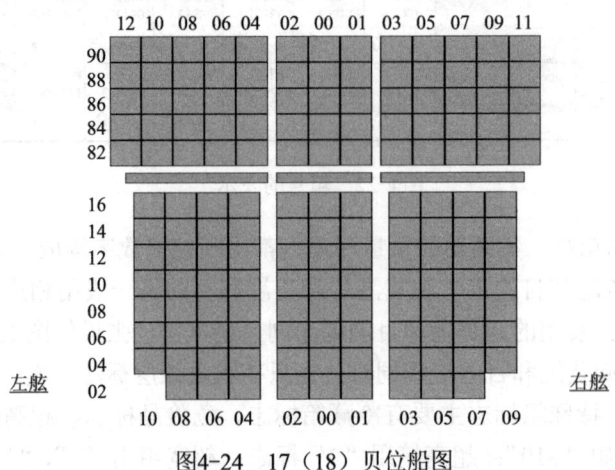

图4-24 17（18）贝位船图

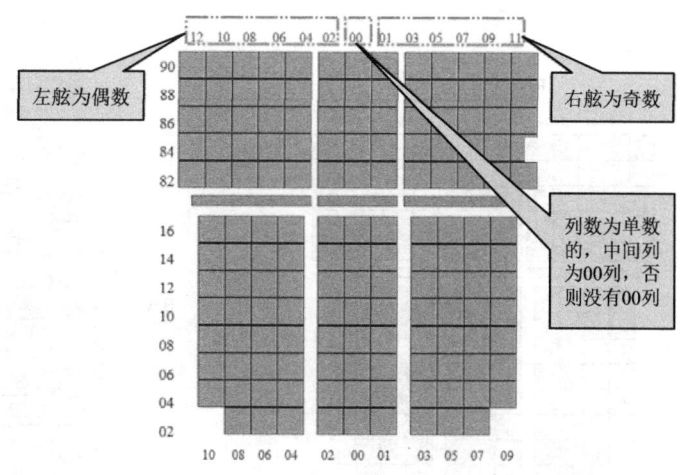

图4-25 船图列数编码方式

竖着一列数字代表集装箱放置的层数,如图 4-26 所示。集装箱船舱底最底层编号为 02,向上一层编号为 04,编号依次往上递增,甲板上最底层编号为 82,同理编码依次往上递增。

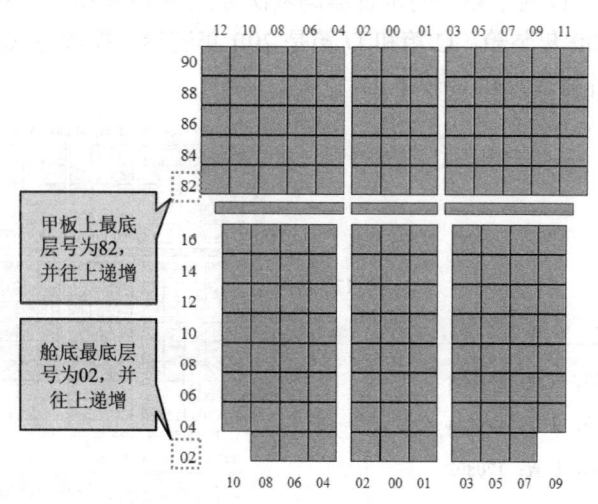

图4-26 船图层数编码方式

步骤二:箱体位置编码的认知

船舶上载运的每一个货箱都有一个 6 位编码作为其在船上位置的唯一确认,如图 4-27 所示,17 贝位中深灰色集装箱的箱位编码为 170284,17 代表对应的贝位,02 代表集装箱在船体上放置的列数,84 则代表放置的层数。

标注出该集装箱箱位的位置编码后,通过集装箱船舶的俯视图(见图 4-28)也可以看出,该集装箱在船体中的具体位置,两侧的数字则代表贝位号。

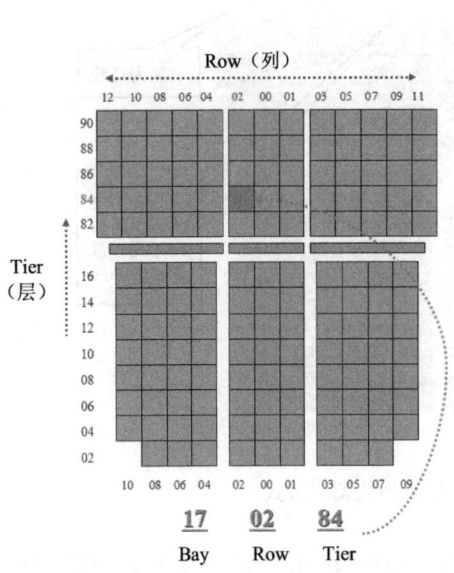
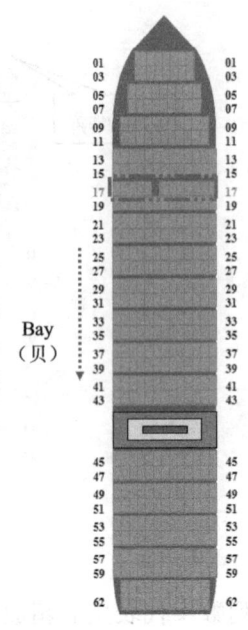

图4-27　17贝位

图4-28　集装箱船俯视图

步骤三：各箱型对应船舶位置认知

图 4-29 中 A、B、C、D 四个箱子的位置编码依次标注为 180088、180804、170802、190802，其中 A 箱和 B 箱是 40ft 集装箱，C 箱和 D 箱是 20ft 集装箱，摆放方式由图可见，C 箱、D 箱同排同列不同贝，并排放置在 B 箱下方。

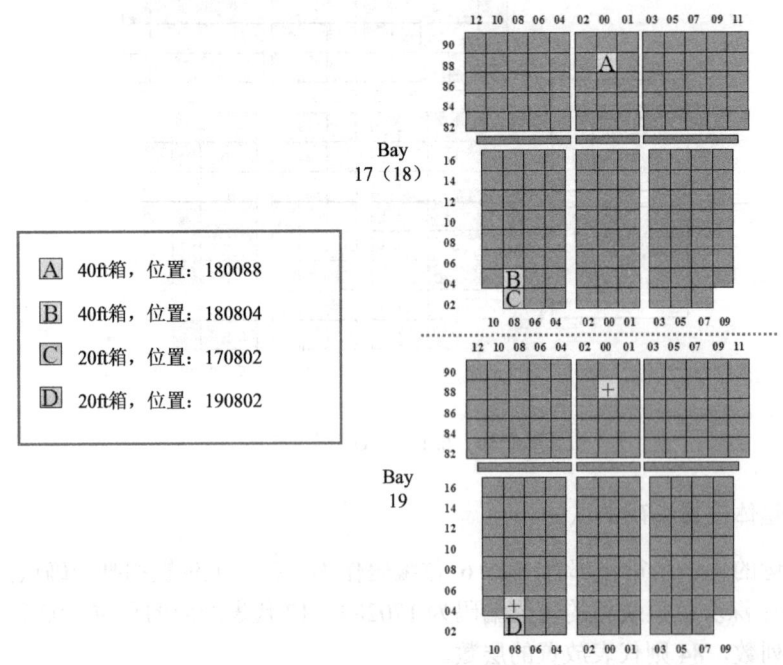

图4-29　贝位图

4 个集装箱在船体上的具体位置可以通过集装箱船侧视图进行确认，如图 4-30 双点画线框所示。

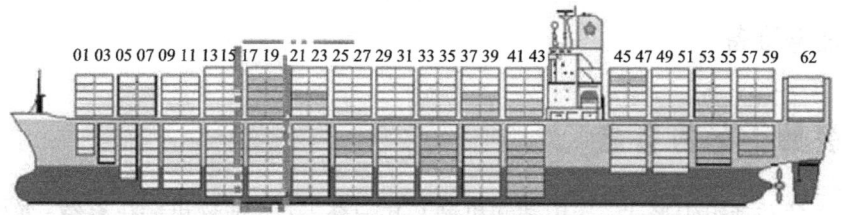

图4-30　集装箱船侧视图

拓展提升

图4-31所示为东方海外（OOCL）顺风号集装箱船19贝位的一张贝位船图，通过本章的学习学生应该能够较为熟练地认知各类船图，并能够完成集装箱船上各集装箱对应位置的编码工作。

请仔细查看图4-31这张贝位船图，标注出船图中10个标上序号集装箱箱体位置的编码。

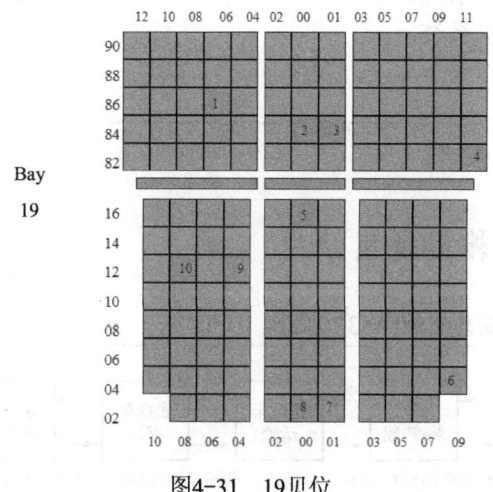

图4-31　19贝位

任务三　集装箱船舶装卸作业

任务描述

陆浩虽然了解了集装箱船舶的结构和集装箱船图的内容，但不清楚集装箱码头是如何实现集装箱装卸船作业的。为了能够让陆浩更快地适应港口的工作，张主管决定让陆浩参观集装箱码头的集装箱装卸作业，目的是让他掌握集装箱的装卸工艺及相应流程，并能够初步进行集装箱装卸工艺方案的选择。

任务准备

一、装卸工艺的概念

按照一定的劳动组织形式，运用装卸机械及其配套工具（或称机械化系统）等物质手段，遵照规定的技术标准和规范，完成货物在不同运输方式之间的换装作业过程叫做装卸工艺。

装卸作业的具体操作方法包括吊装方法、加固方法、拆码货组方法、水平搬运方法、堆装作业方法等。

二、码头装卸工艺类型

（1）底盘车系统。
（2）跨运车系统。
（3）轮胎式龙门起重机系统。
（4）轨道式龙门起重机系统。
（5）叉车系统。
（6）正面吊系统。
（7）跨运车-龙门吊混合系统。

三、装卸工艺的种类及优缺点

装卸工艺的种类及优缺点如图4-32所示。

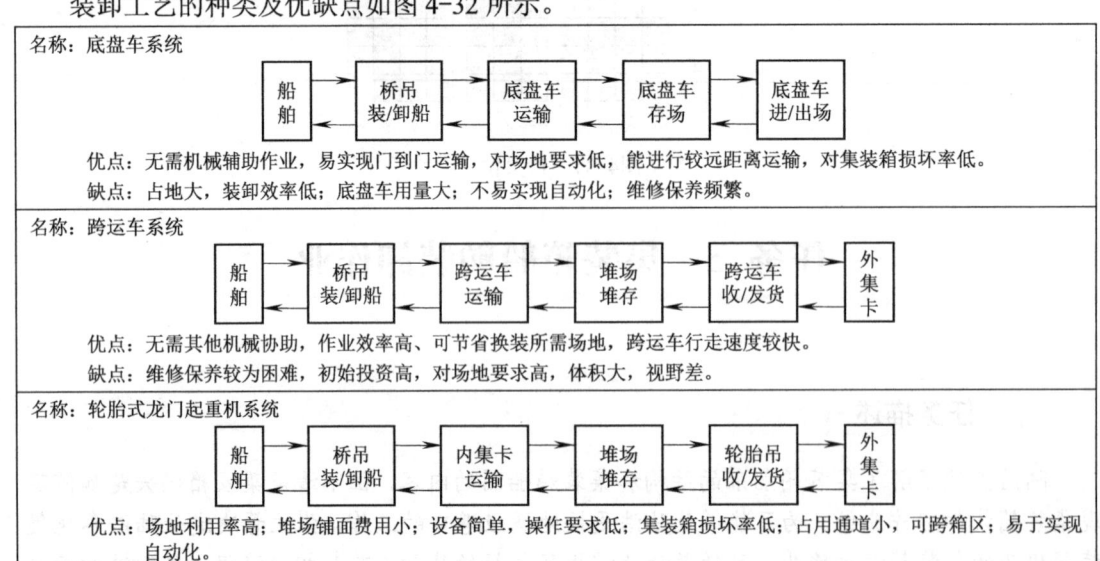

图4-32 装卸工艺的种类及优缺点

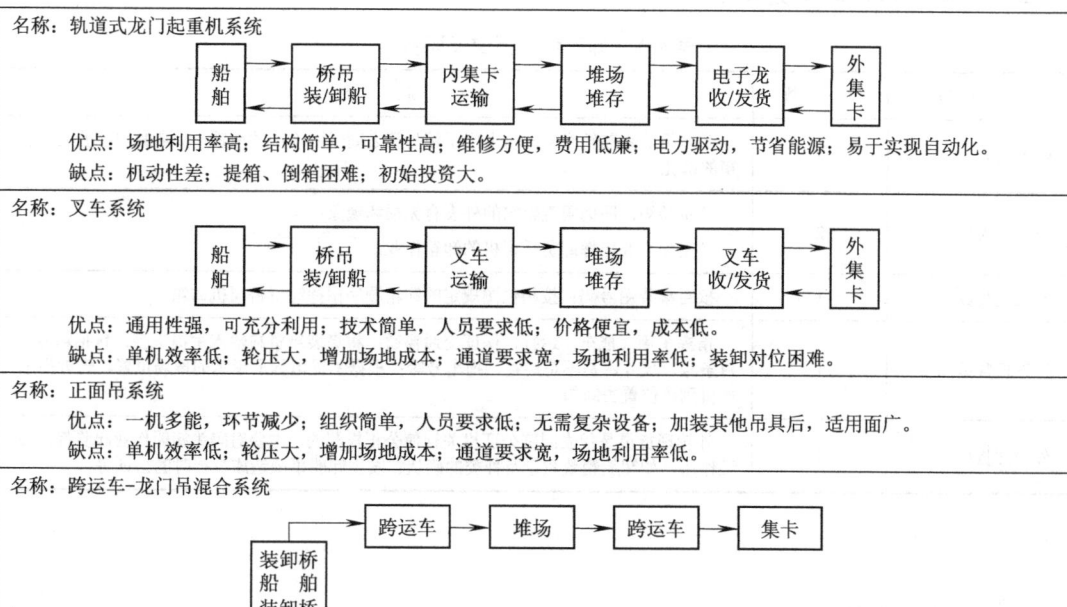

图4-32 装卸工艺的种类及优缺点（续）

> **问题思考：**
> 集装箱在进行装卸作业时应注意哪些方面的问题呢？

四、装卸作业岗位及职责

装船作业岗位及职责见表4-4。

表4-4 装船作业岗位及职责

工作人员	人数	职责
拖车司机	1	负责拖运需装船的集装箱前往指定的码头位置
装卸桥司机	1	负责装运集装箱，进行装船作业
桥下理货员	1	指挥车辆（拖车）运行，保证交通畅通；将集装箱资料输入手提电脑，包括箱号、封条号、尺寸、是不是烂箱、拖车号等；根据手提电脑上指示的堆场位置，告诉拖车司机到该位置去提箱
外轮理货员	1	监督整个装船过程；记录集装箱箱号及封条号码
船上理货员	1	核对集装箱号码；按箱位图规定的装箱顺序指挥装货桥司机装箱
桥下工人	2	负责验箱，即肉眼观察箱的外表有无损坏现象；负责配合并指挥装货桥司机的装箱作业
船上工人	2	负责安装集装箱底部四角上用于箱与箱之间坚固连接的旋锁；负责船舶甲板上集装箱的解除绑扎装置

卸船作业岗位及职责见表 4-5。

表 4-5　卸船作业岗位及职责

工作人员	人数	职责
船上工人	2	负责拆除集装箱底部四角上用于箱与箱之间坚固连接的旋锁；负责船舶甲板上集装箱的绑扎
桥下工人	2	负责验箱，即肉眼观察箱的外表有无损坏现象；负责配合并指挥卸货桥司机的卸箱作业
船上理货员	1	核对集装箱号码；按箱位图规定的卸箱顺序指挥卸货桥司机卸箱
桥下理货员	1	指挥车辆（拖车）运行，保证交通畅通；将集装箱资料输入手提电脑，包括箱号、封条号、尺寸、是不是烂箱、拖车号等；根据手提电脑上指示的堆场位置，告诉拖车司机到该位置去卸箱
外轮理货员	1	外轮理货员是代表国家公证机关行使公正权利的。主要对码头卸船作业起监督、公证作用，如卸船箱数量及种类的确认、发生卸船事故造成货损时的公证等

任务实施

陆浩同张主管一起参观学习了集装箱的装卸作业之后，张主管给陆浩两套装卸工艺的方案，要求陆浩对这两套装卸工艺方案进行选择。

方案如下：

方案一：轮胎式龙门起重机

（1）普通重箱和冷藏箱

船←→岸边集装箱起重机←→牵引车、半挂车←→轮胎式龙门起重机←→堆场

堆场←→轮胎式龙门起重机←→集装箱货车←→货主

堆场←→轮胎式龙门起重机←→牵引车、半挂车←→拆装箱站

（2）危险品箱

船←→岸边集装箱起重机←→牵引车、半挂车←→集装箱正面吊运机←→堆场

堆场←→集装箱正面吊运机←→集装箱货车←→货主

（3）空箱

船←→岸边集装箱起重机←→牵引车、半挂车←→空箱堆高机←→堆场

堆场←→空箱堆高机←→集装箱货车←→货主

堆场←→空箱堆高机←→牵引车、半挂车←→拆装箱站

方案二：轨道式龙门起重机

（1）普通重箱和冷藏箱

船←→岸边集装箱起重机←→牵引车、半挂车←→轨道式龙门起重机←→堆场

堆场←→轨道式龙门起重机←→集装箱货车←→货主

堆场←→轨道式龙门起重机←→牵引车、半挂车←→拆装箱站

（2）其他集装箱同方案一。

陆浩要如何确定方案，使之更适合港口的装卸作业流程呢？具体操作步骤如下：

步骤一：港口码头运营参数的确定

港口深水岸线总长 2650m，共有 6 个集装箱泊位。港区陆域纵深 1220m，面积 317.2 万 m²。布置各种集装箱堆场面积 120 万 m²，集装箱年吞吐能力为 400 万 TEU。主要技术经济指标如下：

（1）年运量 400 万 TEU。
（2）泊位年营运天数：海轮泊位——325 天。
（3）堆场年营运天数——350 天。
（4）日作业班制及小时数——3 班、24h。
（5）各种集装箱比例：

  普通重箱   72%
  冷藏箱   6%
  危险品箱   2%
  空箱   20%
  拆装箱占总箱量   5%

（6）货物在堆场的平均堆存期

  普通重箱   7 天
  冷藏箱   4 天
  危险品箱   3 天
  空箱   10 天
  拆装箱库场   3 天
  件杂货   15 天

（7）船型。根据集装箱船舶现状和发展趋势，船型总结见表 4-6。

表 4-6 港口代表船型

航 线	载箱量/TEU	总长/m	型宽 m	吃水 m	载重量 DWT/t
远洋	5 250	280.0	39.8	14.0	69 285
	6 418	318.2	42.8	14.0	84 900
	8 000	345	45.3	14.0	140 000
近洋	1 152	170.2	28.4	9.65	20 900
沿海	1 696	201.0	32.2	10.7	33 340
长江	268	101.0	17.5	5.2	6 335

步骤二：装卸机械参数的分析

1．岸边集装箱起重机

现港口码头在全长的每 280m 范围内，均可集中 6～7 台岸边集装箱起重机同时进行装卸作业。

2．轮胎式龙门起重机

（1）吊具下额定起重量的确定 为满足堆场上 40ft 箱及总重在 35～36t 超重箱和总重大

于 40t 超重箱的装卸作业,吊具下额定起重量选为 40t 和 60t 两种。

(2)跨距 目前集装箱专用码头堆场轮胎龙门起重机,一般按 6 列集装箱和 1 条集装箱货车通道设计,跨距为 23.47m。

(3)堆高 堆场上轮胎式龙门起重机按门架下堆放高度为 9 英尺 6 英寸(2896mm)箱 4 层、门架下可通过 5 层布置,起升高度选取 15.24m。

3．轨道式龙门起重机

(1)吊具下额定起重量的确定 为满足堆场上 40ft 箱及总重在 35~36t 超重箱和总重大于 40t 超重箱的装卸作业,吊具下额定起重量选为 40t。

(2)跨距 轨道式龙门起重机最佳跨距为 30~50m,即 10 列集装箱加两条牵引车、半挂车通道或 13 列集装箱加外伸臂下两条牵引车、半挂车通道。综合考虑工程实际情况,轨道式龙门起重机跨距选取 40.5m。

(3)外伸臂 轨道式龙门起重机外伸臂的选择主要是考虑集卡通道的布置形式,本期工程选择带外伸臂的轨道式龙门起重机,两边外伸臂下各布置一条集卡通道,外伸臂选定为 7m。

(4)起升高度 堆场上轨道式龙门起重机按门架下堆放高度为 9 英尺 6 英寸(2896mm)箱 5 层、门架下可通过 6 层布置,起升高度选取 18m。

步骤三:装卸机械台数的分析

装卸机械设备的配置需根据设计年吞吐量来确定,港口每年需完成 400 万 TEU。每台机械每年可以完成 15 万 TEU 左右,此港口配备 30 台集装箱装卸桥,计算每年可以完成 450 万 TEU 左右,轮胎式龙门吊起重机与装卸桥的配比为 3:1,轨道式龙门吊起重机与装卸桥的配比为 1.8:1,集装箱牵引车与装卸桥的配比为 4.5:1,另外考虑到空箱作业和危险品箱作业,配备 16 台空箱叉车和 4 台 42t 正面搬运车,其具体数量见表 4-7。

表 4-7 装卸机械及辅助设备配置

序 号	设 备 名 称	规格及参数	方案一 (轮胎吊)	方案二 (轨道吊)
1	集装箱装卸桥	起重量 60t,轨距 30m,外伸距 62m	25	25
2	集装箱装卸桥	起重量 60t,轨距 30m,外伸距 55m	5	5
3	轮胎式龙门吊	起重量 45t,跨距 26.5m,堆 5 层箱	90	—
4	轨道式龙门吊	起重量 45t,轨距 52m,堆 7 层箱	—	54
5	集装箱牵引车		135	135
6	集装箱底盘车	最大载重量 48t	135	135
7	空箱叉车	起重量 7.5t,堆高 7 层	8	8
8	集装箱正面吊	42t	10	10
9	维修车		4	4
10	地磅	60~80t	10	10
	合 计		414	378

步骤四：方案优缺点的比较

对以上两种方案进行分析比较，总结见表 4-8。

表 4-8 两种方案的对比

序 号	方 案	优 点	缺 点
1	方案一（轮胎吊）	结构简单，操作方便，维修容易，机动性强。体积小，质量轻，价格便宜，基础投资较小。有成熟的机型，有丰富的使用及管理经验	不易实现自动控制，环保效果差
2	方案二（轨道吊）	装卸效率高，机构简单，维修方便，故障率低，堆场利用率高，易于实现自动控制，环保效果好，综合运营成本低	机动性能差，作业范围受限制

步骤五：方案整体参数的比较分析

综合上述各参数的比较和分析，进行总结可得出表 4-9。

表 4-9 方案整体参数的比较和分析

序 号	项 目			单 位	数 量	
					方 案 一	方 案 二
1	年吞吐量			TEU	400	400
2	泊位数			个	6	6
3	年设计通过能力			TEU	400	400
4	集装箱堆场	普通重箱	设计所需箱容量	TEU	25 200	25 200
			布置箱位数	TEU	12 768	13 312
		冷藏箱	设计所需箱容量	TEU	1 200	1 200
			布置箱位数	TEU	720	676
		危险品箱	设计所需箱容量	TEU	300	300
			布置箱位数	TEU	242	242
		空箱	设计所需箱容量	TEU	10 000	10 000
			布置箱位数	TEU	6 152	4 762
5	直接生产人员			人	2 164	
6	设备装机容量	电动机		kW	13 946	25 466
		内燃机		kW	20 292	11 392
7	装卸设备投资			万元	103 998.7	98 069.92
8	单位直接装卸成本			元/t	15.86	16.94

步骤六：方案的确定

综合上述分析可以确定，该港口的装卸工艺更适合方案一，故此处选择方案一。

集装箱码头业务操作

 **拓展提升**

图 4-33 所示为装卸工艺的简要矢量作业图,通过本节任务的学习,同学们应该已经掌握了各类装卸工艺的特点及流程,请同学们参考下图及所学知识,绘制一张集装箱船装卸作业的流程图。

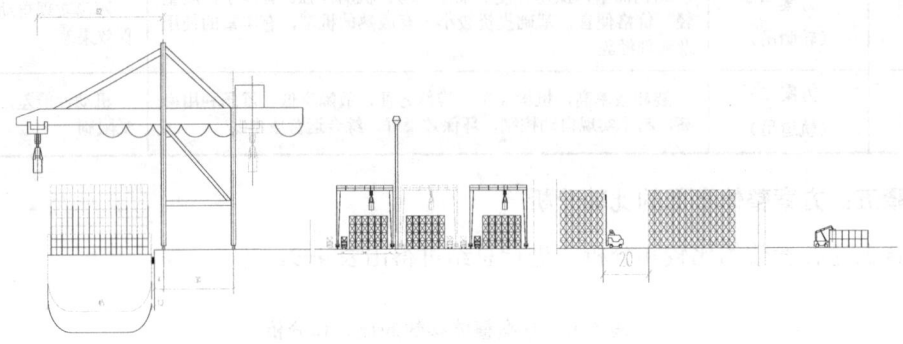

图4-33　装卸工艺的简要矢量作业图

项目五　认识集装箱码头进出口业务操作流程

Project 5

情景创设

进入四期码头工作后,陆浩在张主管和同事们的帮助下已经认识了集装箱和集装箱码头的布局,熟悉了集装箱码头的各种设施设备的功能以及集装箱船的作业流程。在新员工业务考核会议上,张主管问到有没有人能描述一下集装箱码头的进出口业务流程。几位新员工通过之前所学都进行了阐述,但大家对于在集装箱码头里,每一个集装箱进入闸口后如何在各个场地流转,最终装箱离港这一流程并不清楚。因此,张主管给他们新布置了一个高难度的任务,要求新员工们在一周之后每人绘制两张流程图,包括集装箱码头进口业务操作流程图和出口业务操作流程图。同时还强调,新员工们将深入集装箱码头的每一个业务部门,熟悉集装箱码头的进出口业务操作,了解之前所看到的各个设施设备是如何为进出口业务服务的。只有了解了每个部门所操作的内容,以及相关单据、集装箱的前后流向,才能进一步深入理解为什么要这样做,这些操作能为进出口业务的顺利进行带来哪些好处。并争取通过自己的所学、所见、所闻,绘制集装箱码头进口业务操作流程图和出口业务操作流程图。

想一想:

1. 集装箱码头的进出口业务操作主要涉及哪些部门?
2. 集装箱码头各相关部门在进出口业务中的职责分别是什么?
3. 如何绘制集装箱码头进出口业务操作流程图?

项目分析

本项目认识集装箱码头进出口业务操作流程共包括两个工作任务,见表5-1。

表5-1　认识集装箱码头进出口业务操作流程项目引导

工作项目	工作任务	工作目标
认识集装箱码头进出口业务操作流程	集装箱码头进口业务流程	能够通过对集装箱码头各岗位职能的熟悉了解,绘制集装箱码头进口业务流程图
	集装箱码头出口业务流程	能够通过对集装箱码头各岗位职能的熟悉了解,绘制集装箱码头出口业务流程图

任务一　集装箱码头进口业务流程集

任务描述

为了完成张主管布置的阶段性任务之一，陆浩给自己制订了任务执行计划，决定从以下几方面入手来绘制集装箱码头进口业务流程图。首先和几位新同事一起翻阅了前段时间的学习笔记，了解集装箱码头进口业务的主要工作；然后到闸口、配载室、船舶计划部门、控制中心、受理中心等主要部门学习，向师傅们请教相关单据、集装箱、货物的流转情况，理清集装箱从进入闸口到装船离港的每一个操作环节，进行及时的现场记录；最后通过学习之后对所见、所闻、所记进行思考和整理，将这些业务进行恰当排序。希望通过每一步的认真、细心，及时分析思考，描绘出清晰实用的进口业务流程图。

任务准备

一、了解集装箱进口业务整体流程

1. 集装箱进口业务基本流程（见图5-1）

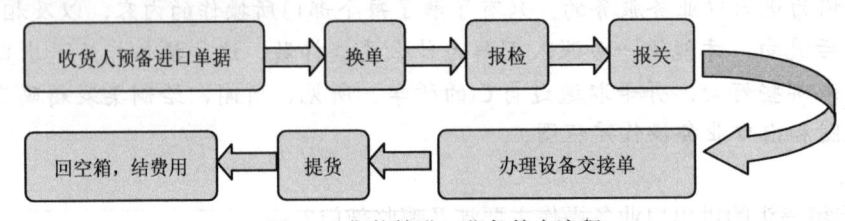

图5-1　集装箱进口业务基本流程

2. 具体操作流程

（1）收货人预备进口单据　收货人向货代提供进口全套单据，货代提前联系场站并确认好提箱费、掏箱费、装车费、回空费等相关费用。

（2）换单　货代在指定船代或船公司确认该船到港时间、地点，如需转船，必须确认二程船名。凭正本提单去船公司或船代换取提货单。

（3）报检　检验检疫局根据"商品编码"中的监管条件，确认此票货物是否要做商检。

（4）报关　收货人自行报关，或委托报关行报关。海关按要求办好通关手续。

（5）办理设备交接单　货代凭小提单到船代箱管部办理进口集装箱各项费用的押款手续，办理设备交接单。

（6）提货　货代或收货人凭交货记录，联系拖车去船代指定的港区码头、场站提取货物。

（7）回空箱，费用结算　收货人拆空进口货物后，将空箱返回指定的回箱地点。空箱返回指定堆场后,收货人要及时凭押款凭证,到箱管部办理集装箱费用的结算手续。

二、了解集装箱码头进口业务主要部门及其工作任务

在集装箱进口货运业务中,码头主要负责卸船、箱货的交付等业务。全过程主要包括以下四个方面:

1. 卸船前的准备工作

集装箱船在靠泊码头之前,船舶计划会接收到船公司或船代发来有关船舶的卸货箱量数据等,根据这些信息安排船舶作业计划。受理中心会收到船公司或船代发来的进口舱单数据、进口船图等具体的进口资料,根据这些信息,进行进口船图、舱单等信息系统的录入。堆场计划会根据船舶靠泊计划和堆场实际堆存能力,进行适当的堆场规划和箱位预安排,配载根据卸船船图来编制卸船顺序单。控制作业员会根据卸船船图和堆场卸船场地进行卸船作业机械和人员的安排。

2. 卸船作业

控制中心在确认船舶靠泊后,核对各项计划,并根据实际要求配合各计划部门进行必要的调整。卸船作业正式开始后,控制中心全程负责中央总体监控和桥吊作业程序控制,以及码头装卸搬运机械的调配。其中,桥边理货员负责桥边桥吊卸船箱的确认,作业司机负责用集卡将集装箱运载到堆场指定位置并进行确认(见图5-2和图5-3)。最后,控制中心进行装船结束确认后,由受理中心执行航次的正式关闭。

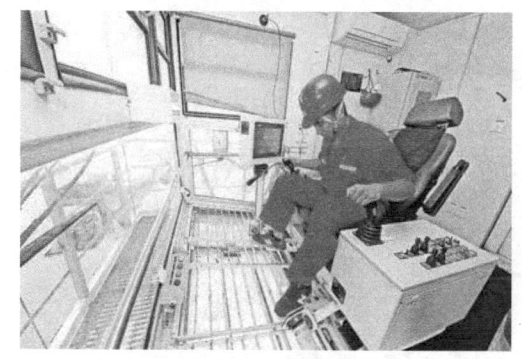

图5-2　桥吊司机作业

图5-3　码头场内集卡运输

3. 卸船结束后小结

在航次正式关闭后,配载部门负责编制进口集装箱单船小结,同时编制实际进口卸船清单,最终由码头的单证管理员对进口船图、进口舱单、卸船顺序单、进口卸船清单、残损箱设备交接单、进口单船小结、危险货物清单、集装箱残损单等单据进行归档整理和实际信息的系统录入,方便受理中心或其他部门进行查询和读取。

4. 箱货的交付

受理中心接受客户的码头提箱计划申请(见图5-4),办理相关提箱手续,控制中心则负责确认客户要求提取的集装箱位置,指挥堆场人员和机械设备进行发箱操作,最终由闸口负责出场集装箱货的交接确认(见图5-5)。

图5-4 受理中心业务处理　　　　　图5-5 闸口箱货交接

有了以上的基础知识储备，陆浩觉得还不够形象具体，于是又在码头平面图的基础上绘制了一张集装箱码头进口业务集装箱动线图，如图5-6所示。

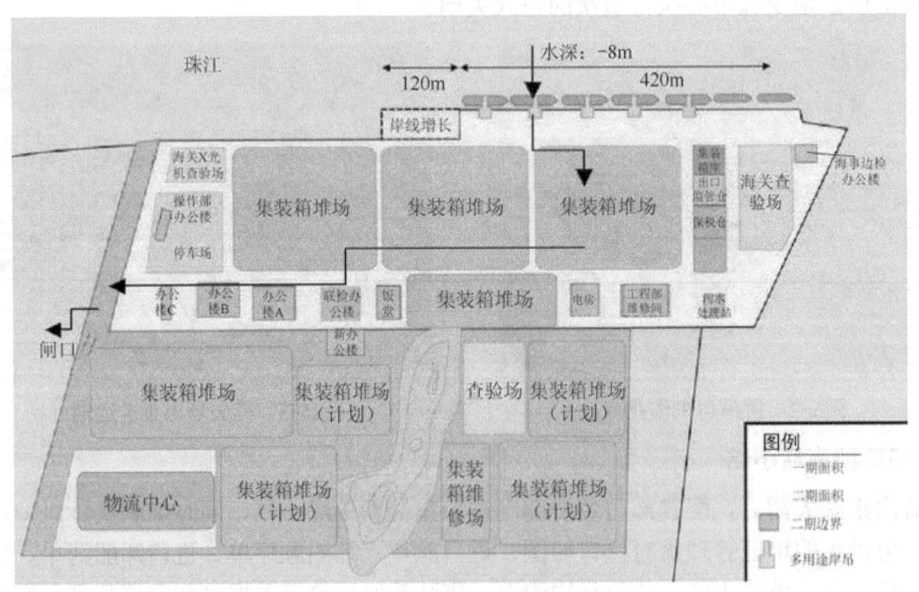

图5-6 进口业务集装箱动线图

任务实施

通过之前的充分准备，陆浩第一站来到了受理中心，看到业务员小张正在整理核对一系列的资料，仔细询问之下，小张告诉陆浩，其实在船舶靠泊卸船之前，码头还需要做很多的准备工作，这些都是卸船工作顺利进行的前提，具体如下：

步骤一：梳理卸船前的准备工作

1．进口资料收集整理

船公司或代理要在规定时间内向集装箱码头受理中心提供进口集装箱单证资料和船舶动态信息，并将船图、舱单等重要信息录入计算机信息管理系统。

小贴士

> 对于不同航线的船舶，集装箱码头要求提供的进口单证资料有所区别，例如：
> 对于远洋航线定期班轮，一般要求船公司或其代理在船舶到港前 96h，向码头提供进口舱单、进口船图、集装箱箱号清单、危险品箱清单及准单、冷藏箱特种箱和稍带散杂货清单、集装箱残损单等单据。
> 对于近洋航线船舶，则要求船舶抵港前 12h，能通过 EDI 形式，向码头发送货物报和箱位报，内容包括船箱位、提单号、箱型、箱号、货名、重量、整拼箱货情况、收货人、合同号、特种货物资料等。

2．制定船舶靠泊计划

船公司将船舶预计到港时间通知集装箱码头，并按相关要求送交进口集装箱货运资料。集装箱码头船舶计划部门根据这些信息制定船舶近期计划和船舶昼夜计划。

3．编制卸船计划

配载计划部门根据船图来编制集装箱卸船顺序单，并进行打印分发和信息系统传递，为各部门的卸船现场作业提供依据。

4．安排堆存计划

堆场计划员要结合码头各个堆场区域实际情况，充分考虑进口集装箱的箱量、箱型、危险品、交货地等因素，制定合理的堆存计划。一般情况下，堆存计划的制定主要遵循以下几项原则：

（1）相同尺寸的集装箱集中堆放。
（2）同一提单的货集中堆放。
（3）空箱与重箱分开堆放。
（4）整箱与拼箱分开堆放。
（5）中转箱单独堆放。
（6）特种箱放特种箱堆场，危险品箱放危险品箱堆场，冷藏箱放冷藏箱堆场。

陆浩这才明白，原来集装箱码头的各个部门在船舶靠泊之前就已经做好了一整套的相应计划，只需要在船舶到达后进行微调就可以了，这样整个码头的操作就不会显得杂乱，更不会措手不及。于是他把这一模块的操作要点放入了流程图的第一个区域——卸船前准备工作（见图 5-7）。

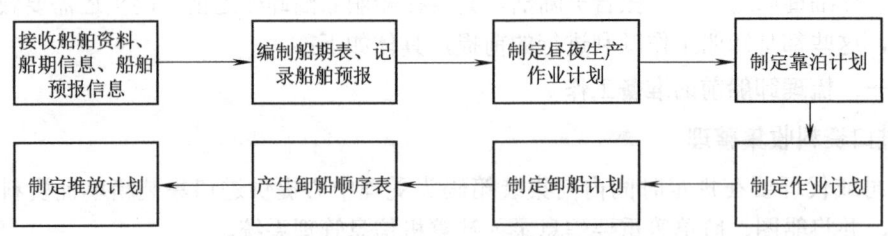

图5-7　卸船前准备工作

步骤二：卸船作业

在接到指定船舶已经顺利靠泊的通知之后，陆浩迅速来到了集装箱船停靠的泊位边上，桥边指挥员小胡已经就位，他告诉陆浩，在各部门根据实际船舶装载情况对卸船计划、堆存计划等进行调整确认后，所有现场工作人员就会立刻一一到位了。桥吊司机根据卸船顺序单一一将箱子吊起，一辆辆空的集卡车很有秩序地将这些箱子接走，送往堆场。小胡看了看，说："其实你看到的都只是很表面的一些环节，我来告诉你在这一个区域，有哪些主要工作。"陆浩赶紧认真地记录下这些信息：

1．查看船舶实载情况，核对调整卸船计划、堆存计划

船舶到港后，桥边指挥员应了解实载情况，与控制中心及时联系，迅速调整卸船计划和堆存计划。

2．作业指令发放和现场操作人员就位

控制中心操作人员将调整后的卸船顺序单、船图等相关单据以计算机信息形式发放给各个现场操作部门，同时通知桥边指挥员（见图5-8）、桥边验箱员（见图5-9）、堆场指挥员、外轮理货员等主要现场操作部门人员就位。

卸船作业开始前30min，装卸工应拆除船上对应卸船集装箱的绑扎，外轮理货员和桥边验箱员做好箱子的外表状况检查工作，若发现有残损，及时缮制好设备交接单。

图5-8　桥边指挥员

图5-9　桥边验箱员查看箱体

3．桥吊卸船，桥边验箱员验箱

桥边指挥员监督桥吊司机按卸船顺序单上的卸船顺序将集装箱卸到码头前沿，验箱员检查箱体后做好实际卸船记录。码头前沿的集装箱拖车司机将集装箱运到指定堆场箱位（见图5-10和图5-11）。在这一过程中集装箱若出现残损，应填制集装箱设备残损报告单，并由负责人签字。

图5-10 场内集卡等待运箱

图5-11 集装箱卸船装上拖车

4．堆场收箱

控制中心根据该航次的进口箱堆存计划，指挥堆场作业机械将到达堆场的集装箱从集装箱拖车转移到指定堆存位置，同时进行计算机内箱号和箱位的实时录入。

做到这一步，卸船工作基本结束。小胡告诉陆浩，接下来，他只需要把手头的单据都交给单证管理员整理归档就可以了。当然，如果在他下班之前这一艘船上该卸的货还没卸完，所有的工作人员还需要做好单证的复核和交接工作，向下一班次作业人员说明完成情况和未完成作业，保证卸船工作的连续性和准确性。

当天回家后，陆浩根据笔记本上的信息，对卸船作业的流程也进行了归纳并绘制了流程图。

步骤三：卸船结束后的小结

第二天，陆浩又一次来到了控制中心，了解卸船结束后的小结工作如何开展。进口业务员小张向他进行了简单的讲解。

1．编制进口集装箱单船小结

船舶卸船结束后，配载部门要将实卸箱号清单同进口舱单进行核实，编制单船小结。主要包括船名航次、靠泊时间、总卸箱数、开工完工时间、溢缺清单、残损清单等。

2．编制实际进口卸船清单

桥边理货员与外轮理货员进行联系，核对实际进口卸船信息，供配载部门编制卸船清单。

3．资料的汇总、分发、归档

单证管理员收集进口船图、进口舱单、卸船顺序单、进口卸船清单、残损箱设备交接单、进口单船小结、危险货物清单、集装箱残损单等单据，进行归档整理。

同时，该航次的进口箱和货物信息都已被录入了集装箱码头的信息系统之中，方便受理台或其他部门进行查询和读取。

这一步骤的流程图也就可以绘制得很清晰了，如图 5-12 所示。

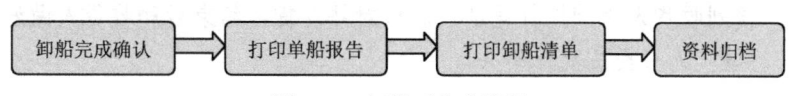

图5-12 卸船后作业流程

步骤四：进口集装箱箱货交付

随后，陆浩来到了码头的闸口，对卸船后的集装箱去向进行跟踪了解。原来，集装箱在运出码头前还经历了以下几个操作步骤：

（1）申请提箱　提箱人凭提货单在集装箱码头受理台提前办理申请手续，码头受理台业务员对单据信息和码头计算机内实际信息进行核对，无误后，确定受理，办理收费手续，在提货单的费用结算位置盖上费用章作为提箱依据。

（2）堆场发箱　集卡司机根据智能卡口出具的行车指南到大堆场指定位置，控制员在系统中看到提箱信息，安排龙门吊在相应堆场发箱，把集装箱放到提箱人的集卡车上。

（3）闸口出场交接　集卡司机拉着重箱返回闸口，出门业务人员收取了设备交接单、预约凭条、行车指南、交货记录等相关单据，核对无误后放行。

这一步骤的操作比较繁杂，但最终的目的是收货人把从船上卸下的货运出码头闸口，因此，在绘制流程图时，陆浩把这一块操作流程进行了精细化处理。

小贴士

卸船后的集装箱并不是都以整箱形式被提出码头的，集装箱码头的箱货交付作业包括整箱提运、拆箱车提、仓库提货三种方式，分别对应DOOR、CY、CFS三种交付条款。

任务中介绍的是整箱提运，下面针对拆箱车提和仓库提货这两种交付方式进行简要介绍。

1．拆箱车提作业

（1）作业计划申请。

（2）堆场发箱。

（3）拆箱发货和交接。

（4）空箱归位。

2．仓库提货作业

（1）CFS条款拆箱计划安排。码头受理台根据进口卸船资料，编制"进口集装箱拆箱计划申请单"。

（2）堆场发箱。堆场控制员根据集装箱移动指令，指挥堆场机械设备将指定集装箱移至拆箱区。

（3）拆箱，货进仓库。货运站根据拆箱计划申请单和进口集装箱舱单，按货物流向布置拆箱的具体要求。

（4）空箱归位。堆场计划员根据货运站理货员编制的空箱报表安排归箱箱位计划，堆场控制员指挥堆场吊装机械和集卡将空箱归入指定箱位，并在计算机中做好记录。

（5）收货人申请提货。收货人在办理好各项申报通关手续后，凭提货单到码头受理台申请提货，并缴纳相应费用。码头受理台业务员打印"提货凭证"交给收货人。

（6）仓库发货和交接。码头仓库管理员根据"昼夜作业计划"中库提作业计划，安排好劳动力和机械，接到收货人的"提货凭证"后核对并发货，结束后和收货人做好交接记录，开具"出门证"。收货人可提货离开码头。

经过几天的实际岗位操作之后，陆浩和几位新同事一起对各自手上的材料进行了分析和整理，将以上四个步骤总结出来的四张流程图进行合并简化，终于得到了一张完整的集装箱码头进口业务操作的流程图，如图 5-13 所示。

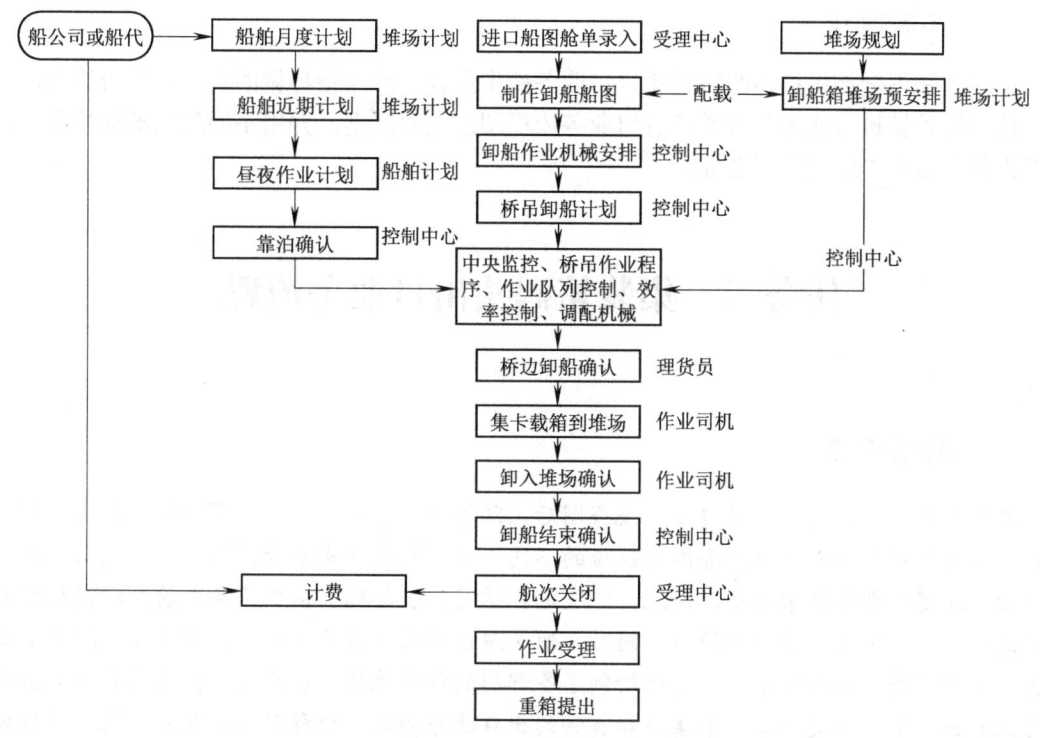

图5-13　集装箱码头进口业务操作流程

知识链接

特种箱（不含冷藏箱和危险品箱）进口操作流程

（1）进口特种箱在起运港装船前，船公司或其代理将拟进口的特种箱清单（包括尺寸、箱型、重量等）向作业科提出申请，作业科根据港区实际条件，向船公司或其代理确认是否可接卸该特种箱；对于超重特种箱，应征得技术部和部门领导的同意，并要求船公司或代理船边直提。

（2）征得作业科同意后，船公司和代理在向作业科申请泊位时，应同时附上进口特种箱清单（包括尺寸、箱型、重量等），并将该进口特种箱清单抄送计划科。

（3）计划科应将进口特种箱安排在特种箱专用堆场，由于超重箱无法实行船边直提，在征得部门领导和作业科同意后，安排卸到码头前沿。

（4）船边直提的进口特种超重箱，作业科根据装卸进度，提前通知拖车到码头前沿待命。

（5）对于需钢丝绳辅助作业的进口特种箱，作业科安排卸船时应提前备好钢丝绳等工具，同时值班主管或值班组长应到现场指挥作业。

（6）进口特种箱放行后，拖车凭加盖海关印章的提货单到计费科请派，作业科凭加盖计费科印章的请派单，合理安排机械进行吊箱作业，同时值班主管或值班组长应到现场指挥作业；进口超重特种箱货主（或拖车）应在卸船前做好请派手续。

 **拓展提升**

请根据知识链接里描述的特种箱进口业务操作内容,绘制特种箱的进口业务流程图。

比较特种箱进口业务与普通箱进口业务流程图的主要区别,并用不同颜色笔标注出来,思考为什么会产生这些不同之处。

任务二 集装箱码头出口业务流程

 **任务描述**

在绘制出了集装箱码头进口业务流程图后,陆浩进一步熟悉了集装箱码头的业务流程,不过他知道进口业务和出口业务因为性质的不同,从货物生产出来开始到装箱进码头离港,出口业务比进口业务复杂许多,因此,他决定在学习集装箱码头出口业务之前先对国际贸易中的海运出口内容进行学习和理解。同时,他了解出口业务涉及闸口、控制中心、配载中心等主要部门操作要求及规范,并总结绘制了各部门的作业流程,最终整合出集装箱码头出口业务流程图。陆浩决定以某一个集装箱货物的出口业务为例,全程跟踪、及时记录,通过分析总结绘制出集装箱码头出口业务流程图。

 **任务准备**

一、了解集装箱出口业务流程

1. 集装箱出口货运流程

集装箱出口货运流程为订舱→接受托运申请→排载→发放空箱→装箱→报检→报关(查验)→配载(装船)→提单→付费,如图5-14所示。

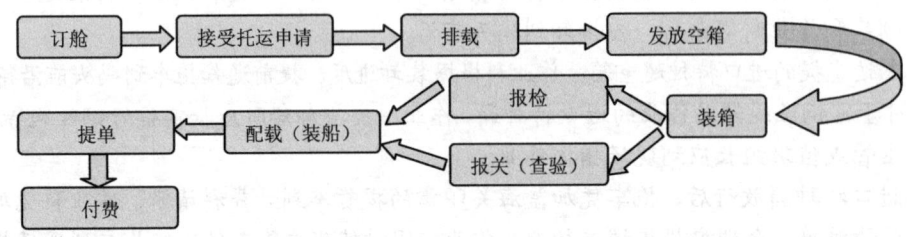

图5-14 出口货运流程

2．具体操作流程

（1）订舱　发货人直接将货物交给承运人或其代理人申请订舱，或是发货人委托货运代理向承运人订舱。

（2）接受托运申请　船公司或者船代根据航线、船舶、运输条件、港口条件、运输是否满足发货人的要求决定是否接受发货人的托运申请。一旦接受托运申请，船公司或者船代需要开始编制订舱确认给货运代理，货运代理据此办理排载及提箱事宜，分送集装箱码头堆场、货运站等地方。

（3）排载　船东或船代根据货运代理提供的出货要求、资料，制作集装箱货物托运单（排载单）。

（4）发放空箱　发货人到船代的箱管部领取设备交接单，凭此单到集装箱码头指定堆场提取空箱，再将正确的箱号告诉货代。如果是拼箱货运输，则由集装箱货运站负责提取空箱。

（5）装箱　拼箱货的装箱在集装箱货运站进行，发货人将货物运送至指定的货运站，现场按照客户的要求进行装箱，并做好装箱明细，封好铅封。

整箱货则由发货人自行装箱，封好铅封。

（6）报关报检　发货人负责向海关和有关检验检疫机构联系开展报关和检验工作。遇到换通关单商检查验时（技术查验/随机查验），必须通过报关行到商检局预约查验。被查验的货物不需要进码头，只需货物装柜完毕，就可以直接带商检局的验货人到现场查验。此时的查验主要是针对货物的包装性能和生产批号。查验通过后，就可以换通关单据。

（7）配载、装船　货物放行后应及时把资料送集装箱码头；报关行将相关资料送到码头。码头接收后开始安排配载装船工作。

（8）换取提单、付费　发货人凭场站收据向船公司换取提单，再去银行办理结汇。

二、了解集装箱码头出口业务主要工作部门及其工作

在集装箱出口货运业务中，码头主要负责箱货接收堆存、装船离港等业务。全过程主要包括以下三个方面工作：

1．船舶到港前的业务

为使集装箱码头出口业务有条不紊地进行，在出口装船前码头要完成出口货运资料预到和编制出口作业计划两大任务。

（1）出口资料预到　船公司或船代向码头受理中心提供出口用箱计划，在规定时间进行船期的预报和确报，提供预配清单和预配船图。

（2）编制出口作业计划　码头船舶计划部门根据船公司或船代提供的资料进行船舶月度计划、近期计划的维护，编制船舶昼夜作业计划。堆场计划部门则根据船舶出口箱预到资料并结合堆场使用状况编制出口箱在堆场的堆存计划。

受理中心（见图 5-15）负责提前受理集装箱货车进出码头闸口的各种申请，如重箱进场申请（见图 5-16），危险品集装箱、冷藏箱等特殊箱型的进场申请等。

图5-15　受理中心业务受理

图5-16　重箱进场申请

2. 装船作业

发货人装箱、计数、施封后，将重箱运至集装箱码头。码头闸口负责进行重箱及相关单据的核查、交接工作，并办理重箱进场手续，打印行车指南。控制中心安排机械设备将重箱堆放到指定的箱区位置，同时进行堆场收箱确认。

此时，受理中心负责该集装箱及对应货物的相关场站收据校验及海关放行确认工作。确认放行后，码头配载部门会根据相关信息制作船舶的配载图，以供控制中心制作装船顺序单，安排码头机械设备和操作人员（见图5-17）。

装船作业由控制中心有序指挥堆场发箱、集卡运输、岸边桥吊装船（见图5-18）来完成，结束后控制中心负责进行装船结束确认和船舶的离泊确认。

图5-17　控制中心进行机械设备调度

图5-18　桥吊装船

3. 装船结束工作

装船结束后，由受理中心进行航次关闭确认工作。控制中心负责按装船作业实际情况进行单船装卸效率的分析。码头单证资料部门负责将该船名航次的信息进行整理、分析、归档，编制出口单船小结，并录入计算机，以备各部门查看。

任务实施

陆浩在做好各项业务知识储备后，开始了集装箱 KNLU5078299 出口业务的追踪学习过程。他将与集装箱码头相关的具体操作分为以下几步来进行追踪学习。

步骤一：重箱进场

待出口的货物被装入集装箱施封后，集卡司机可在装船前规定时间内开始进场，到达闸口后交验下列单证：①装箱单；②进场设备交接单。

此时陆浩已等在闸口，看着业务员和验箱员在忙碌着，而且做得非常认真仔细，询问之后才得知，对于出口作业来说，闸口这一道检查核对非常重要，因为在集装箱进出口运输过程中，最终的目的是箱内货物的流转，因此，在装满货的重箱进入码头之前，码头工作人员必须对集装箱及其货物信息进行认真核查，以便区分责任。于是，陆浩帮助闸口业务员一起核对了出口船名、航次、箱号、卸货港、目的地、提单号、箱重等，验箱员则指导陆浩检查了集装箱的六面状况和铅封，填写了设备交接单。

同时，陆浩也了解到，目前很多码头已经启用智能卡口，之前的这些卡口操作步骤均可由智能卡口自动完成，集卡司机只需根据智能闸口出具的行车指南到达指定堆场箱位附近，龙门吊司机根据控制中心信息系统中的指示，把指定集装箱从集卡上卸下来，堆放在指定堆场位置上，完成重箱进场工作，如图5-19所示。

图5-19　重箱进场检验

步骤二：场站收据校验、海关放行确认

当重箱进入码头堆场后，码头计算机会记录此货柜的进场时间、箱号、封条号、堆场位置等信息，并通过与海关计算机联网受到海关计算机的监控。此时才可以正式向海关申报出口。审核通过后，出口报关单连同报关资料（核销单、合同、发票等）经报关员签字、报关公司盖章后向现场海关递单。最终由报关行将放行条交给码头进行计算机确认，确认海关放行后加盖码头确认章，再由报关行将放行条交给船代公司，船代公司才能根据放行条装船出口。

步骤三：配载

陆浩在集卡司机离开后来到配载操作中心（见图5-20），找到了对应船舶的配载员小刘，小刘告诉他，其实前一天预配船图就已经通过邮件接收到了，现在需要根据在场集装箱的放行情况和预配图进行实配图编制。编制完实配图，小刘要上船给船上大副审核，大副会根据实际情况提出改动要求，小刘再进行调整，最终大副审核通过后，会在实配图上签字盖章。

步骤四：场地发箱

控制中心根据装船顺序单要求，指挥堆场吊装机械和场内集卡进行集装箱的场地发箱工作。陆浩来到堆场现场时，看到堆场龙门吊司机和场内集卡司机正在忙碌着，一个个的集装箱正有序地被场地吊装机械放上场内集装箱车，陆续被送往集装箱船靠泊的泊位，如图5-21所示。

图5-20　配载操作中心

图5-21　堆场收箱、发箱

步骤五：装船

陆浩随着场内集卡来到码头前沿，桥边验箱员（见图 5-22）立刻对该集装箱的箱号、外表状况和铅封进行检查，发现并没有残损。随后，桥边指挥员监督桥吊将集装箱吊至指定的船箱位，并将装船进度及时通知控制中心，进行装船确认工作。而外轮理货员（见图 5-23）则记录下集装箱的实际船箱位，集装箱正式装船后，船长在"码头装卸作业签证"上签字，表示船方确认集装箱已装船。

图5-22　桥边验箱员

图5-23　外轮理货员

步骤六：单据交接处理

为了能在目的港顺利提货，货物装船后的单据处理和交接非常关键，陆浩来到单证中心请教了操作该票货物的业务员小朱，他告诉陆浩，后续的单据主要有交接和处理两种类型，需交接的单据有：

1）桥边指挥员和外轮理货员交接核对装船的箱数、箱号以及残损单的份数，核对无误后签字。

2）桥边指挥员与下一工班的桥边指挥员进行现场和装船顺序单的交接。

3）堆场员将装船顺序单交给控制室签收。

4）外轮理货员制作实际装船船图，交给船公司。

如果在该批装船集装箱中有危险品货物集装箱或是冷藏箱，就还需提供危险品货物清单和冷藏箱清单，而装货清单和设备交接单则必须汇总，交给船公司存档备查。

最后，码头的资料组会将每一船次的出口装货清单、船公司预配图、预配清单、配载船图、装箱单、重箱进场日报表、装船顺序单、单船小结汇总后进行归档。

随着材料归档的完成，陆浩跟踪的这一集装箱货物也就顺利地离港运往目的港了。回到办公室后，他赶紧将今天的流程体验进行了整理归纳，绘制出图5-24所示的流程图。

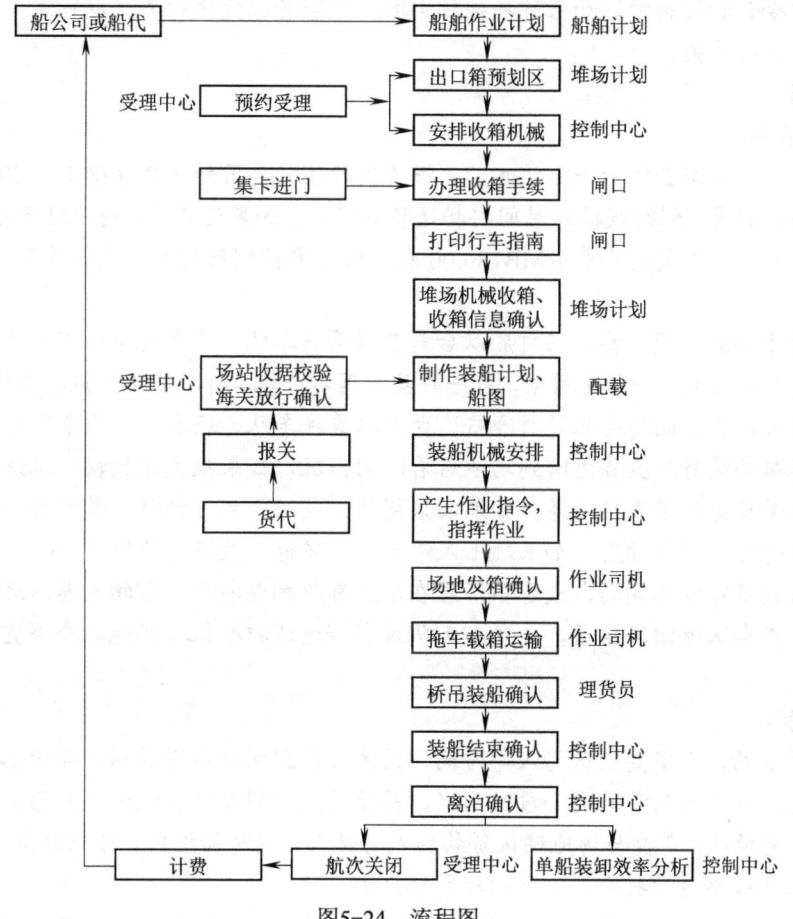

图5-24 流程图

 **知识链接**

冷藏箱出口操作流程及注意事项

冷藏箱的操作大体上与干货箱相同，只是时间的管理上要衔接得紧密一些，现将基本流程与注意事项详列如下：

一、订舱

在订舱的时候除了要告诉船公司船期、箱型等必要的资料,还要告诉船公司或者其订舱代理冷藏箱需要的温度、通风口的设置、通风量这些信息,到时候场地会根据这些资料进行验箱。

二、验箱

验箱主要是检验箱子是否完好无损、干净、是否能保持客户要求的温度。对于验箱这个环节,要严格安排好时间,事先要和客户确认好装货时间,确保货物按时出运,这样才能根据时间安排进行验箱,正常验箱要在前一天的下午三点前通知船公司,船公司会在第二天安排验箱,正常验箱时间需要半天的时间,如果货物在验完箱后再撤舱位,那就会产生两项费用,分别是预冷费和验箱费。如果货物按时出运,预冷费就会免掉不收取费用。预冷费为场地收取,与船公司无关。

三、装箱

1. 场地装箱

验箱完毕后船公司会给出一个流水号,报关的时候需要用到这个号码(如29924),同时也会有集装箱的箱号,到时候按照时间安排送货就可以。如果送货了,场地就会给箱子打冷,正常场地打冷一天就需要打冷费RMB180.00元,所以要控制好时间,减少费用。

2. 外拖

外拖相对于场装麻烦一些,在订舱以后就要联系好车队。准备好车队以后再安排验箱。集装箱打冷有两种方式,一种是用电,另一种就是用打冷机,所以货物外拖就必须用打冷机。大多数船公司可以自己向场地租赁打冷机,也可以委托车队,还有一部分车队自己就有这个机器,一条龙服务最好。提货返回到场地后看时间情况,如果报关比较快,就继续用机器打冷,等相关报关单据到了直接入港,如果回来得早,或时间不可预计,最好安排落场地,让场地打冷,这样可以省费用。如果赶上入港时间,场地一般不愿意给落箱,但是如果车队与场地关系好也是可以落箱的,或者不落箱在车上直接插电打冷,货物入港以后港里会负责给货物打冷。在车队返回场地后,一定与车队落实好返还打冷机及场地打冷事宜,以免货物受损。

四、入港

对于冻箱货物,一定要确认好入港时间,因为关系到场地打冷费用。箱子落场地后,由场地负责入港,在拖车入港的这一段时间里,箱子是无任何制冷措施的。入港后,由港里负责打冷。报关完毕后,需要与场地确认货物的入港情况,有时船拖班,可能会推迟入港时间,这样箱子在场地就要持续打冷,会有额外费用产生。所以在船拖班的情况下,一定记住再次与船公司确认入港时间是否有变化,有情况及时与客户确认,同时也要向船公司问明原因,再争取申请一些海运费弥补此损失。正常情况下,船公司应该对入港时间的临时变化负责。

五、报关、签单

这两个环节和普通干货箱的操作一样,如果事先知道该航次可能会拖班,要提前和货主说,以免货物变质,有的鲜货发货人因为航次拖班可能会选择暂停出运,这样能保证发货人的利益。

 **拓展提升**

任务要求

（1）鉴于以上几个冷藏箱进出口业务操作的特点，请以4人小组为单位，绘制冷藏集装箱的进出口业务流程图。

（2）在集装箱码头出口业务流程操作过程中，桥边验箱员小刘发现某一冷藏集装箱侧壁有一个明显的破洞，不断有冷气从箱体里冒出来，如果你是小刘会如何处理？

项目六　受理中心业务

Project 6

 **情景创设**

陆浩经过了短暂的岗前基本业务培训,开始了第二阶段的部门轮岗实习,他被分到的第一个实习部门是码头的受理中心。第一天到部门报到,陆浩来得非常早,接待陆浩的是李主管。李主管给陆浩介绍了部门的各位同事,大家对陆浩的到来表示了热情的欢迎。然后,李主管将陆浩带到了实习岗位前,对陆浩说:"受理中心是集装箱码头的一个服务窗口,主要从事对外单证受理业务,包括闸口预约、进口单证业务、出口单证业务、进港集卡管理、集装箱信息更改、费用现付、特殊箱管理、集卡管理及各种业务咨询服务等。其中最关键也是最常见的业务有三类:分别是闸口预约、进口单证业务和出口单证业务,这也是你主要学习的业务,这里是集装箱进出港口的第一关,资料的审核和信息的准确性非常重要,希望你能胜任,这是一份本部门的业务员岗位职责,你不光要记下来,做的时候也要时刻对照,再次欢迎你的到来,认真工作吧,加油!"

受理中心业务员岗位职责

(1)认真执行公司和部门有关规定、制度,及时完成领导交给的工作。
(2)受理业务咨询,并给予满意答复和记录。
(3)负责在场温控重箱发生故障的对外联系工作和记录。
(4)负责外集卡公司和集卡入港的信息登记和违章信息输入。
(5)及时做好进口资料的EDI接收或手工输入工作,审核后通知相关岗位人员。
(6)受理审核出口单证,并对出口集装箱进行放行。
(7)受理国际、国内中转箱业务,并进行处理。
(8)及时发送进口重箱确认信息、国际中转箱信息。
(9)负责进出口船舶航次关闭前业务处理及航次关闭。
(10)收取相关费用,做好与财务工作人员的交接。
(11)负责当班单证资料的审核整理工作。
(12)做好当班工作记录及各项交接工作。

（13）做好操作部内部单证的管理工作，并认真执行单证查询制度；认真做好传真件签收登记工作。

（14）做好操作部的对外联系工作，并进行相关的传达、沟通工作。

（15）工作期间着装得体，做到微笑服务。

想一想：

1. 受理中心的主要功能和作用是什么？
2. 如何在业务受理的过程中给客户留下比较好的印象？

项目分析

陆浩为了更好地理解受理中心的业务，编制了一个学习计划表，见表6-1。

表6-1　受理中心业务项目引导

工作项目	工作任务	工作目标
受理中心业务	预约业务	根据进出口流向和不同箱型完成业务预约
	进口单证业务	完成进口船图和舱单的信息核对，完成船舶实配图
	出口单证业务	合理选择放行方式，完成出口集装箱放行程序操作

任务一　预约业务

任务描述

预约业务的主要作用是提高集装箱进出港的作业效率和作业信息的准确性。陆浩需要熟悉单证中心预约业务的工作范围，并且根据集装箱的流向和空重箱的分类完成进口温控箱的预约。

任务准备

一、单证中心预约业务

为了使集装箱码头的闸口工作能够顺利进行，防止集装箱运输车辆等候造成的通道拥堵，提高码头集装箱周转效率，部分集装箱在进、出场前应当向码头受理中心进行预约，其直接目的是减少闸口数据录入量，并和闸口一起对录入信息进行双重把关，提高集卡通过检查桥的速度，提升码头机械和人力资源的工作效率。

受理中心预约业务有 4 个模块，分别为空箱进场预约、重箱进场预约、空箱提箱预约、重箱提箱预约。

（一）空箱进场预约业务

1．审核书面文件

出口空箱进场预约需要提交的书面文件是：加盖有船公司或船代业务章的船公司书面确认件，确认件上需写明出口的船名/航次、港口、尺寸/类型、内外贸性质、箱号或箱量、提单号等。目前单证中心业务员主要需审核的书面文件是船公司的书面传真，传真上需写明出口的船名/航次、港口、尺寸/类型、箱号或箱量、提单号等，并盖有船公司（或船代）业务章和申请人（一般为外堆场）的业务章，见表 6-2。

表 6-2　空箱进场预约申请单

TO：四期码头	
TO：通达堆场/史　　传真：27697874　　电话：27697608	
FM：宁波远洋	
DD：2014.4.8	
RE：出口事宜	
烦请安排 4*20GP,2*40GP	
配联合 20/40325，目的港/中转港：温州金洋码头（CNWEN），船期预计明天靠四期码头。箱主 NOS，内贸调运（好箱）	
箱主：**NOS** 内贸	

2．进行预约

在计算机中按申请人（一般为堆场）输入申请单位，再根据传真件上的出口船名/航次、中转港、箱号或箱量预约，可按箱号申请或按箱主申请，并打印预约受理凭条，由于表 6-2 的申请单上有 20GP 和 40GP，所以预约凭条要写两张，每个箱型一张，见表 6-3 和表 6-4。

表6-3 预约受理凭条（一）

BJ/QR-07-04					
预约受理凭条					
作业号：**REGD051769**				是否现付：N	
申请单位：通达堆场		申请人：		联系电话：27697608	
序号	船名/航次	箱主	尺寸类型	数量	进箱时间
1	LHE20/4032S	NOS	22GP	4	2014-4-08 00：00：01 至 2014-4-09 00：00：01
合计：					
提运集卡：无限制					
		受理人：KXS		受理时间：2014-4-08 12：19：09	

表6-4 预约受理凭条（二）

BJ/QR-07-04					
预约受理凭条					
作业号：**REG0051770**				是否现付：N	
申请单位：通达堆场		申请人：		联系电话：27697608	
序号	船名/航次	箱主	尺寸类型	数量	进箱时间
1	LHE20/40325	NOS	43GP	2	2014-4-08 00：00：01 至 2014-4-09 00：00：01
合计：					
提运集卡：无限制					
		受理人：KXS		受理时间：2014-4-08 12：19：35	

 知识链接

预约受理凭条

预约受理凭条是码头受理中心在申请人（船公司、货代或外集卡司机）完成集装箱的各项作业申请后所出具的联系单，申请人可以凭此受理凭条和相关单证，到检查桥进行具体的进、提箱操作。

3．通知其他部门

通知堆场计划员相关的信息，以便其安排堆场。

4．文件留底

预约完成时应当对书面文件进行留底保存，也就是对传真件进行归档处理，方便日后的查询。

（二）重箱进场预约

重箱进场预约需要明确的是，不是所有类型的重箱进场都需要预约，一般是有特殊要求或特殊问题的集装箱进场时需要预约。目前，在码头重箱进场必须预约的项目有：出口重箱提前进场、延迟进场、直装箱预约和温、危、超限箱进场预约，冷代干预约，暂收箱预约等。单证不全或单证有误，允许暂收；温、危、超、冷代干、直装不允许暂收。

1．提前、延迟进场预约

（1）客户申请后，初步审核是否符合条件。目前港区在提前、延迟进场箱被允许的前提是在所有单证都齐全、正确的情况下，因船期没到或已过截箱期的集装箱，做此预约时需结合码头的实际情况，同时堆场计划安排后方可受理。

> **问题思考：**
> 解释一下截箱期、截单期、截港期、截关期这几个期限不同的含义。

（2）单证中心审单确认。受理时客户出具设备交接单和装箱单，单证中心再次确认是否符合条件。

知识链接

装箱单（Container Load Plan）

装箱单是详细记载集装箱内货物名称、数量、体积等内容的单据，每一个载货的集装箱都要制作这一单据。它是根据已装进集装箱内的货物制作的。装箱单向承运人提供了箱内所装货物的明细清单，同时也为船舶的配载提供了依据。装箱单上记载的集装箱重量是计算船舶吃水和稳性的基本数据。它所记载的货运资料必须和场站收据上所记载的内容一致。装箱单的记载是否正确，与集装箱货物运输的安全关系密切。对于集装箱码头而言，装箱单主要用于出口业务中。为了提高中转港的准确性，现宁波口岸的各大船公司在装箱单上都盖有各自的确认章，显示中转港的代码或全称。

（3）预约并收取相关的费用。审单后如符合条件，单证中心就可以进入系统进行预约，预约后根据不同箱型和不同预约条件产生的费用，向客户收费。

一般在预约没有什么问题后，集卡司机根据预约的日期就可以完成闸口进箱。

2．出口温控箱进场预约

（1）单证审核 货代需持集装箱检验检疫结果单或博伦海事检定事务所的鉴定报告（简称商检证书）和集装箱适载检验记录单、冷箱巡查记录和预配清单，见表 6-5；危险品温控箱需要单证为当地海事局出具的准运单、博伦海事鉴定书、巡查记录和有温度指示的预配清单以及港务局集装箱管理处同意后签发的港口危险货物集装箱作业联系单。单证中心业务员需查阅三证填写内容是否一致，商检证书上有无检疫局章，巡查记录上有无报检员章等。

表6-5 出口温控箱预约单证一览表

序号	单证名称	主要内容	作用
1	国检集装箱检验检疫结果单	申请人、运输工具、检验日期、拟装载货物、集装箱箱号、检验结果	用于出口集装箱箱况法定检验
2	集装箱预配清单	船名、航次、港口、尺寸/类型、提单号、货名、重量、体积、冷箱温度	出口温控集装箱和危险品集装箱的预约进港
3	集装箱巡查记录表	联系单位、联系人、联系电话、集装箱箱号、尺寸/类型、船名、航次、提单号、恒温度	出口温控重箱的进港预约及该集装箱在港期间的温度检查标准及有关事项的工作联系
4	博伦海事检定事务所鉴定报告	申请人、运输工具、检验日期、拟装载货物、集装箱箱号、检验结果	用于出口集装箱箱况法定检验
5	集装箱适载检验记录单	申请人、运输工具、检验日期、拟装载货物、集装箱箱号、检验结果	用于出口集装箱箱况法定检验

（2）预约，资料留存　如果资料都没有问题，则参照一般重箱作业程序，且收下预配清单、商检检验检疫证书和冷藏箱巡查记录表。

温控箱在港堆存期间发生故障，由特种箱班通知单证中心，单证中心业务员接到通知后，在交接本上进行故障登记，并根据集装箱的进出口状态通知相关人员。其中，出口箱通知货代，进口箱通知船公司或其代理。内容包括船名/航次、箱号、提单号、故障情况，同时做好当班记录，并时刻注意修理动态。

3．其他类型集装箱预约

（1）冷代干的集装箱预约　冷代干集装箱主要是指冷冻箱代替一般通用干货集装箱使用。单证中心业务员审核单证的有效性后，在计算机系统中输入相关冷冻箱代替普通箱的信息。预约完毕后，打印预约受理凭条，冷代干保函传真件留底保存，并传此份保函给外理单位。

（2）出口危险品箱进场、直装预约　《国际海运危险货物规则》（简称《国际危规》）中列名的1、7类危险品原则上不受理出口，2类危险品箱采用车—船直装方式；包装类危险货物出口，由申请人提供《集装箱装运危险货物装箱证明书》正本和装箱单办理预约；散装液态货物（通常箱型为油罐箱）出口预约，由申请人提供由当地海事处盖危险货物专用章的危险货物安全适运申报单复印件和装箱单办理预约；1、2、7类和温控危险品箱必须同时持有集团批复的"港口危险货物集装箱作业联系单"。2类危险品箱按直装方式预约时，必须输入实际的联系人和联系电话，并输入卸货港。预约完毕后，收下相关单证，并通知外理单位。

（3）出口超限箱预约　船公司或货代必须在箱子装货前向单证中心申报计划，提供书面的详细资料，如具体的超限尺寸及外表状况等。超限尺寸正常范围：超高100cm以内，左右超宽各 30cm 以内。单证中心业务员联系当值主管，同意接卸后，反馈船公司或其代理，并在计算机中输入相关信息，打印预约受理凭条。

（三）空箱出场

我国出口箱量较大，所以船公司会进口空箱，进口空箱的出场也称为驳箱，批量驳箱一般由驳箱的外堆场申请，具体的作业程序如下：

（1）外堆场申请，受理中心审核单证。申请方需提供盖有船公司章（或船代章）和堆场章的驳箱申请，见表 6-6，要求对方在单证上写明要预约集装箱的船名/航次、箱主、尺寸/类型和箱量或箱号、集卡数量和驳箱时间等。

表 6-6　驳箱申请

×××（中国）船务有限公司宁波分公司
地址：宁波市和义路 77 号汇金大厦 501-502 室
FACSIMILE
TO：宁波永大堆场　　　　　　　　　　FAX NO.：27688284
ATTN：陈宏超　　　　　　　　　　　　DATE：16/4/2014
SUBJECT：驳 空 箱
————————————————————————————
请安排车队将以下空箱从四期码头驳至贵堆场，费用由我司承担。 ZIM NINGBO 32E　　0×20'DV+0×40'DV+88×40'HC（CSAV）
商祺！

×××（中国）船务有限公司宁波分公司

（2）受理中心进行预约。单证中心业务员审核单证的有效性后，进行计算机预约操作，有两种方式可办理预约：按箱号申请和按箱主申请。目前常见的方式是按箱号申请，可逐个输入箱号进行预约，也可按批量选择。应当仔细核对传真上的进口船名/航次、箱主、尺寸/类型、数量与计算机中是否一致，作业中应当抽查核对部分箱号。在系统中预约后，会打印凭条，见表 6-7。

表6-7 驳空箱预约受理凭条

×××（意宁）码头经营有限公司欢迎您 （四期码头）	
预约受理凭条 （复印和传真件无效）	×××港集团

提箱预约扫描区： *2202115956*	智能闸口 提箱预约号：	2202115956 （请输全10位预约号）
	箱主：CSV	此批箱是 空 箱
	箱类型：45GP	是否现付： N

作业号：DEG0211595	申请单位：×××物流有限公司
申请人：李旭明	联系电话：27688284/131055555

序号	集装箱号	尺寸/类型	船名/航次	温	危	超	残	提箱时间
0	见附表							

合计：共预约集装箱：88个，40ft箱：88个

提运集卡：U71 F99 59D 52K 15S LT9 LT8 LT6 LT5 LT4 LT3 LT1 LT0 D9R D8R D7R D6R D5R D4R D3R

受理人：KXS　　受理时间：2014-4-08 12：19：09

备注：
司机师傅！天气多变，请您多注意交通安全，感谢您对我公司工作的支持！
如有疑问，请拨打：0574-27699250

（3）预约完毕后，收下传真件留底存档。海关对空箱进口也会进行抽检，主要是防止一些不法分子以空箱进口的名义，进行货物的走私。

（四）重箱出场

重箱出场预约主要是指进口重箱提箱的预约和退关箱的提箱预约，具体的预约流程如下：

（1）审核单证。申请人需持有提货单或交货记录、设备交接单。

知识链接

> **交货记录**（Cargo Receipt）
>
> 交货记录又称"提货单"或"小提单"，是码头堆场或集装箱货运站在向收货人交付货物时，用以证明双方已完成货物的交接并记录交接状态的单证。交货记录是集装箱进口业务的主要单证之一。交货记录一共有五联，分别是到货通知书联，提货单联，费用账单（一）、（二）联，交货记录联。

（2）进行预约，计算费用。单证中心业务员审核单证的有效性后，在计算机中输入相关信息，收取相关费用，打印预约受理凭条，可以按箱号或提单号申请。预约时，根据申请单位的性质和集装箱信息会出现相关的费用，对于托收的费用，可以根据申请人的要求改为现付，但现付的费用不可改为托收；对于现付的费用，根据计算机显示的费用开具发票，申请人付清费用，然后在计算机中做好现付确认。

（3）预约完毕后，收下费用账单联（对于无托收协议的货代），并在交货记录上加盖费收章和日期章。

任务实施

陆浩在师傅的帮助和指导下对受理中心各类预约业务有了一定的了解，今天一上班师傅交给陆浩一个出口温控箱的预约受理，要求陆浩尝试独立完成该业务，他认真仔细地开始了工作。

步骤一：预审货代提交的出口温控箱审批材料是否齐全

货代公司将这批温控箱材料交给了陆浩，材料如下：博伦海事检定事务所鉴定报告，见表 6-8；集装箱巡查记录表，见表 6-9；集装箱预配清单，见表 6-10。

表 6-8　博伦海事检定事务所鉴定报告

博伦海事检定事务所
BOLUN MARINE SURVEYORS OFFICE

中国宁波北仑明州路 197 号　　PC：315800　　Tel：(0574)-86863456,86878942

197　Mingzhou　Road, Beilun　Ningbo, China　Fax：(0574)-86863455

鉴 定 报 告

No. BL140337

Date：2014 年 4 月 14 日

委托人：×××国际货运有限公司

集装箱数量：-1TEU-　　　　　　　　箱　　型：冷藏式集装箱

拟装货物：液化 MDI　　　　　　　　运输工具：THALASSA　PISTIS　V.0770W

检验地点：中国北仑宏达堆场　　　　检验日期：2014 年 4 月 14 日

检验结果：

　　　　本事务所根据委托人的要求，派员对拟装货物的冷藏箱进行检验，适宜装载上述货物，结果如下：

箱　号	温度（摄氏）
20'TRIU6671082	+25℃

*　　*　　*　　*　　*　　*

注：1. 上述温度为箱体温度计显示的温度。

　　2. 本单有效期至 2014 年 05 月 05 日。

主任鉴定人：陈颖娜

我们已经尽所知和最大能力实施上述检验检疫鉴定，上述内容仅反映当时当地条件下检验检疫鉴定情况，不能因我们签发本证书/报告而免除卖方或其他方面根据合同和法律所承担的产品质量责任和其他责任。All inspection quarantine and survey are carried out conscientiously to the best of our knowledge and ability. This certificate does not in any respect absolve the seller and other related parties from his contractual and legal obligations especially when product quality is concerned.

表 6-9 集装箱巡查记录表

×××码头经营有限公司
温控箱巡查记录表

联系单位 ___中货___ 联系人 ___吴春安___ 联系电话 __13805872061__ 货代 __CF__
进/出口船名 __THALASSA PISTIS__ 航次 __V.0770W__ 进场时间 _____ 通电时间 _____
箱号 __TRIU6671082__ 出场时间 _____ 断电时间 _____
提单号 __COSU6090130640__ 箱型 __1×20'RF__ 恒温度 __+25℃__
允许最高温度 __+27℃__ 允许最低温度 __+23℃__

日期/时间	温度	巡查人	备注	日期/时间	温度	巡查人	备注

备注：
巡查次数：6月至9月，每2小时一次，10月至5月，每4小时一次。
货代单位签名： _____ 港区经办人签名： _____

表 6-10 集装箱预配清单

×××国际货运有限公司
集装箱预配清单

__2014__ 年 __4__ 月 __THALASSA PISTIS__ 轮 航次 __V.0770W__ 页

提单号	品名	件数	毛重	尺码	目的港	箱规格	船公司	温度	装箱地点
COSU6090130640	液化MDI	70	18060 KGS	16.8 CBM	伊斯坦布尔	1×20'RF	COSCO	25℃	

步骤二：审核单据

陆浩仔细了解这个温控箱的相关信息，这个温控箱箱号为 TRIU6671082，根据温控箱涉及的材料清单和审核要点，以及这个温控箱的提供资料，对这个温控箱的资料审核情况见表 6-11。

表 6-11 温控箱资料审核

材料名称	是否需要	验收要点	是否合格
国检集装箱检验检疫结果单	否	箱号、箱型、检验检疫专用章	
集装箱预配清单	是	船名/航次、提单号、恒温温度、箱号/箱型	是
集装箱巡查记录表	是	联系人、电话、船名/航次、箱号/箱型、提单号、三个温度（恒温温度、最高温度、最低温度）	是
博伦海事检定事务所鉴定报告	是	船名/航次、箱号/箱型、博伦章	是
集装箱适载检验记录单	否	箱号/箱型、温度，网上适载检验监管系统查询是否申报	

步骤三：审核单证无误后，做了预约

陆浩把三张单据做了具体审核后，发现都没问题，于是打开计算机开始进行预约工作。把该温控箱的相关信息输入到系统的重箱进场预约里面，如图 6-1 所示，预约确认后，打印预约凭条，见表 6-12。

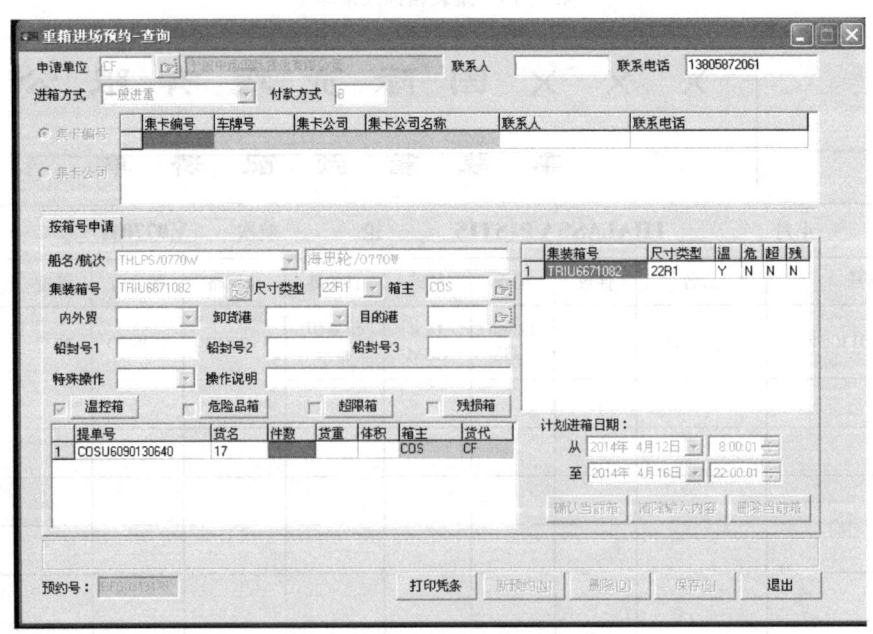

图6-1 对预约进行系统输入

表 6-12 预约受理凭条

BJ/QR-07-04								
预约受理凭条								
作业号：RFG0349475						是否现付：N		
申请单位：×××国际货运有限公司			申请人：			联系电话：13805872061		
序号	集装箱号	尺寸类型	船名/航次	温	危 超 残		进箱时间	
1	TRIU6671082	22R1	THLPS/0770W	Y	N N N	2014-04-14 15:15:51 至 2014-04-16 22:00:01		
合计：共有集装箱 1 个 其中：20ft 1 个								
提运集卡：无限制								
			受理人：WWS		受理时间：2014-4-14 15：15：46			
备注：								

步骤四：发送预约凭条，并对单据进行留底保存

陆浩将该温控箱的预约受理凭条传真给货代，并且将该温控箱的所有预约资料装订在一起，与其他单证一起整理好放档案袋中，然后放资料室，各种资料和单证都有一定的保存年限。

任务考核

任务布置：陆浩顺利地完成了温控箱的预约任务，经过学习你是否也能独立作业呢？有位客户提交了冷藏箱的相关预约材料，见表6-13~表6-15，请你完成预约业务。

表 6-13 集装箱检验检疫结果单

中华人民共和国出入境检验检疫

集装箱检验检疫结果单

编号 380100214017865

申请人：宁波港东南物流有限公司

集装箱数量：**1 个   箱型：冷藏式集装箱

拟装/装载货物：蜂王浆 鲜蜂王浆粉   运输工具：船舶

检验地点：北仑   检验日期：2014.04.01

（续）

检验检疫结果：

☐√ 箱体、箱门完好，箱号清晰，安全铭牌齐全。

☐ 箱体无有毒有害危险品标志；箱内清洁、卫生，无有毒有害残留物，且风雨密状况良好；箱内温度达到冷藏要求，符合《中华人民共和国进出口商品检验法》及其实施条例的规定。

☐ 未发现病媒生物，符合《中华人民共和国国境卫生检疫法》及其实施细则的规定。

☐ 未发现活害虫及其他有害生物，符合《中华人民共和国进出境动植物检疫法》及其实施条例的规定。

规格	集装箱号码	规格	集装箱号码	规格	集装箱号码
海运40'	EGSU5012314	*******	*******	冷藏	*******

本单有效期：截止于　2014　年　4　月　22　日

　　　　签字：×××　　　　　　　　　　日期：　　2014年　4　月　1　日

注：在适当的"☐"内划"√"，以横线划去不适当的内容。

B2625093　　　　　　　　　　　　　　　　　　　　　　　　[3-4(2000.1.1)]

表6-14　温控箱巡查记录表

×××码头经营有限公司

温控箱巡查记录表

联系单位　东南物流　　联系人　管华　　联系电话　13777127026　　货代　SEL

进/出口船名　EVER STEADY　　航次　0678W　　进场时间　　　　　　通电时间

箱号　EGSU5012314　　出场时间　　　　　　　　　　　　　断电时间

提单号　EGLV143485896986　　箱型　40'　　　　　　　恒温度　-18℃风门关闭

允许最高温度　　　　-17℃　　　　　　允许最低温度　　　　-19℃

日期/时间	温度	巡查人	备注	日期/时间	温度	巡查人	备注

备注：

　　巡查次数：6月至9月，每2小时一次；10月至5月，每4小时一次。

货代单位签名：　东南物流　　　　　港区经办人签名：

表 6-15　配载清单

×××物流有限公司　海运部配载清单												
船名：EVER　STEADY　航次：0678W　装船日期：2014-04-04　开航日期：2014-04-06　码头：北仑四期												
提单号	交货地点	船代	件数	毛重	尺码	船司	S/C	P/C	整拼箱/箱数	外编	货名
EGLV1434 85896986	JEDDAH, SAUDIARA	WY	1250 CART	17500	40	EVG	I380 872	PP	F 42RI*1	SR1NB OE1404 005	/A/C: CNA0 02512
总计	42R1		标箱数		提单数		件数		毛重		体积
	1		2		1		1250		17500KGS		40CBM
打印人：翁俊莎[wengjs]　报表时间：2014-03-28 16:02:42 WEB HY2005ADV 												

你是否完成了相应的任务呢？与表 6-16 对比一下吧。

表 6-16　任务考核表

任务名称：　温控箱预约

序　号	考核内容	配　分	考　核	考核记录	得　分
1	温控箱预约	10	预审上报材料是否齐全		
		10	材料差异的问题处理		
		20	验收要点审核		
		20	要点信息差异处理		
		20	预约信息录入		
		10	打印递交预约凭条		
		10	材料归档		
总分					

考核员签名：　　　　　　　　　　　　　　　　　　日期：

任务二　进口单证业务

任务描述

在本任务中，陆浩要根据船公司提供的信息完成船舶进口集装箱的单证业务。任务的关键是对船公司所发船图和舱单的信息进行核对和差异处理。陆浩需要在确认信息无误的基础上手工录入船图、舱单信息，形成集装箱码头船舶实配图，并将信息传递给各作业部门。

任务准备

进口单证业务指的是船舶装载的进口集装箱驶入港口之前，受理中心根据船公司提供材料核对和完善信息以及将信息发布至各作业部门的工作，目的是保证船舶顺利进港和集装箱卸船及退场存放作业，其任务的核心是保证船图、舱单等关键信息和作业要求的一致性。下文将对作业涉及的基本知识进行介绍。

一、进口单证的流程

在集装箱进口业务中，相关单证的流转单位除了集装箱码头公司外，还涉及船公司或船代、海关以及货运代理等，具体的单证流程如图 6-2 所示。

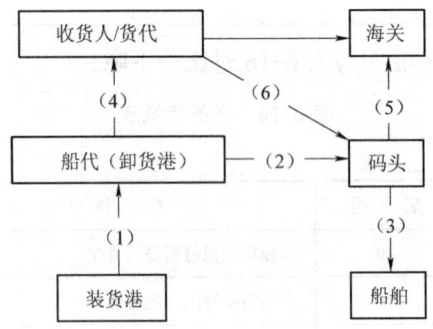

图6-2 进口单证流程

具体单证流程如下：
（1）装货港向卸货港船代提供船舶实际的配载图、舱单、特种箱清单等。
（2）卸货港船代向船舶到港码头提供除环节（1）的资料以外，还需要提供给海关船舶的舱单。
（3）卸货港码头向到港船舶提供卸船顺序单、进口船图，卸船后，外理提供外理计数单。
（4）船代向当地的货运代理或收货人提供到货通知书，凭通知书，收货人提单可换提货单。
（5）卸货港码头向海关提供堆存信息，海关进行查验监管等。
（6）货代或收货人凭设备交接单、提货单等资料，到码头提箱。

二、进口集装箱业务受理涉及的主要材料

（一）EDI 报文

EDI 是英文 Electronic Data Interchange 的缩写，中文可译为"电子数据互换"，我国港、

澳等地区称作"电子资料联通",如图 6-4 所示。它是一种在公司之间传输订单、发票等作业文件或信息的电子化手段。它通过计算机通信网络将贸易、运输、保险、银行和海关等行业信息用一种国际公认的标准格式进行转化,实现各有关部门或公司与企业之间的数据交换与处理,并完成以贸易为中心的全部过程,它是 20 世纪 80 年代发展起来的一种新颖的电子化贸易工具,是计算机、通信和现代管理技术相结合的产物。

  国际标准化组织(ISO)将 EDI 描述成"将贸易(商业)或行政事务处理按照一个公认的标准变成结构化的事务处理或信息数据格式,从计算机到计算机的电子传输"。而 ITU-T(原 CCITT)将 EDI 定义为"从计算机到计算机之间的结构化的事务数据互换"。又由于使用 EDI 可以减少甚至消除贸易过程中的纸面文件,因此 EDI 又被人们通俗地称为"无纸贸易"。从上述 EDI 定义不难看出,EDI 包含了三个方面的内容,即计算机应用、通信、网络和数据标准化。其中计算机应用是 EDI 的条件,通信环境是 EDI 应用的基础,数据标准化是 EDI 的特征。这三方面相互衔接、相互依存,构成 EDI 的基础框架。EDI 处理界面如图 6-3 所示。

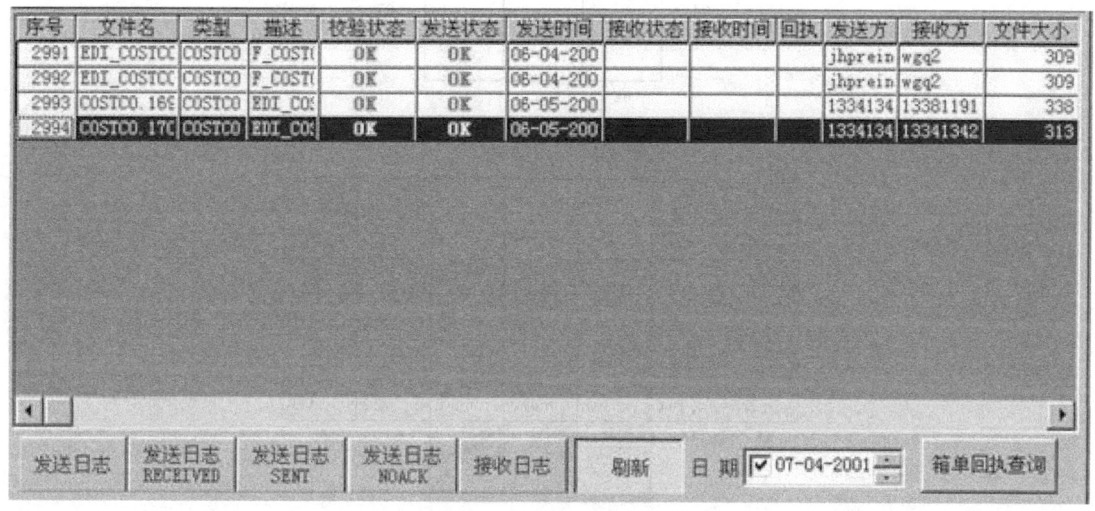

图6-3 EDI处理界面

 知识链接

宁波港 EDI 中心

  宁波港口 EDI 中心始建于 1995 年,是国家"九五"重点科技攻关项目《国际集装箱运输电子信息传输和运作系统及示范工程》的示范单位之一。EDI 中心的建成为宁波口岸的港口码头、船公司船代、集疏运场站、理货、货主及代理和监管职能部门提供了高效、便利、快捷、准确、经济的电子数据交换服务。经过多年的推广应用,EDI 应用覆盖了宁波口岸多个物流节点,网站查询、一站式服务和报文传输这三大主要服务内容也得到充分的实践。宁波港口 EDI 中心是宁波港口物流信息化建设的重要组成部分,有效地改善了宁波口岸集装箱运作环境。

（二）船图

根据前文内容可知，集装箱船的船图（见图6-4和图6-5）分为预配图、实配图和积载图三种。船公司根据订舱单编制的计划配载图称预配图或配载计划。而码头的配载人员根据预配图和码头单船作业要求，以及堆场堆垛原则进行修改后的作业图为实配图。装船结束后，外理根据实际装船情况编制的船图称为积载图。

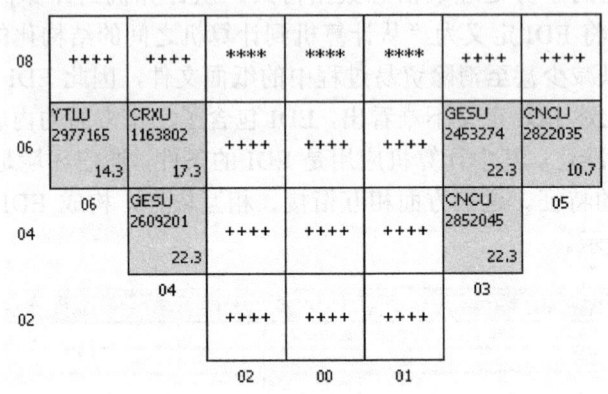

图6-4 船图（一）

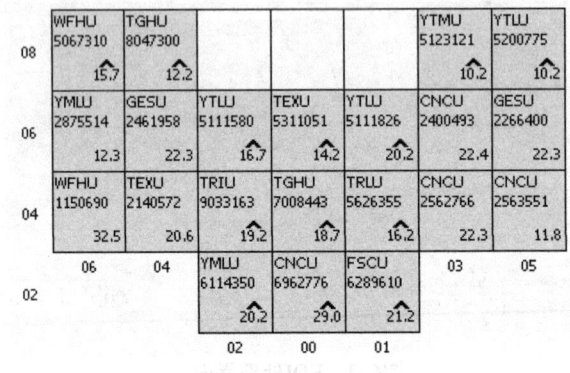

图6-5 船图（二）

在进口集装箱业务受理中，目的港也就是卸货港接收到的是进口船舶在装货港的积载图，为了便于卸货港高效无误地完成集装箱船舶装卸作业，进口业务受理中心需要将到港船舶积载图和舱单进行核对，审核船舶集装箱信息的一致性。这项工作也是对装货港外理制作船图的质量检测。

（三）舱单

进出境运输工具"舱单"（Manifest）指进出境船舶、航空器、铁路列车负责人或其代理人向海关递交的真实、准确反映运输工具所载货物情况的纸质载货清单。

集装箱船舶舱单是一份列明船舶实际载运货物的汇总清单，内容包括船名、航次、提单号、货物重量、货物体积、箱号、箱型、铅封号、危险品类别等。

进口业务受理时需要将此份材料结合船图共同审核到港船舶集装箱装载的准确性。

三、进口单证业务受理流程

在集装箱船舶进口业务受理中，大多数的国内港口采用的是船舶资料 EDI 报文的信息接收方式，而由于各种原因不能通过 EDI 接收的进口信息，采用手工录入。

（一）进口船名/航次的登记

在进行信息接收前首先要核对或登记进口船舶的航名/航次信息。如果是 EDI 接收，首先先进行计算机系统的船舶资料维护，保证登记信息和 EDI 信息的一致性；其次，EDI 报文中的船舶 UN 代码必须和船舶登记的 UN 代码一致，如不符合，需要与船公司沟通，修改信息，直至信息正确接收。

船公司和码头关于船舶信息一致后将船舶航名/航次进行登记。

（二）船图和舱单的接收和输入

1. 船图和舱单的 EDI 报文接收

对方如果是 EDI 报文发送，码头的报文管理系统会分别对传图和舱单进行接收，在接收中部分校验的错误信息会在报文记录中显示，业务员要进行恰当处理。如尺寸类型未登记、转换后尺寸类型代码未登记以及非法的尺寸类型系统会提示，通常接收窗口尺寸类型会以红色显示出来。业务员处理时非法的尺寸类型或其他字段需联系船公司（船代）重发；对于 EDI 报文公司计算机中未登记的箱主、港口或船公司发过来的代码系统不一致的，在接收前未登记的尺寸类型或箱主港口等需在代码维护中进行 EDI 代码的登记或转换。

2. 手工输入船图和舱单

如果确实是不能以 EDI 接收的进口数据，则需要手工输入，输入的主要内容是船图和舱单。具体输入的要点如下：

（1）输入船图　根据船舶集装箱积载贝位图，输入相应积载位置的集装箱箱号、尺寸类型、重量、港口、箱主及温、危、特箱的有关内容，录入过程中需仔细区分不同箱型信息，保证资料输入的准确性。

如特种箱输入一般标记为 Y；温控箱信息窗口中输入设定温度，危险品信息窗口中输入危险品等级和联合国编号。另外，中转箱和进口查验箱应当进行明显的标注。

（2）输入舱单　手工录入进口舱单分按箱号录入和按提单录入。录入的内容包括铅封号、提单号、重量、货物代码、件数、交接方式及温控箱温度、危险品类别、联合国编号、闪点、超限的尺寸等。若舱单输入时与船图不符，联系船公司或代理确认正确的信息，并进行相应的修改。

（三）船图舱单的核对

1. EDI 信息核对

接收 EDI 进口信息后，必须核对计算机中汇总的计划数量、船图、舱单内容与船公司提供的单证数据是否一致，有异则立即与发报文单位联系，修正确认。

2. 手工录入信息核对

船图舱单输入完毕后，校验两单证信息输入的一致性，有差错之处，必须查找是否录入出错，如果录入信息无误，则联系船公司、船代进行确认，直至信息更正完全。

（四）船图舱单的发送和作业部门通知

EDI报文接收和手工输入结束后向港口的数据系统进行发送，并通知堆场计划和配载等岗位，进行场地安排和工作准备。

任务实施

陆浩收到一封邮件，如图6-6所示，关于船名航次为LTUCA50/0320W的进口船舶信息。陆浩需要对这条船舶进行进口船图、舱单录入。

步骤一：进口船名/航次的登记

陆浩在进行信息接收前，首先要核对或登记进口船舶的航名/航次信息。根据意珍轮的船名、航次信息，在受理中心窗口界面输入船名/航次为LTUCA50/0320W。

步骤二：接收进口单证信息，确定信息的录入方式

陆浩收到船代发来的意珍轮进口船图和舱单信息。由于没有相关的EDI信息导入，因此要选择手工输入船图和舱单的录入方式。

步骤三：进行船图和舱单的手工录入

陆浩首先对该船进行船图录入，其中01（02）贝的箱位图如图6-7所示，进入计算机系统中的船图录入界面，如图6-8所示。陆浩首先准备录入箱位号为020402的集装箱信息。在图中1处，贝位选择01；图中2处，位置选择舱内；图中3处，尺寸选择40尺，图中4处，横坐标选择04，纵坐标选择02；在图中5处，贝、列、层会自动根据之前的选项显示出来，接着输入箱号为ZCSU8801942等信息。接着继续输入该贝位另外三个箱子的信息，用同样的方法，输入其他贝位的所有集装箱信息。

发件人：NBXG by Jessie He
发送时间：2013-09-23 12:31:35
抄件人：xx 码头受理中心；xx 码头堆场；xx 码头配载；xx 码头外理；
主题：宁波兴港"长驰轮" LTUCA50/0320W 舱单数据及船图-xx 码头
TO: xx 码头

TOTAL:
Full: 5X22GP 3X40HQ ;EMPTY:54X40HQ
特殊箱型：危险品：1X40HQ；冷藏箱：1X40HQ
舱单数据及船图见附件。

2013-09-23

Best Regards,

Jessie He

宁波兴港国际船舶代理有限公司
TEL:0574-87653709
FAX:0574-87732871

图6-6　邮件内容

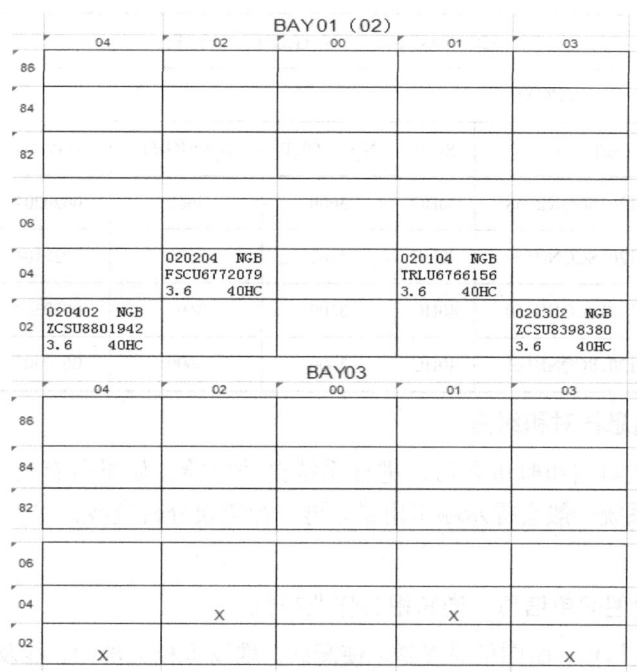

图6-7 01（02）贝的箱位图

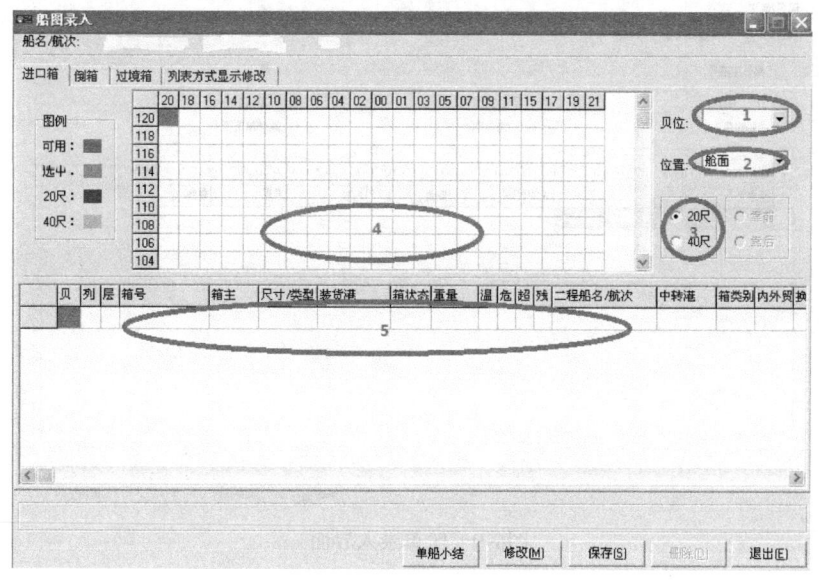

图6-8 船图录入界面

接着进行舱单数据的录入。陆浩收到舱单信息，其中01（02）贝的舱单数据见表6-17，打开计算机后，舱单录入的界面如图6-9所示。在舱单录入界面，输入集装箱号为ZCSU8801942等信息。

125

表 6-17 01（02）贝的舱单数据

CONTAINER CARGO LIST					
VESSEL:	LTUCA50				2013-09-23
CONTAINER/NO	B/L NO.	SIZE	N.WEIGHT	G.WEIGHT	STOWAGE	D/PORT
FSCU6772079	GT1201SCQNB158	40HC	3600	3600	0020204	NGB
TRLU6766156	GT1201SCQNB159	40HC	3600	3600	0020104	NGB
ZCSU8398380	GT1201SCQNB160	40HC	3600	3600	0020302	NGB
ZCSU8801942	GT1201SCQNB161	40HC	3600	3600	0020402	NGB

步骤四：进行信息核对和纠错

在计算机中输完船图和舱单之后，进行系统自动校验，如果所有信息都配对，就确认OK；如果有错误，系统一般会提示哪里出错，再进行错误分析查找，并纠正，直到没有错误提示为止。

步骤五：发送船图舱单信息，通知相关作业岗位

在计算机中进行舱单、船图信息发送，使配载、堆场等相关部门，能及时了解船舶信息，方便准备卸船作业。

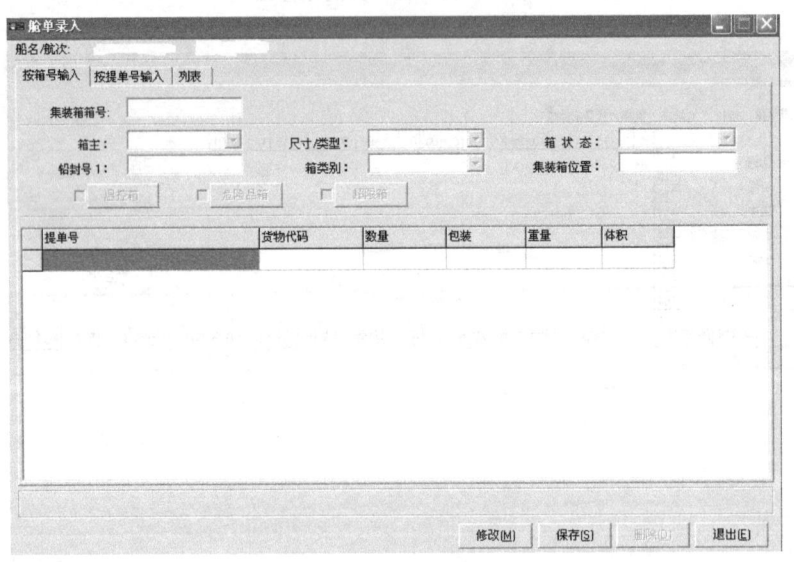

图6-9 舱单录入界面

任务考核

任务布置：同样是上述任务中航名为意珍轮航次为LTUCA50/0320W的集装箱船舶。

根据09、11贝位图（见图6-10），进行计算机系统（实训中可用教师设计的电子表格代替）中 09、11 贝位船图的录入。

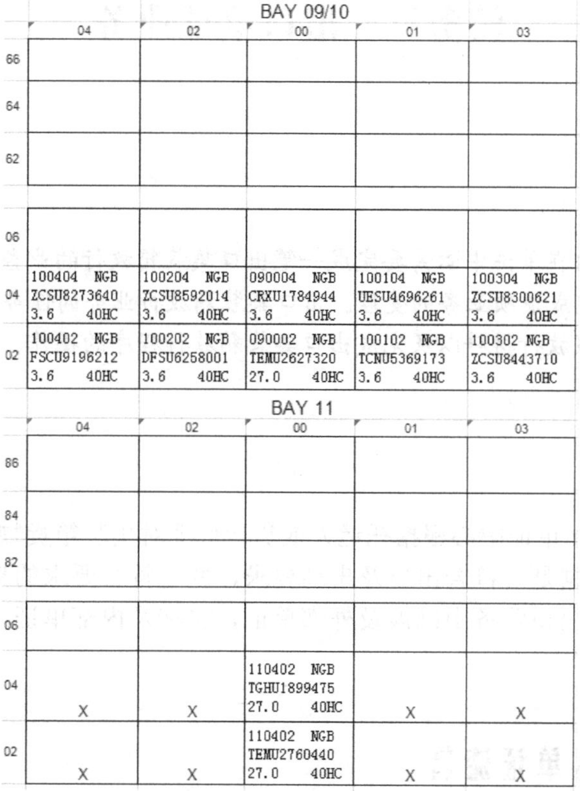

```
                    BAY 09/10
         04       02       00       01       03
    66
    64
    62

    06
         100404 NGB  100204 NGB  090004 NGB  100104 NGB  100304 NGB
    04   ZCSU8273640 ZCSU8592014 CRXU1784944 UESU4696261 ZCSU8300621
         3.6   40HC  3.6   40HC  3.6   40HC  3.6   40HC  3.6   40HC
         100402 NGB  100202 NGB  090002 NGB  100102 NGB  100302 NGB
    02   FSCU9196212 DFSU6258001 TEMU2627320 TCNU5369173 ZCSU8443710
         3.6   40HC  3.6   40HC  27.0  40HC  3.6   40HC  3.6   40HC

                     BAY 11
         04       02       00       01       03
    86
    84
    82

    06
                           110402 NGB
    04    X        X       TGHU1899475    X        X
                           27.0   40HC
                           110402 NGB
    02    X        X       TEMU2760440    X        X
                           27.0   40HC
```

图 6-10　09、11 贝位图

你是否也和陆浩一样解决了相应的问题，完成了相应的任务呢？与表 6-18 对比一下吧。

表 6-18　任务考核表

任务名称：　集装箱船舶的进口船图录入

序 号	考核内容	配 分	考 核	考核记录	得 分
1	船名/航次登记及确定信息录入方式	10	确定船名信息并录入系统		
		10	能根据报送材料确定 EDI 导入或手工信息录入		
		10	能阐述选择录入方式的理由		
2	手工信息录入	30	能进行船图和舱单手工录入		
		40	能核对及修改错误信息		
3	EDI 信息录入	70	能阐述 EDI 作业的要点		
总　分					

考核员签名：　　　　　　　　　　　　　　　　　日期：

任务三 出口单证业务

任务描述

在本节任务中陆浩在单证中心需要完成一笔出口集装箱放行的业务,根据所学业务知识和客户实际的需要,完成该项业务的受理。出口集装箱放行业务的任务实施关键是选择合理的放行方式,审核申报放行材料以及完成出口集装箱放行程序的操作。

任务准备

出口单证业务是指单证中心根据托运人或货运代理对集装箱货物、集装箱出口的实际需要,审核其相关单据是否符合出口及出港要求,并对符合要求的集装箱进行港区放行工作。集装箱码头在出口业务中既涉及外部单证,也涉及内部单证,单证种类繁多,需要手续也较多。

一、出口货运单证流转

在货物进出口过程中涉及货运、商业、金融等众多类型的往来单证或票据,在集装箱码头单证业务受理中主要的对象为货运单证,其主要的流程如图 6-11 所示。

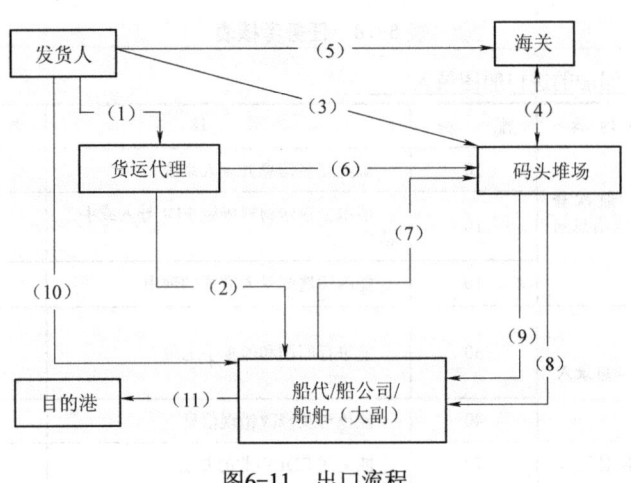

图6-11 出口流程

(1)发货人向货代提交货物委托书、委托报关书。

(2)货运代理或发货人向船代提供订舱单。订舱单是船公司或代理在接受发货人或其代理人订舱时，根据其口头或书面申请货物托运的材料而制作的用以安排货物运输的单证。

（3）发货人或货运代理向码头提交设备交接单、装箱单。

（4）堆场向海关提供堆存信息；海关反馈查验、监管信息。

（5）货代或发货人向海关提供装货单（D/R 第五联）、商业发票、出口许可证、商品说明书等。

（6）货代或发货人向码头提供装货单、大副收据、场站收据（D/R）。

（7）船代或船公司向码头提供预配清单、预配船图、危险品清单、温控箱清单、危险品货物积载申报单等。

（8）码头发送给船舶配载图、装船顺序单。

（9）码头外理向船代提供外理计数单、实际积载图。

（10）发货人或货代将场站收据、换提单发给船代。

（11）船公司或船代将实际积载图、舱单、危险品清单、温控箱清单、残损箱清单单据发给目的港。

二、出口业务审核的主要单证

出口业务中涉及运输单证主要有：集装箱货物托运单、装箱单、设备交接单、场站收据、提单、集装箱载货清单、预配船图和积载图。业务受理中心主要审核的单据是场站收据和危险品申报单据。

（一）场站收据

1．场站收据格式

场站收据又称码头收据，是集装箱码头出口业务审核的主要运输单据，见表 6-19。码头在收到场站收据并签字后，在法律责任上，表明码头对所收到的货物开始负有责任。码头与承运人、托运人之间如发生责任纠纷，场站收据是解决纠纷的原始凭证之一。

表 6-19　场站收据

场站收据			
D/R 编号（舱位号）			
SHIPPER		场站收据	第四联
CONSIGNEE			
NOTIFY PARTY			
PRE-CARRIAGE	PLACE OF RECEIPT		
OCEANVESSELVOY.NO.	PORT OF LOADING		
PORT OF DISCHARGE	PLACE OF DELIVER		
		FINAL DESTINATION FOR THE MERCHANT'S REFERENCE	

（续）

CONTAINER NO.	SEAL NO. MARKS &NOS	NO.OF CONTAINERS OR PKGS	KIND OR PACKAGE DESCRIPTION OF GOODS	GROSS WEIGHT	MEASUREMENT
TOTAL NUMBER OF CONTAINERS OR PACKAGES :					
CONTAINER NO.	SEAL NO.	PKGS.	CONTAINER NO.	SEAL NO.	PKGS.
		RECEIVED		BY TERMINAL CLERK	
FREIGHT & CHARGES	PREPAID AT：SHANGHAI	PAYABLE AT	PLACE OF LSSUE		
	TOTAL PREPAID	NO.OF ONGINAL B(S)/L	BOOKING APPROVED BY		
SERVICE TYPE ON RECEIVING ( ) CY ( ) CFS ( ) DOOR	SERVICE TYPE ON DELIVERY ( ) CY ( ) CFS ( ) DOOR	REEFER TEMPERATURE REQUIRED（冷藏温）		°F	℃
TYPE OF GOODS	( ) ORDINARY ( ) REEFER ( ) DANGEROUS ( ) AUTO ( ) LIQUID ( ) LIVE ANIMAL ( ) BULK		危险品	CLASS. PROPERTY. IMDG CODE PAGE. UN NO.	

场站收据标准格式一套共 12 联，一般是一式十联，分别为：

（1）货方留底（白联）。

（2）集装箱货物托运单（白联）。

（3）运费通知（1）（白联）。

（4）运费通知（2）（白联）。

（5）装货单——场站收据副本（白联）。

（6）场站收据副本——大幅联（粉红色联）。

（7）场站收据（淡黄色联）。

（8）货代留底（白联）。

（9）配舱回单（1）（白联）。

（10）配舱回单（2）（白联）。

2．场站收据的流转

由于海运集装箱业务的特点，场站收据的流转过程大致如下：

（1）发货人或货代制单后留下第 1 联，即货主留存联，将其余 9 联送交船代订舱签单。

（2）船代留下第 2、3、4 联，在第 5 联装货单上盖章确认订舱，将余下的几联退给货代。第 8 联货代留底。第 9～10 联由货代退给托运人作配舱回单。

（3）货代在 5～7 联填上箱号、数量，附相关证件到海关报关。

（4）海关审核认可后，在第 5 联装货单上加盖海关放行章，将 5～7 联还给货代。

（5）货代在港区配载配船前，持第 5～7 联办理放行手续，配载签收后，在第 7 联盖章后交还货代，港区留存第 5、6 联。

（6）配载员在制作预配签单后连同第 6 联，在装船前交外理，港区留第 5 联。

（7）外理校核预配清单无误后，连同第 6 联交船上大副。

具体的场站收据流转可参考图 6-12。

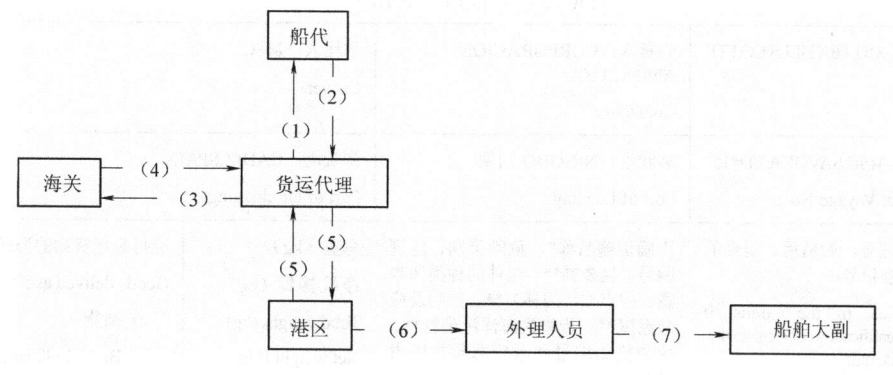

图6-12　场站收据流转图

3．港区签发场站收据应注意事项

为了保证集装箱流转的安全性和准确性，港区在签发场站收据时应本着负责任的态度格外留意。下面是港区在签发场站收据中应注意的几处事项：

（1）港区签发"场站收据"，必须经船公司委托，货代凭港区签发的"场站收据"才可向船代换取提单。

（2）验审第 5 联（装货单）上是否有海关放行章，如果发现海关未放行，港区不得签发场站收据，并且不安排集装箱装船。

（3）如果发现装货单所列箱号/铅封号、数量与单证上的有出入，不得签发场站收据。

（4）集装箱未进港区堆场不得签发场站收据。如果一份场站收据有多个集装箱，只有当所有集装箱都进场后，才可签发场站收据。

（5）应仔细核对船名/航次、卸货港，配载员在安排装船时发现和单证记录有误，港区需对此造成的损失负责。

（6）一箱多票，只有当海关放行所有的装货单后，才统一签发场站收据。

（7）如果场站收据签发后再发生倒箱/转船，需要重新报关后才能安排装船。

由于港区是实施集装箱运转的枢纽，在整个场站收据的流转过程中港区起着把关的作用，因而对于港区来说必须慎之又慎，严防出错，避免造成损失。

（二）危险货物申报单据

1．危险货物申报单

危险货物申报单是在船舶到港前，由代理送至码头的关于进出口危险货物的专用单证，分别为《船舶载运危险货物申报单》和《危险货物安全适运申报单》（见表 6-20），码头将对照船图中列明的危险品箱进行审核，确认实际进出口的危险品箱与申报单中载明的信息一致。

表 6-20 危险货物安全适运申报单

危险货物安全适运申报单（包装/固体散装危险货物）
Declaration on Safety and Fitness of Dangerous Goods
(Packaged/Solid in Bulk)

发货人：YUE XIU TEXTILES CO.LTD Shipper:	收货人：CORPORACION ANDALUZA Consignee:	承运人：MSC Carrier:	
船名和航次：MSC SAVONA/FD415 Ship's name & Voyage No.:	装卸港：NINGBO 四期 Port of Loading:	卸货港：CADIZ,SPAIN Port of Discharging:	
货物标记和编号，如适用，组件的识别符号或登记号： Marks & Nos, of the Goods, if applicable, identification or registration number(s) of the unit	正确运输名称*、危险类别、危规编号；包装类**、包件的种类和数量、闪点℃（闪杯）**、控制及应急温度**、货物为海洋污染物**、应急措施编号和医疗急救指南表号*** Proper shipping name*,IMO hazard class/ division, UN number, packaging group**, number and kind of packages, flash point (℃c.c.), control and emergency temperature**, identification of the goods as MARINE POLLUTANT**, Ems No. and MFAG Table No.***	总重（kg） 净重/净量（kg） Total weight (kg) Net weight (kg)	交付装运货物的形式： Goods delived as : □ 杂货 　　Break bulk cargo □ 成组件 　　Unitized cargo box □ 散货包装 　　Bulk packages □ 散装固体 　　Solid in bulk
	PROPER SHIPPING NAME :SODIUM PERCARBONATE COATED IMO HAZARD CLASS :5.1 UN NUMBER :3378 PACKAGING GROUP :Ⅲ NUMBER AND KIND OF PACKAGES :140BAGS EMS NO.:F-A ,S-Q G.W. :154420KGS　　　　N.W. :154000KGS B/L NO.:177CDGNMN84477 CN. :　　见附页　　　　7*20GP		组件类型： Type of unit : □ 集装箱 　　Container □ 车辆 　　Vehicle □ 罐柜 　　Portable tank □ 开敞式 　　Open □ 封闭式 　　Close
*仅使用专利商标/商品名称是不够的，如适合：(1) 应在品名前加"废弃物"；(2)"空的未经清洁含有残余物－上一次盛装物"；(3)"限量"**如需要，见《国际危规》第2卷第3.4.6款　***需要时 *Proprietary/trade names alone are not sufficient. If applicable : (1)the world "WASTE" should proceed name; (2)"EMPTY/UNCLEANED" or "RESIDUE-LAST CONTAINED";(3)"LIMITED QUANTITY" the should be added.**When required in item 3.4.6,volume 2 of the IMDG Code;***When required			如适合，在方框内画"×" Inset "×" in appropriate box
附送以下单证、资料： The following documents(s) and information are submitted: 在某种情况下，需提供特殊资料证书，详见《国际危规》第1卷第5.4.4节。 In certain circumstances special information certificates are required, see paragraph 5.4.4,volume 1 of IMDG Code.			
兹声明： 上述拟交付船舶装运的危险货物已按规定全部并准确地填写了运输名称、危规编号、分类、危险性和应急措施，需附单证齐全。包装危险货物，包装正确、质量完好；标记、标志/标牌正确、耐久。以上申报准确无误。		主管机关签注栏： Remarks by the Administratin:	

(续)

Declaration: I hereby declare that the contents of this declaration are fully and accurately described above by the proper shipping name, UN No., Class and EMS No. The goods are properly packaged, marked, labeled/ placarded and are in all respects in good condition for transport by sea.	14041282
申报人员姓名：　×××　　　申报单位签章 Declarer(signature): _____ Seal of Declaration Unit 申报人员培训备案编号：　　　2014 年　4 月　14 日 No.: ___×××××× ___　　　Year　　Month　　Date	4.14　　242
紧急联系人姓名、电话、传真、电子邮箱： Emergency Contact Person's Name, Tel, Fax and E-mail :	

此申报单一式三份，其中两份申报人留持和分送承运船舶，一份留主管机关存查。

This declaration should be made in tripartite, one is kept by the Administration for file, and two for the declarer and the ship respectively.

2．集装箱装运危险货物装箱证明书

危险货物装箱证明书是危险品集装箱装箱时由装货人填制证明危险品货物正常装箱的凭证。危险品集装箱进入码头时，承运人（集卡司机）除提交正常的单证外，须随附装箱证明书，内容包括船名/航次、目的港、箱号、危险货物品名、联合国编号、危险货物类别、包装、件数等，见表 6-21。

表 6-21　集装箱装运危险货物装箱证明

集装箱装运危险货物装箱证明书
CONTAINER PACKING CERTIFICATE

船名： Ship's Name: MSC SAVONA	航次： Voyage No.:FD415	目的港： Port of Destination: CADIZ,SPAIN
集装箱编号： Container Serial No.:	见附页	

箱内所装危险货物 Dangerous Goods Packed Therein					
正确运输名称 Proper Shipping Name of the Goods	货物类别 IMDG Code Class	危规编号 UN No.	包装类 Packing Group	件数 Package Quantity	箱数 Total Container	总重 Total Weight
碳酸钠	5.1	3378	BAGS	140	7*20	154420KGS

（续）

兹证明：装箱现场检查员已根据《国际海运危险货物规则》的要求，对上述集装箱和箱内所装危险货物及货物在箱内的积载情况进行了检查。并声明如下：	This is to certify that the above mentioned container, dangerous goods packed therein and their stowage condition have been inspected by the undersigned packing inspector according to the provisions of INTERNATIONAL MARTITIME DANGEROUS GOODS CODE and to declare that:
1. 集装箱清洁、干燥、外观上适合装货。	1. This container was clean, dry and apparently fit to receive the goods.
2. 如果托运货物中包括除第1.4类外的第1类货物，集装箱在结构上符合《国际危规》第1卷第7.4.6节的规定。	2. If the consignments includes goods of class 1 except division 1.4, the container is structurally serviceable in conformity with section 7.4.6, volume 1 of the IMDG Code.
3. 集装箱内未装有不相容的物质，除经有关主管机关按第1卷第7.2.2.3节的规定批准者外。	3. No incompatible goods have been packed into container, unless approved by the competent authority concerned in accordance with section 7.2.2.3, volume 1 of the IMDG Code.
4. 所有包件均已经过外观破损检查，装箱的包件完好无损。	4. All packages have been externally inspected for damage, and only sound package have been packed.
5. 所有包件装箱正确，衬垫、加固合理。	5. All packages have been properly packed in container and secured, dunnaged.
6. 当散装危险货物装入集装箱时，货物已均匀地分布在集装箱内。	6. When dangerous goods are transported in bulk, the cargo has been evenly distributed in the container.
7. 集装箱和所装入的包件均已正确地加以标记、标志和标牌。	7. The container and packages therein are properly marked, labelled and placarded.
8. 当将固体二氧化碳（干冰）用于冷却目的时，在集装箱外部门端明显处已显示标记或标志。 注明："内有危险气体—二氧化碳（干冰），进入之前务必彻底通风。"	8. When solid carbon dioxide (dry ice) is used for cooling purpose, the container is externally marked or labelled in a conspicuous place at the door and, with the words: "DANGEROUS CO_2-GAS (DRY ICE) INSIDE, VENTILATE THOROUGHLY BEFORE ENTERING".
9. 对集装箱内所装的每票危险货物，已经收到根据《国际危装》第1卷第5.4.1节所要求的危险货物申报单。	9. The dangerous goods declaration required in subsection 5.4.1, volume 1 of the IMDG Code has been received for each dangerous goods consignment packed in the container.
以上各项准确无误。	
装箱现场检查员签字：张华 Signature of packing inspector:	That all stated above are correct.
	检查地点： Place of Inspection:
装箱现场检查员证书编号：29-072060 No. of certificate of packing inspector:	装箱单位（公章）： Packing unit(seal):
装箱日期：2014.4.13 Date of packing:	签发日期：2014.4.13 Date of Issue:

紧急联系人姓名、电话、传真、电子邮箱：
Emergency Contact Person's Name, Tel, Fax and E-mail:

此证明书应由装箱现场检查员填写一式两份，一份于集装箱装船三天前向海事主管机关提交，另一份应在办理集装箱移交时交承人。

Two copies of the certificate should be filled by the packing inspector. One should be submitted to Maritime Safety Administration three days prior to shipment and the other should be given to the carrier on container delivery.

中华人民共和国海事局监制

三、集装箱出口单证业务流程

受理中心的出口业务主要包括了截单期的制定、出口单证审核及放行、转船/转港业务、退关、船货核查等。在众多业务中出口单证审核和放行是出口业务的主要业务和核心业务,其他业务均是在此基础之上的拓展和延续。

出口单证业务审核和放行可以分为无纸化放行和纸面放行,具体的业务要点如下:

知识链接

无纸化通关

早在2001年,"无纸通关"的理念就已经在我国海关系统提出。2002年的全国海关关长会议将无纸通关试点工作列为海关重点工作。2004年明确提出了"积极推广无纸通关"的要求,并规划了"建立全国海关统一规范的电子化通关作业流程和普遍适用的全程无纸化通关作业模式"的蓝图。2012年8月1日,海关总署宣布正式启动"通关无纸化"试点推广工作。

无纸通关依托海关H2000作业系统,以企业联网申报、海关电子数据审核、电子信息验放的方式,对不涉证税的进出口货物,由企业登录中国电子口岸,选择无纸报关方式申报,海关计算机系统审核申报的合法性和有效性,对符合条件的发送信息给口岸海关验放,不符合条件的由审单中心进行人工专业审单,审核无误的按无纸通道发送信息给口岸海关验放。对通过无纸通道放行的,企业凭海关通知回执等随附单证在口岸海关办理放行。无纸通关改革改变了验核纸面单证的传统模式,实现了海关申报手续前伸,现场纸质单证审核环节后移,接单审核手续简化,通关现场"瓶颈"压力减少,企业24h上网申报,部分资信良好企业低风险报关单直接验放,可谓是一举多得。

(一)无纸化放行

1. 企业网上无纸化通关申报成功,货运代理提供放行材料

企业在网上进行无纸化通关申报成功后,货代在要求放行时应当向码头的单证业务受理中心提供经海关审核的《出口检查/放行通知书》及场站收据。

2. 单据及相关材料审核

业务员拿到材料后需要进行严格审核,主要有:

(1)《出口检查/放行通知书》上的"经营单位"必须与海关提供的"无纸通关试点企业名单"对应,如该企业不在海关提供的名单中,一律不得放行。

（2）《出口检查/放行通知书》如无海关更改章，则不得更改。
（3）通知书上的船名/航次、提单号、箱号则必须与码头计算机数据一致。
（4）《出口检查/放行通知书》必须加盖有报关单位的印章。
（5）无纸化放行场站收据无需海关放行章，但需要货代的费用章。

（二）纸面放行

纸面放行又分为：正常场站收据放行、中转箱放行、退运箱放行、错运箱放行、出口集装箱换船放行等。

1．场站收据放行

正常的场站收据放行的对象有：出口查验集装箱、上航次退关本航次出运集装箱、外贸空箱。主要的业务要点如下：

（1）正常放行需要审核单证是海关敲骑缝章的场站收据副本（第五联），如货代提供盖有同样印章的其他联副本，也可放行，但是要督促货代在放行后提供第五联。另外，场站收据上应当有清楚、有效的费用结算章。

（2）出口查验箱放行，场站收据可以用复印件，但是上面的海关章必须为正本章。

（3）上航次退关集装箱的出运，客户凭加盖海关章的原船名/航次的场站收据以及盖有海关验讫章的"改船申请单"放行。

（4）外贸空箱放行单证也是场站收据副本，有海关放行章，无费用结算章。

2．其他放行

（1）内支线中转箱、错运箱放行，由船代或船公司提供海关敲章的《进出口中转通知书》放行。错运箱还需船代或船公司提供海关盖章的《进出口中转通知书》。

（2）进口集装箱出口换船放行由船公司提供海关盖验讫章并签字批注同意换船的申请和《换装船清单》放行。

 **任务实施**

放行员把需要放行的资料递交给陆浩，陆浩开始对这些资料进行审核，做出口放行作业。箱号为 GLDU7516068 的放行作业步骤如下：

步骤一：接受业务报送材料，选择合理的放行方式

根据放行员递交上来的资料（见表 6-22、表 6-23）可知，这个需要放行的集装箱箱号为 GLDU7516068，根据提供的材料《通关无纸化出口放行通知书》（见表 6-22），初步确定本次放行方式为无纸化放行。

表 6-22 通关无纸化出口放行通知书

通关无纸化出口放行通知书

宁波×××××邮箱公司：

你单位××的货物（报关单号×××）于 2014-04-15 通过通关无纸化运行，请及时办理××海关手续。

特此通知

宁海××海关
2014 年 04 月 16 日

预录入编号：×××××××　　海关编号：××××××××××

出口口岸 北仑海关		备案号		出口日期		申报日期
经营单位		运输方式		运输工具名称		提运单号
发货单位		贸易方式 一般贸易		征免性质 一般征税		结汇方式
许可证号		运抵国（地区）		指运港		境内货源地
批准文号		成交方式		运费		保费		杂费
合同协议号		件数		包装种类		毛重（kg）		净重（kg）
集装箱号		随附单据				生产厂家
项号	商品编号	商品名称、规格型号	数量及单位	最终目的国	单价	总价	币制	征免

兹声明，以上通知由我公司××××打印，保证准确无误。

宁波×××有限公司
2014 年 04 月 16 日

表 6-23 场站收据第五联

Shipper		D/P No:	××物流	第五联
			码头：四期码头 截关时间：2014-04-17 18:00 货主编号：＿＿＿＿＿ HW No.:1411392	
Consignee			装货单 场站收据副本	
Notify Party				
Pre-carriage by	Place of Receipt			
Vessel	Voy.No.	Port of Loading		
Port of Discharge	Place of Delivery	Final Destination for the Merchant's Reference		
Container No.	Marks&Nos	Nos. Kinds of Packages	Description of Goods	Gross Weight(kg)	Measurements(m^3)

（盖章：×××物流股份有限公司 DSYD 港口费用结算章）

Total Number of Containers of Packages(In Words)

Freight & Charges	Revenue Tons	RATE	Prepaid	Collect

Service Type on Receiving	Service Type on Delivery	提单签发：
可否转船：	可否分批：	
装期：	效期：	
金额：		
制单日期：		

步骤二：审核放行申报材料

根据无纸化放行的审核要点，对该集装箱的单据进行审核。

（1）审核《出口检查/放行通知书》上的"经营单位"是否与海关提供的"无纸通关试点企业名单"对应，经审核，该企业在海关提供的名单中，符合要求。"无纸通关试点企业名单"在通关无纸化签约系统中可查询，如图6-13所示。

（2）审核《出口检查/放行通知书》是否有更改，经审核，放行通知书非常干净，没有任何更改，符合要求。

（3）审核通知书上的船名/航次、提单号、箱号是否与码头系统数据一致，经审核完全一致。

图6-13　通关无纸化签约系统

（4）审核《出口检查/放行通知书》是否加盖有报关单位的印章，经审核该单据确实有报关单位印章，符合要求。

（5）审核无纸化放行场站收据是否有货代的费用章，经审核有，符合要求。

步骤三：放行

在审核资料中，有任何一处不符合，都不允许放行，受理中心人员必须要跟放行员说明原因，提供指导。如果一切审核都通过，在计算机上进行放行工作，放行界面如图6-14所示，经确认后，放行界面如图6-15所示。

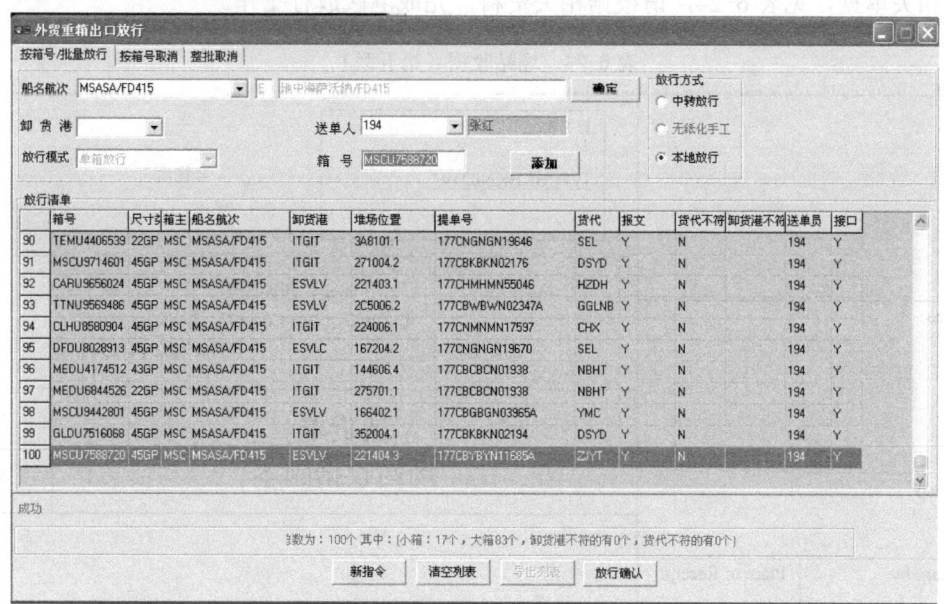

图6-14　港口放行界面

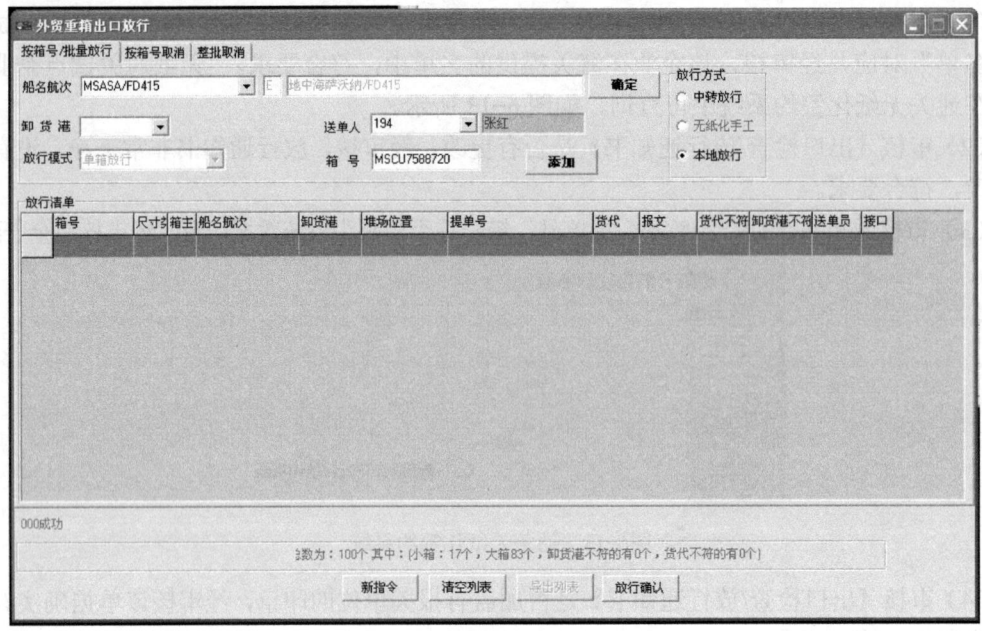

图6-15 港口放行确认后界面

任务考核

任务布置：经过师傅审核，陆浩达到了预期的要求。这时候又有个客户提交了要求港区放行的相关单据，见表 6-24，请根据相关资料，完成港区放行工作。

表 6-24 场站收据（第五联）

Shipper	D/P No.: 177CBKBKN02194	××物流	
Consignee	码头：四期码头 截关时间：2014-04-17 18:00 货主编号：_____ HW No.: 1411392		
Notify Party	装货单 场站收据副本		第五联
Pre-carriage by	Place of Receipt		
Vessel	Voy.No.	Port of Loading	
Port of Discharge	Place of Delivery	Final Destination for the Merchant's Reference	

（续）

Container No.	Marks&Nos	Nos. Kinds of Packages	Description of Goods	Gross Weight(kg)	Measurements(m^3)
Total Number of Containers of Packages(In Words)					
Freight & Charges　　Revenue Tons　　RATE　　Prepaid　　Collect					
Service Type on Receiving		Service Type on Delivery		提单签发：	
可否转船：		可否分批：				
装期：		效期：				
金额：					
制单日期：					

你是否解决了相应的问题和完成了相应的任务呢？与表 6-25 对比一下吧。

表 6-25　任务考核表

任务名称：　集装箱港区放行

序　号	考核内容	配　分	考　核	考核记录	得　分
1	选择合理的放行方式	20	能选择合理的方行方式		
		20	能说明选择该方式的理由		
2.1	无纸化放行	30	能按照要求审核放行材料		
		30	能完成系统放行工作		
2.2	纸面放行	20	能根据报送材料选择纸面放行工作的类型		
		20	能完成放行申报材料的审核		
		20	完成纸面放行工作		
总　分					

考核员签名：　　　　　　　　　　　　　　日期：

项目七　闸口作业

Project 7

情景创设

"小陆,这就是你这个月实习的地方了——闸口(见图7-1)。看见了吧?那些集卡车都是等着要进闸的。他们装运集装箱进闸口,到堆场卸箱。那些空的集卡呢,从堆场提取重箱出闸口,运往各自想去的地方。"跟着班长刘师傅,陆浩一脸兴奋,他将作为闸口作业人员进行实习。"其实闸口的工作还是很简单的,认真点,一个月你就会了。闸口的业务分为四类,进重、进空、提重、提空,不过进空、提空多是我们内部调运比较多,而且程序简单一些。你学会了进重和提重,其他两种自然就会了。进重就是集卡车到了,你进行进闸验箱,没问题的集装箱,我们与集卡办理相关单据的核对,核对无误收取规定的费用,记得每个集装箱的资料以及付运资料都必须输入系统,以备查询。最后,记得以书面形式告知集卡车司机具体的集装箱交接点。"刘师傅总结道。"刘师傅,我们的闸口都智能化了,比以前可是轻松不少吧?"陆浩问刘师傅。"是啊,我们这儿算是上智能闸口比较早的,晚些我也带你去非智能闸口看看,速度比较慢,出错率还高,科技还真是日新月异啊,再想想当年,就觉得现在幸福了。"

想一想:

1. 用你的话来说一说什么是闸口。
2. 码头的进闸作业包含哪几部分?

图7-1　闸口

项目分析

陆浩的师傅为了帮助陆浩更好地理解闸口作业岗位的工作,编制了一个学习计划表(见表 7-1)。

表 7-1　船舶计划项目分析表

工 作 项 目	工 作 任 务	工 作 目 标
闸口作业	重箱进场	能完成出口箱进闸验箱
	提运重箱	能够完成重箱提运工作

任务一　重箱进场

任务描述

毛师傅收到了集装箱 MSCU8667418 已经填写完毕的设备交接单和装箱单。陆浩要为毛师傅办理智能闸口一般重箱进场业务,请认真做好闸口工作人员的工作职责。

任务准备

一、闸口

(一)闸口的概念

闸口是进出集装箱和各种运输机械的出入口,是区分码头内外责任和交接相关资料的地点。

(二)闸口的功能

(1)货柜车辆进出码头的通道。
(2)码头、拖车进行货柜交接,划分责任的交接点。

(3）向货车司机、货主提供支持性服务。
(4）集装箱进出码头的移动操作，以及这些操作的记录。
(5）进出堆场的交通控制。
(6）集装箱资料与付运资料的归类、整理。

二、集装箱码头智能闸口

（一）智能闸口概述

集装箱码头智能闸口应用多种成熟的技术，包括无线射频识别技术、光学字符识别技术、传感技术、视频监控技术、自动称重技术等，与码头的业务系统进行结合，使得进出港口集装箱实现自动识别车号、箱号、ISO 代码、残损信息的采集，自动判断海关放行信息，自动抬杆、自动读音行车指南，实现闸口的自动化控制，进出闸口车辆不停车，加快闸口的通行速度。

（二）智能闸口的构成

根据码头功能、码头布局、采用技术、业务流程等的不同，集装箱码头智能闸口的组成会存在一定的差异，大致包含以下几个功能模块：门控、车号识别、残损识别、箱号识别、引导、称重、数据交换、后台处理等。

三、重箱进场

重箱进场包括一般进重、预约后进重、转码头箱进重、CFS 进重、海铁联运进重等，本文重点讲解一般进重（下文提到的重箱进重，即指一般进重）。

一般进重，即出口重箱进场，需持有效装箱单和进场设备交接单。进重时应严格审核装箱单和设备交接单，保证单据的一致性，进闸口时仔细检查实际箱体的信息是否与预录入信息一致，否则要在缓冲区进一步处理后，才能视情况判断是否进重。

四、重箱进场涉及的单证

（一）设备交接单

设备交接单（见表 7-2）是集装箱进出港口、场站时用箱人或运箱人或其代理人之间交接集装箱的凭证。

表 7-2 设备交接单

集装箱发放/设备交接单 EQUIPMENT INTERCHANGE RECEIPT			出口 NO.: 00831467	
用箱人/运箱人（CONTAINER USER/HAULIER） 浙江××公司		提箱地点（PLACE OF DELIVERY） JFDC		
来自地点（WHERE FROM）		返回/收箱地点（PLACE OF RETURN） ××堆场		
船名/航次 （VESSEL/VOYAGE NO.） MSC PINA/FJ416	集装箱号 （CONTAINER NO.） MSCU8667418	尺寸/类型 （SIZE/TYPE） 40HC		营运人 （CNTR.OPTR.） MSC
提单号（B/L NO.） 177UNZNZN38791A	铅封号（SEAL NO.） S133012	免费期限（FREE TIME PERIOD） 10		运载工具牌号 （TRUCK,WAGON,BARGE NO.） XA0
出场目的/状态 （PPS OF GATE-OUT/STATUS） 装箱	进场目的/状态（PPS OF GATE-IN/ STATUS）		进场日期（TIME-IN）	
进场检查记录（INSPECTION AT THE TIME OF INTERCHANGE）				
普通集装箱 （GP CONTAINER） 正常（SOUND） 异常（DEFECTIVE）	冷藏集装箱 （RF CONTAINER） 正常（SOUND） 异常（DEFECTIVE）	特种集装箱 （SPECIAL CONTAINER） 正常（SOUND） 异常（DEFECTIVE）		发动机（GEN SET） 正常（SOUND） 异常（DEFECTIVE）
损坏记录及代号（DAMAGE&CODE） BR 破损（BROKEN） D 凹损（DENT） M 丢失（MISSING） DR 污箱（DIRTY） DL 危标（DG LABEL） 无				
左侧（LEFT SIDE） 右侧（RIGHT SIDE） 前部（FRONT） 集装箱内部（CONTAINER INSIDE） 顶部（TOP） 底部（FLOOR BASE） 箱门（REAR）		如有异状，请注明程度及尺寸（REMARK） 司机务必确认箱体完好清洁并签单		
除列明者外，集装箱及集装箱设备交接时完好无损，铅封完整无误 AINER/ASSOCIATED EQUIPMENT INTERCHANGED IN SOUND CONDITION AND SEAL INTACT UNLESS OTHER				
用箱人/运箱人签署 （CONTAINER USER/HAULIER'S SIGNATURE）		码头/堆场值班员签署 （TERMINAL/DEPOT CLERK'S SIGNATURE）		

设备交接单分进场（IN）和出场（OUT）两种。这两种设备交接单大致相同，共6联，进出各有3联，分别为管箱人（船公司、船代）联、码头（堆场）联、用箱人（运箱人）联。

设备交接单的作用如下：

（1）对集装箱进行跟踪管理的依据。

（2）作为用箱人或其代理向港站办理提取、交接或回送集装箱的依据。

（3）划分箱体在使用过程中的损坏责任的依据。

（二）装箱单

装箱单（见表 7-3）是记录每个集装箱内所装货物名称、数量、尺码、重量、标志和箱内货物积载情况的单证。对于特殊货物还应加注特定要求。

表 7-3 装箱单

装 箱 单 CONTAINER LOAD PLAN							集装箱号 Cntr No.	MSCU8667418
							铅封号 Seal No.	S133012
船名 Vessel	MSC PINA	船次 Voy	V.FJ416	目的港 Destination	TYO		集装箱规格 Cntr Type	45G1
提单号 B/L No.	标记和号码 Marks& Numbers	件数及包装种类 No.&Kind of Pkgs	货名 Description of Goods	毛重 G.W(KGS)		整箱重 Container G.W(KGS)	尺码（立方米）Measurement Cu.M.	收货人及通知人 Consignees & Notify Party
177UNZN ZNN38791A		868CARTONS		17431.2KGS			61.97CBM	
177UNZN ZN38791B		110CARTONS		1490KGS			0.78CBM	
装箱地点 Loading Spot		装箱日期 Loading Date				发货人 Shipper		

集装箱装箱单每一个集装箱一份，一式五联，其中：码头、船代、承运人各一联，发货人、装箱人两联。

装箱单的作用如下：

（1）是发货人向承运人提供集装箱内所装货物的明细清单。

（2）是在装箱地向海关申报货物出口的单据，也是集装箱船舶进出口报关时向海关提交的载货清单的补充资料。

（3）作为发货人、集装箱货运站、集装箱码头之间的货物交接单。

（4）是集装箱装、卸两港编制装、卸船计划的依据。

（5）是集装箱船计算船舶吃水和稳性的基本数据来源。

（6）在卸箱地作为办理集装箱报税运输手续和拆箱作业的重要单证。

（7）当发生货损时，是处理索赔事故的原始依据之一。

 **任务实施**

陆浩跟着班长先来到了港区内的智能闸口，班长让陆浩一会随行集卡毛师傅，与工作人员一起为毛师傅办理智能闸口重箱 MSCU8667418 进场业务，总结集装箱重箱 MSCU8667418 进堆场的过程与要点。

步骤一：审核设备交接单、装箱单的有效性，输入系统

毛师傅在进闸口之前，走进了预录入中心，把手中的装箱单、设备交接单给了工作人员。

工作人员对两份单证进行仔细的核对。尤其是：船名/航次（船名/航次要在系统里面有备注，并且最近有船期安排）、中转港（要完全按照箱单上输入，并且中转港在港区有备注）、箱号、箱型（如果是特殊箱，必须做好备注）、封号、提单号、重量等。审核无误，工作人员将装箱单的数据输入系统（见图7-2）。

图7-2 录入界面

 小贴士

常见的进重方式还有预约进重。预约进重同一般进重，但因事先已在受理中心做过预约，需持预约凭条。一般温控箱、危险品箱、超限箱、冷代干箱、直装箱、暂收箱、提前延迟进重等情况下需预约进重。操作流程与普通进重基本一致，只是需要提供装箱单、设备交接单外的各类业务的单证。例如，温控箱需要提供温控箱巡查记录表。

问题思考：
1. 若发现船名/航次、中转港不一致怎么办？
2. 若提单号、重量有更改或错误，怎么解决？

步骤二：打印预录入凭条与设备交接单装订后交还司机

工作人员打印预录入凭条（见图7-3）与设备交接单，两者装订后交给陆浩与毛师傅，他俩拿到预录入凭条后，出发去智能闸口继续进场业务。

```
××港装箱单录入系统作业凭条
电子装箱单编号：NPEDI——0013341122
箱号：MSCU8667418    箱型尺寸：45G1
始发码头：××码头
船名/航次：MSC PINA/FJ416
卸港：USLGS——利文斯顿
铅封号：S1330122
箱主：MSC——地中海航运
货代：MZ——浙江××公司
提单信息：
提单号              件数       重量（kg）
177UNZNZN38791A     868        17431
177UNZNZN38791B     110        1490
总体积（立方米）：61.7
操作人：××
操作时间：2014-04-17  13:50:45
```

图7-3　预录入凭条

步骤三：外理PDA铅封校验

陆浩看到智能闸口入口处，有一名外理已经在那等候，他观察铅封是否完好，并通过手持终端输入实际箱号MSCU8667418，检查铅封号与数据库（即在预录入点录入的装箱单）信息是否一致，发现数据一致则确认。他告诉陆浩，如果在这一环节发现铅封号不一致，则输入新铅封号（见图7-4）至数据库就可以了。

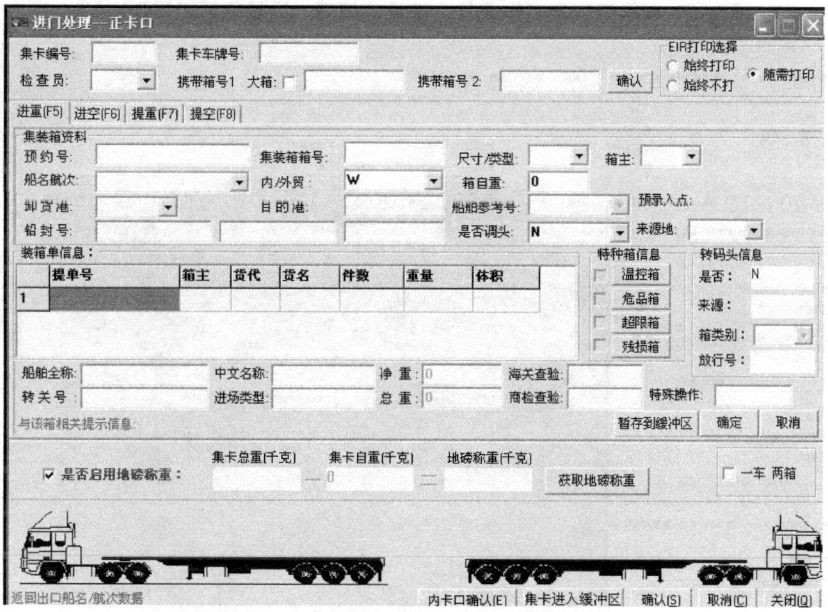

图7-4　输入铅封号

步骤四：智能闸口自动识别集卡RFID卡、箱号，地磅称重

智能闸口待集卡进闸口时，地磅（见图7-5）称取重量，系统自动识别RFID卡内的集卡港区作业号。工作人员告诉陆浩，也有识读不出RFID卡的情况，那么根据你看到的集卡作业号直接输入系统就行，智能闸口在此环节现场读取箱号、箱型（见图7-6），并审核与预

录入信息的箱号、箱型是否相符（见图7-7）。若地磅显示重量与预录入信息存在较大差距，就让集卡进缓冲区处理，补交一定的费用。

图7-5　智能闸口地磅

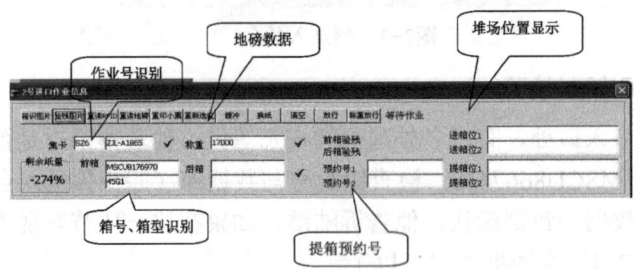

图7-6　智能闸口集卡作业号、箱号、箱型、进场位显示界面

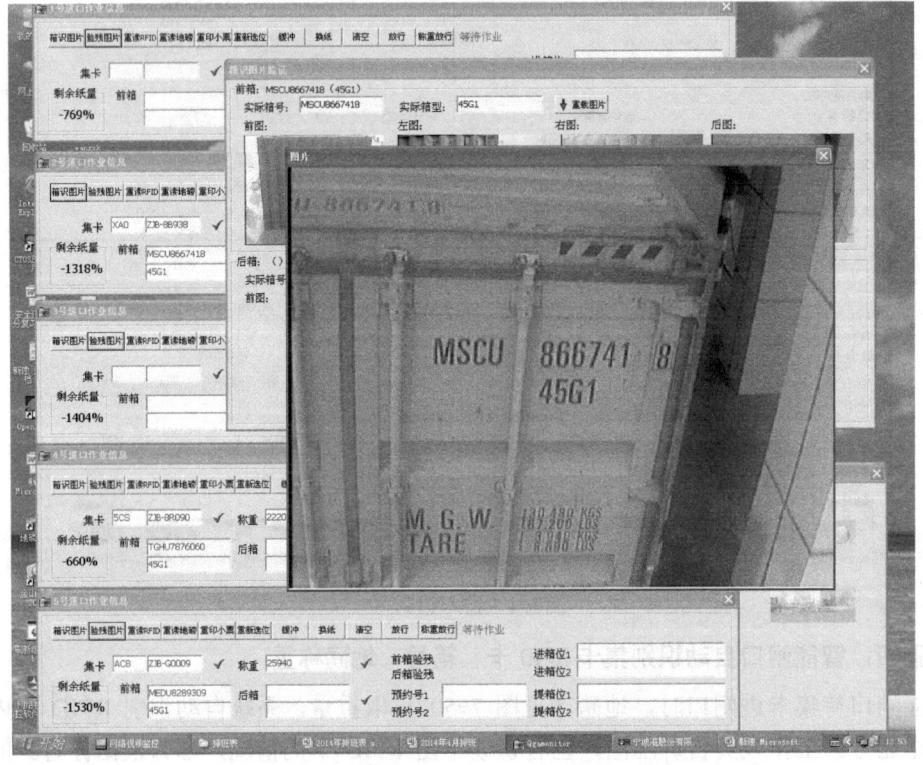

图7-7　智能闸口集卡作业号、箱号、箱型识别、核对

问题思考：
1. 集装箱的箱号以哪个面的箱号为准？
2. 若看不清集装箱的箱号时，应如何处理？
3. 若进闸口时未及时检测出箱号错误，后续会发生什么麻烦？
4. 若进闸口时未及时检测出箱型错误，后续会发生什么麻烦？

步骤五：残损摄像、识别

智能闸口的摄像头（见图 7-8）多角度拍摄集装箱各个面的照片，检查箱体各个面是否有破损，箱体外表面应具有的附件是否齐全，箱门是否均安全关好，若有残损，立即做好残损记录（见图 7-9）。工作人员告诉小陆，有时会遇到残损状况模糊的情况，这个时候要将残损确认到系统中，然后通知集卡司机去缓冲区处理（见图 7-10），由核箱人员到现场确认后在设备交接单上做好记录即可。

问题思考：
若进闸时未及时检测出残损，后续会发生什么麻烦？

图7-8 智能闸口摄像头

图7-9 智能闸口验残照片

图7-10 缓冲区作业

步骤六：堆场位置确认，打印行车指南

智能闸口根据堆场计划计算出该集装箱进场位，陆浩按下人机一体柜的"结束"按钮（见图7-11），获取行车指南后进场。

图7-11 人机一体柜

步骤七：集卡作业完成，闸口办理交接手续

办理完业务，陆浩跟着毛师傅出闸口，出门业务人员收取了设备交接单、预录入凭条、行车指南，核对无误收齐单证后放行。

小贴士

进口空箱进场，与一般进重相比，必须事先做好预约，凭借进场设备交接单、预约凭条进行后续作业。操作时主要核对预约凭条、设备交接单与系统中的船名/航次、箱主。

任务考核

从闸口出来，陆浩要接受班长的考核，他总结了重箱进场的要点：

（1）箱号要正确，单据上的箱号要跟实际箱号一致。

（2）装箱单上的船名/航次要跟设备交接单上一致，并且这个船名/航次要在系统里面有备注，且最近有船期安排。

（3）中转港必须正确，要完全按照装箱单输入，并且中转港在港区有备注。

（4）如果是特殊箱，必须做好备注。

（5）要获取地磅重量，不能忘记，重量差别过大，会造成很大损失。

陆浩跟着毛师傅，感受了重箱进场的整个过程。请根据表7-4、表7-5两张单据帮陆浩一起完成智能闸口重箱进场，填写系统资料，并一起来归纳、绘制智能闸口重箱进场的流程图。并且考虑当其中任意一步出现异常时，如何处理？毛师傅将依据任务考核表（见表7-6）对陆浩进行考评。

表7-4 装箱单

装 箱 单 CONTAINER LOAD PLAN					集装箱号 Cntr No.	MSCU9987360
船名 Vessel	MSC PALRRMO	船次 Voy	409R	目的港 Destination	TYO	铅封号 Seal No.	S244017
						集装箱规格 Cntr Type	40'HC
提单号 B/L No.	标记和号码 Marks&Numbers	件数及包装种类 No.&Kind of Pkgs	货名 Description of Goods	毛重 G.W(KGS)	整箱重 Container G.W(KGS)	尺码（立方米）Measurement Cu.M.	收货人及通知人 Consignees & Notify Party
MSCULA548266		110CARTONS		200KGS		0.78CBM	
装箱地点 Loading Spot		装箱日期 Loading Date			发货人 Shipper		

表7-5 设备交接单

集装箱发放/设备交接单 EQUIPMENT INTERCHANGE RECEIPT		出口 NO.：00831468	
用箱人/运箱人（CONTAINER USER/HAULIER）浙江××公司		提箱地点（PLACE OF DELIVERY）JFDC	
来自地点（WHERE FROM）		返回/收箱地点（PLACE OF RETURN）××堆场	
船名/航次（VESSEL/VOYAGE NO.）MSC PALRRMO/409R		尺寸/类型（SIZE/TYPE）40HC	营运人（CNTR.OPTR.）MSC
提单号（B/L NO.）MSCULA548266	铅封号（SEAL NO.）S244017	免费期限（FREE TIME PERIOD）10	运载工具牌号（TRUCK,WAGON,BARGE NO.）NFK
出场目的/状态（PPS OF GATE-OUT/STATUS）装箱	进场目的/状态（PPS OF GATE-IN/STATUS）		进场日期（TIME-IN）
进场检查记录（INSPECTION AT THE TIME OF INTERCHANGE）			
普通集装箱（GP CONTAINER）	冷藏集装箱（RF CONTAINER）	特种集装箱（SPECIAL CONTAINER）	发动机（GEN SET）
正常（SOUND）异常（DEFECTIVE）	正常（SOUND）异常（DEFECTIVE）	正常（SOUND）异常（DEFECTIVE）	正常（SOUND）异常（DEFECTIVE）
损坏记录及代号（DAMAGE&CODE）BR 破损（BROKEN） D 凹损（DENT） M 丢失（MISSING） DR 污箱（DIRTY） DL 危标（DG LABEL）无			
左侧（LEFT SIDE） 右侧（RIGHT SIDE）前部（FRONT） 集装箱内部（CONTAINER INSIDE）顶部（TOP） 底部（FLOOR BASE） 箱门（REAR）			如有异状，请注明程度及尺寸（REMARK）司机务必确认箱体完好清洁并签单
除列明者外，集装箱及集装箱设备交接时完好无损，铅封完整无误 AINER/ASSOCIATED EQUIPMENT INTERCHANGED IN SOUND CONDITION AND SEAL INTACT UNLESS OTHER			
用箱人/运箱人签署（CONTAINER USER/HAULIER'S SIGNATURE）			码头/堆场值班员签署（TERMINAL/DEPOT CLERK'S SIGNATURE）

表 7-6 任务考核表

任务名称：重箱进场

考核内容	配 分	考 核	考核记录	得 分
实践考核（100）	10	1. 审核装箱单		
	10	2. 审核设备交接单		
	30	3. 填制闸口系统		
	50	4. 绘制智能闸口作业流程图		
总 分				

考核员签名：   日期：

任务二 提 运 重 箱

任务描述

体验完重箱进场业务，接下来毛师傅将要去完成提运重箱的业务，陆浩被班长派去与工作人员一起为毛师傅办理提运重箱业务，请跟随陆浩来为毛师傅提供服务吧！

任务准备

一、提运重箱的内涵

提运重箱包括一般提重、转关箱提重、退关箱提重、转码头箱提重、内贸箱提重、超期箱提重、进口拼箱转场提重。本文重点讲解一般提重（下文提到的提运重箱，即指一般提重）。

一般提重，即进口重箱提重，需持有效交货记录和出场设备交接单。提箱时应严格审核交货记录，如海关放行章、检验检疫章等，若不齐、不清、不符，不得提箱。如果代理公司与码头费用无托收协议，应先到受理台办理预约，付清相关费用后再进闸口提箱。

二、提运重箱涉及的单证

（一）交货记录

交货记录又称总单，用以记录同一票集装箱的提取情况，是码头堆场或集装箱货运站在向收货人交付货物时,用以证明双方已完成货物的交接并记录交接状态的单证,交货记录是集装箱进口业务的主要单证之一。有效的交货记录一共有 5 联,分别是到货通知书联、提货单联、费用账单(一)、(二)联、交货记录联。

交货记录的流转程序如下:

(1)船舶代理人在收到进口货物单证资料后,在国外进口船舶联检后(支线船抵港后)72h 内,向收货人发"到货通知书"。

(2)收货人或其代理人在收到"到货通知书"后,凭正本提单向船舶代理换取"交货记录",在"提货单"上加盖提货专用章,连同"费用账单"、"交货记录"共 5 联交给收货人。

(3)收货人或其代理人持"提货单"、"费用账单"、"交货记录"等 5 联随进口货物有关信息,向海关申报。海关验收后在"提货单"的规定栏内加盖放行章。同时办妥其他有关手续。

(4)收货人及其代理人凭交货记录来港区提箱。

(二)设备交接单

设备交接单是集装箱进出港区、场站时,用箱人、运箱人与管箱人及其代理人之间交接集装箱的凭证,也是证明双方交接时集装箱状态的凭证和划分双方责任的依据。此单据通常由管箱人(租箱公司或代理人、船公司或其他类型的集装箱经营人等)发给用箱人,用箱人据此向场站领取或送还集装箱或设备。共 6 联,进出各 3 联,分别为管箱人(船公司、船代)联;码头/堆场联;用箱人/运箱人联。

任务实施

陆浩坐上毛师傅的集卡,沿途与工作人员一起办理智能闸口的提运重箱 CAXU5817912 的业务。

步骤一:审核交货记录,看清提箱结算方式

陆浩随毛师傅来到了预录入点,工作人员收取了毛师傅的交货记录。毛师傅告诉陆浩,这是他这次提运的第一个箱子,提箱的费用是采用托收的方式,因此交货记录四联齐全,并且都盖了费用结算章(见表 7-7)。陆浩看到工作人员熟练地检查了四联的结算章,并在系统内提箱货代一栏输入了章内的货代代码。

工作人员告诉陆浩,毛师傅的结算方式是其中一种,也可以到受理中心直接付清费用,那么受理中心会将费用账单(一)、(二)收下,那么在预录入点就只能看到提货单联和交货记录联两联,上面加盖的是公司的发票专用章。

表 7-7 检查费用章

宁波××物流有限公司 DELIVERY ORDER			
＿＿＿＿地区、场、站 收货人／通知方：	SAME AS CONSIGNEE TO ORDER OF NIBO MATSUDA		＿＿年＿月＿日
船名 UMEKO	航次 0084W	起运港 神户	目的港 宁波
提单号 COSU7200700773	交付条款 CFS-CFS	到付海运费	合同号
卸货地点	到达日期 23/03/1999	进库场日期	第一程运输
货 名	MATERIAL OF SWITCH	集装箱号／铅封号	
集装箱数	1×20'	CBHU00164290	101462
件 数	10 PACKAGES		
重 量	232.00kg		
体 积	4.03m³		
标 志			
请核对放货 宁波××集装箱船务代理有限公司 凡属法定检验、检疫的进口商品，必须向有关监督机构申报。			
收货人章	海关章		

步骤二：审核提货单联，审核六个章齐全无涂改

工作人员抽出提货单联，检查其报关专用章、海关放行章、提货章、检验检疫章、外理章、费用结算章，六个章都齐全（见表 7-8），并且敲在了指定的位置，章印清晰。若其中有模糊不清或缺少的，可以拒绝放箱。提货单不得有任何涂写，特别是有海关批注内容的，否则不得擅自决定放箱。

表 7-8　六章齐全清晰

\multicolumn{4}{c}{宁波××物流有限公司}
\multicolumn{4}{c}{DELIVERY　ORDER}
＿＿＿地区、场、站　　　　　SAME AS CONSIGNEE			
收货人/通知方：　　　　TO ORDER OF NIBO MATSUDA　　　＿＿年＿＿月＿＿日			
船名　UMEKO	航次　0084W	起运港　神户	目的港　宁波
提单号　COSU7200700773	交付条款　CFS-CFS	到付海运费	合同号
卸货地点	到达日期　23/03/2014	进库场日期	第一程运输
货　　名	MATERIAL OF SWITCH	集装箱号/铅封号	
集装箱数	1×20'	CBHU00164290	101462
件　　数	10 PACKAGES		
重　　量	232.00kg		
体　　积	4.03m³		
标　　志			

请核对放货

宁波××集装箱船务代理有限公司

凡属法定检验、检疫的进口商品，必须向有关监督机构申报。

收货人章	海关章		
(××国际货运有限公司 鲁冬冬 报关专用章)	(中华人民共和国北仑海关 放行章 (4))	(中国宁波××代理有限公司 进口提货单)	(中华人民共和国出入境检验检疫 检验检疫专用章 (8))
		(宁波××国货有限公司 (8) 集装箱国货)	(宁波××有限公司 H.T 港区费用结算章)

步骤三：审核设备交接单、提货单的相符性

工作人员将毛师傅给的两张单证进行了仔细对照检查，设备交接单、提货单的箱号、船名/航次、提单号是否一致（见表7-8和表7-9）。又重点看了提货单的付款方式是否为XX-CY，FCL-FCL，XX-DR，XX-HK，除此之外的交付条款均要求船代出"整箱货证明"方可提箱。

> **问题思考：**
> 检查交付条款的目的是什么？

表7-9 设备交接单

集装箱发放/设备交接单 EQUIPMENT INTERCHANGE RECEIPT		IN 进场 NO.：	
用箱人/运箱人（CONTAINER USER/HAULIER）		提箱地点（PLACE OF DELIVERY）	
来自地点（WHERE FROM）		返回/收箱地点（PLACE OF RETURN）	
船名/航次 （VESSEL/VOYAGE NO.）	集装箱号 （CONTAINER NO.）	尺寸/类型 （SIZE/TYPE）	营运人 （CNTR.OPTR.）
提单号（B/L NO.）	铅封号（SEAL NO.）	免费期限 （FREE TIME PERIOD）	运载工具牌号（TRUCK,WAGON,BARGE NO.）
出场目的/状态 （PPS OF GATE-OUT/STATUS）		进场目的/状态（PPS OF GATE-IN/STATUS）	进场日期（TIME-IN）
进场检查记录（INSPECTION AT THE TIME OF INTERCHANGE）			
普通集装箱 （GP CONTAINER）	冷藏集装箱 （RF CONTAINER）	特种集装箱 （SPECIAL CONTAINER）	发动机（GEN SET）
正常（SOUND） 异常（DEFECTIVE）	正常（SOUND） 异常（DEFECTIVE）	正常（SOUND） 异常（DEFECTIVE）	正常（SOUND） 异常（DEFECTIVE）
损坏记录及代号（DAMAGE&CODE） BR 破损（BROKEN） D 凹损（DENT） M 丢失（MISSING） DR 污箱（DIRTY） DL 危标（DG LABEL） 无			
左侧（LEFT SIDE） 右侧 （RIGHT SIDE） 前部（FRONT） 集装箱内部 （CONTAINER INSIDE） 顶部（TOP） 底部（FLOOR BASE） 箱门（REAR）		如有异状，请注明程度及尺寸（REMARK） 司机务必确认箱体完好清洁并签单	
除列明者外，集装箱及集装箱设备交接时完好无损，铅封完整无误 AINER/ASSOCIATED EQUIPMENT INTERCHANGED IN SOUND CONDITION AND SEAL INTACT UNLESS OTHER			
用箱人/运箱人签署 （CONTAINER USER/HAULIER'S SIGNATURE）		码头/堆场值班员签署 （TERMINAL/DEPOT CLERK'S SIGNATURE）	

 小贴士

若提运的重箱是拼箱货,则需要查询其票数,与提货单核对一致后,才允许放箱。设备交接单上必须要有船公司或者船代的提货章。

步骤四:收下提货单、费用账单,打印条码预约凭条

工作人员收下了毛师傅的提货单、费用账单,在交货记录上盖了"预录入章",并打印条码预约凭条(见图7-12),连同出场设备交接单和交货记录一起给毛师傅。

```
报关单号:××××××××××
集装箱号:CAXU5817912
出场箱数:1
打印日期:2014-4-16
```

图7-12 预约凭条

步骤五:智能闸口自动识别集卡RFID卡

智能闸口自动读取集卡的港区作业号。工作人员告诉陆浩,也有识读不出RFID卡的情况,那么根据你看到的集卡作业号直接输入系统就行。

步骤六:智能闸口扫描或输入预约号,打印行车指南

智能闸口扫描成功,会自动输出行车指南,毛师傅和陆浩拿好行车指南,根据行车指南上的场地位置,开到相应地方等候作业。

工作人员告诉陆浩,集卡正常情况下不需要进缓冲区,但发现问题时系统会指示集卡进入缓冲区,等待处理,问题解决后,才可打单进场。若无法解决,缓冲区业务员还需要做好解释工作。

步骤七:集卡作业完成,到闸口办理交接手续

陆浩跟着毛师傅在港区内完成作业,到闸口办理交接,出门业务员收取了设备交接单、预约凭条、行车指南、交货记录(最后一箱提完时收取),核对无误后放行。

 小贴士

空箱提运与一般提重相比灵活很多,按照港区的规定可以仅凭设备交接单提取指定箱号的空箱或堆存箱,仅凭预约凭条提取指定堆场的空箱。

 任务考核

从闸口出来,班长要根据任务考核表对陆浩进行考评(见表7-10),他总结了提运重

箱的要点：
（1）仔细核对各单证要求具备的样章。
（2）出门严格把关，认真复核箱号，按箱单要求放箱。
（3）提货单不得有任何涂写，特别有海关批注内容的，不得擅自决定放箱。
（4）提取拼箱货时，设备交接单上必须有船公司或者船代的提货章。

陆浩跟着毛师傅，感受了提运重箱的整个过程。请帮着陆浩一起归纳、绘制智能闸口提运重箱的流程图。并且考虑当其中任意一步出现异常时，如何处理。试着做一做整个流程。

表 7-10　任务考核表

任务名称：提运重箱

考核内容	配　分	考　　核	考核记录	得　分
实践考核（100）	10	审核提货单		
	10	审核设备交接单		
	80	绘制智能闸口提运重箱的流程图		
总　　分				

考核员签名：　　　　　　　　　　　　　　　　　　　　　　　　　日期：

项目八　堆场作业

Project 8

情景创设

"陆浩，到我办公室来一下。"主管把陆浩喊进了办公室。"小陆啊，在本部门的实习你已经顺利完成了，表现相当好！三天后你去控制中心，找那边的李诚师傅，这边的工作跟小张交接一下。希望接下来的岗位的工作你也能顺利完成。"陆浩与小张交接完工作，又迎来了新的挑战。在控制中心，陆浩的第一个实习岗位是堆场计划员。李师傅正要去堆场（见图8-1）巡视，对陆浩说："小陆，走，先跟我一起看看现场，顺便给你讲讲我们这个岗位到底是做什么的。"陆浩乘上李师傅的车，带着新鲜与好奇，去一探究竟。庞大的龙门吊在身边穿行，集卡车在四处奔跑，集装箱在上下搬动。而这一切，以后将与自己的岗位工作息息相关，陆浩不免觉得有些责任重大。李师傅看陆浩略有点忐忑的样子，拍拍小伙子的肩膀说："其实啊，我们这些岗位都不难，不要担心，说白了这岗位的要领就两点：遵守原则，及时沟通。"陆浩看着李师傅，说："师傅，我现在还不是很清楚堆场计划员到底是做什么的。""我这记性，都忘记跟你说了。堆场计划员，接触最多的就是船公司与堆场现场，我们需要根据船公司的进出口信息和船舶作业计划，合理安排集装箱在堆场的位置。船公司的信息常常会发生临时变动，所以一定要记得时常与船公司进行沟通，以便及时更改堆场计划。如果发现有自己解决不了的重大问题，一定要向上级汇报，毕竟我们做的事涉及的安全、金额都比较重大，要保持一颗谨慎的心总是不会错的。这几个月，你就好好学，不懂尽管问我，不要客气。"李师傅继续开着车巡视现场。"嗯，李师傅，我会认真学的。"又遇到一位谈得来的师傅，陆浩很是高兴。

想一想：

1. 在堆场计划员岗位，需要哪些基础资料来进行作业？
2. 堆场计划员的职责是什么？
3. 你认为什么品质对于堆场计划员最重要？

图8-1 堆场

项目分析

陆浩根据堆场计划员的职责，按照师傅的意见，给自己下达了工作目标，见表8-1。

表8-1 堆场计划项目分析表

工作项目	工作任务	工作目标
堆场计划	码头堆场堆存能力计算	计算堆场的堆存能力
	出口堆场计划	完成出口堆场计划
	进口堆场计划	完成进口堆场计划

任务一 堆场堆存能力计算

任务描述

李师傅急冲冲地跑进办公室："今天是怎么回事，A1区早没位置了，还往A1区放箱子。"李师傅立即打开计算机重新给今天进口的集装箱安排箱位，一切处理完毕后，转过头对陆浩说："正好，今天你也来接触一下堆场的堆存能力，顺便尝试着划分堆场的存放区域。

任务准备

一、集装箱堆码模式

集装箱堆码形式可以分为两种：平铺式（只铺一层）、层叠式。堆场若采用平铺式，任意箱可以非常便利地作业，但是这种方法明显大大浪费了堆场的空间。对于吞吐量大的港口必然采用层叠式的堆放方式，尽可能地利用堆场的空间。在实际中，根据堆码作业的先后顺序不同，集装箱堆码模式还可以分为多层平铺式（见图8-2）、垂直式（见图8-3）、阶梯式（见图8-4）。

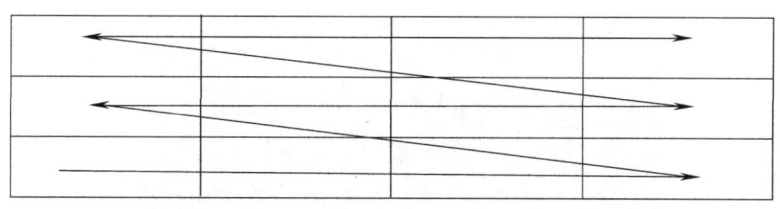

图8-2 多层平铺式

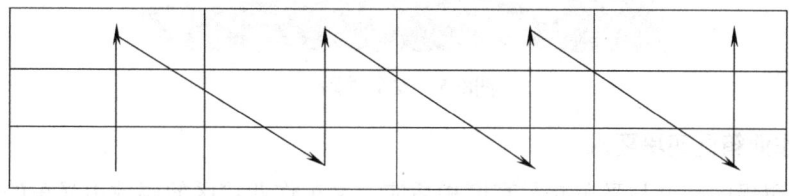

图8-3 垂直式

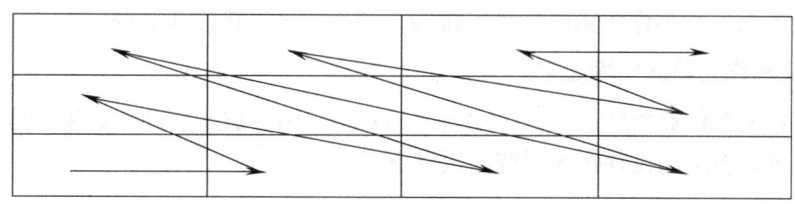

图8-4 阶梯式

堆场的装卸机械决定了堆场堆码的作业方式。正面吊多采用垂直式，以免平铺开后无法进入堆场中央作业。当然，在实际的作业中，并不单纯地仅以一种方式作业，一部分采用某一种模式，另一部分采用其他模式的情况才较为普遍。

二、常见堆场工艺系统的堆码规则

集装箱的堆存能力主要受到使用的装卸机械的影响，每个箱位允许堆高的最大层高受到装卸机械的限制。

1. 龙门吊作业箱区码垛要求

（1）箱区码垛宽度与轮胎吊作业宽度相适应。集装箱堆场箱区的长度与泊位的长度相对应，而宽度则是略宽于龙门吊在作业时横跨过集中堆放的集装箱的宽度。一般轮胎吊的跨度为23.7m，这样箱区的排数不会超过6排，一般为充分利用空间堆满6排。

（2）箱区码垛高度与龙门吊的起吊高度相适应。堆箱层数因为龙门吊的高度不同，堆垛高度也不相同。堆3过4的轮胎吊，一般堆3层高，箱区最高限度为堆4层；堆4过5的轮胎吊，一般堆4层高，箱区最高限度为堆5层。

（3）箱区码垛预留关键箱位。集装箱堆场堆放集装箱时，要以堆场的储存安全为前提，预留关键箱位，便于翻倒箱，例如，堆放4层时，预留3个关键箱位（见图8-5）。

（4）各箱区之间留有合适宽度的通道，使得集卡、铲车等机械能在堆场内安全行驶作业。

图8-5　安全堆码

2. 叉车作业箱区码垛要求

（1）箱区码垛的高度与叉车起吊高度相适应　叉车作业箱区的层数由叉车的最高起吊点的高度决定。

（2）安全要求　叉车作业箱区的第一排为2层高，第二排为3层高。

3. 空箱叉车作业箱区码垛要求

码头上空箱叉车作业场地，一般作业高度为6层，两头放5层高。如果场地状况不好，如凹凸不平，可以将层高设置在5层或5层以下。

三、堆场堆存能力的计算

集装箱堆场的储存能力，不仅与堆场总的堆存面积有关，还受限于装卸机械作业高度。如有的铲车能堆放4层，有的可以堆放5层，龙门起重机也有堆4层和5层的区别。因此，在计算堆场堆存能力时，如果机械只能堆4层却按5层计算，结果只能是实际操作无法实施；若机械可以堆5层，却按堆4层考虑，这样会造成堆场空间浪费。

同一个间位，不能所有集装箱都放至满层，必须在每个间位靠边的1～2行上留出足够的空位，作为在装卸作业时（特别是取箱时）倒箱之用。例如想取1行底的箱子，就必须把压在那个箱子上的所有箱子移开，才能取出。根据经验，堆放4层（见图8-6及图8-7），留3个翻箱位；堆放5层，留4个翻箱位。6行4层共计24个箱子，扣除3个翻箱位，实际堆放21个箱子。6行5层共计30个箱位，实际堆放26个箱子。

图8-6　堆场堆4层

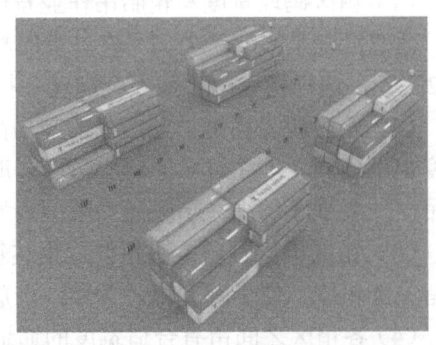

图8-7　集装箱堆码3个翻箱位的不同形式

根据堆场区位划分,统计堆场共分为几个区,每个区从海侧到陆侧共计几个段,每段行、列、层分别是多少。

根据以上堆场模型图,计算整个堆场的堆存能力。

实际堆存能力 =箱区数×贝数×(排数×层数–翻箱量)

知识链接

倒箱

倒箱是指被提取的集装箱如果不处于所在堆、栈的最上层,就需要将压在其上的所有阻碍箱翻倒到其他堆栈列的过程。

倒箱是一种资源的浪费。影响堆场后续作业的流畅性,尽量避免。

任务实施

李师傅走到陆浩面前,说:"我这有一张堆场的部分平面图(见图8-8),以前只堆放 20ft 的集装箱。近期这一部分考虑要重新规划箱区。要求给 A1 重箱区计算堆存能力,并划分其中一块 210TEU 大小的区域专门堆放 40ft 的集装箱,其余放 20ft 集装箱。如何实现呢?"

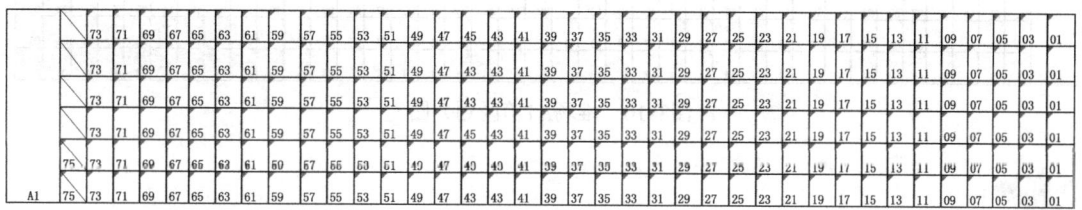

图8-8 堆场平面图

具体步骤如下:

步骤一:查看箱区的装卸机械,以确定箱区的堆高层数

陆浩了解到该区域平时最主要的使用机械是可堆高 4 层的轮胎吊,所以该箱区最高堆码 4 层。

步骤二:查看该箱区可存放多少排,是否有区域有特殊规定

查看图样上的标识,陆浩发现 73 贝之后虽有区域空出,但已经打上"斜杠",表示无法堆放箱子。说明 A1 箱区仅能堆放从 01~73 贝的区域,一共有(73+1)÷2 个贝=37 个贝。

步骤三:计算一排可以存放多少箱

按照经验,最高堆码 4 层,要拿到最下面的那个集装箱,必须留有足够的翻箱位,则无论哪种堆码方式,会留出 3 个翻箱位,侧面直观图,如图 8-9 所示,计算可得每个侧面集装箱数量为 4×6-3=21。

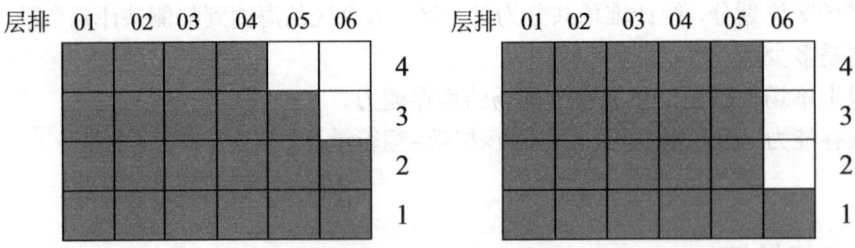

图8-9 侧面堆码效果

步骤四：计算A1箱区可以存放多少箱

陆浩查看图样的列数与每个侧面的数量，计算得出，若只放 20ft 的集装箱，可以放下 21×37 个=777 个=777TEU。

步骤五：210TEU 的 40ft 转换成排、贝、层

40ft 的集装箱长是 20ft 集装箱的 2 倍，1 个 40ft=2TEU，堆放时每个侧面的集装箱量不变，但 20ft 集装箱占 1 贝位，40ft 需要占据 2 个贝的位置，也就是同一排上 01、03 贝两个位置其实只放了一个集装箱。因此，210÷21=10，也就需要 01～19 贝。因此，陆浩在图样 19 贝处划分开来（见图 8-10）。

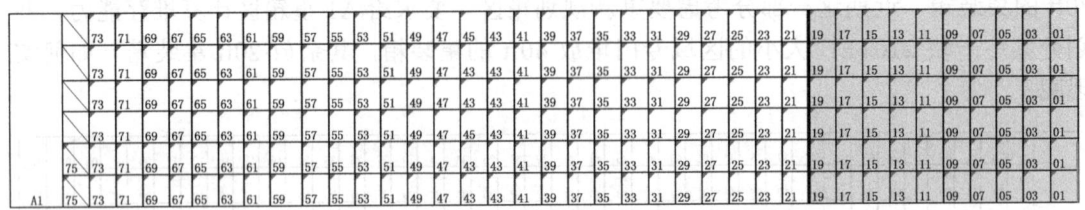

图8-10 堆场A1箱区划分图

 **任务考核**

陆浩在李师傅的指导下，已经完成了 A1 箱区的规划，现在他接到独立的任务，完成图 8-11 所示 A2、A3 箱区的规划，同样为 4 层轮胎吊的作业区，计算 A2、A3 箱区的堆存能力，要求在 A3 箱区划分出 130TEU 的 40ft 的区域。师傅会按照任务考评表对其进行考评（见表 8-2）。

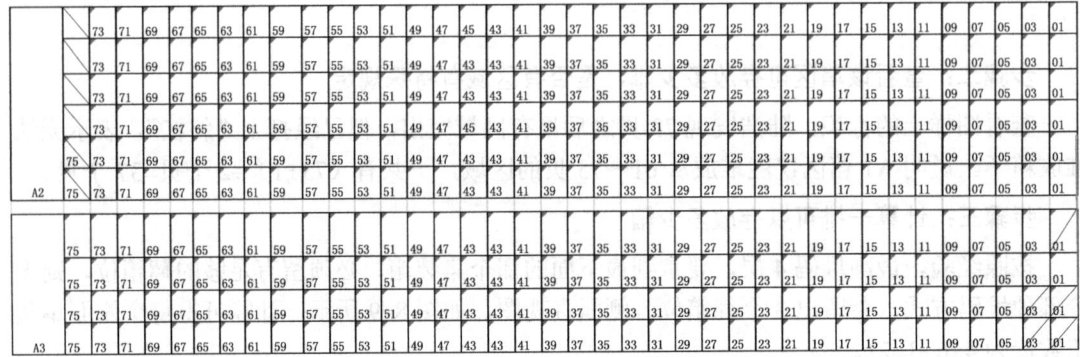

图8-11 堆场平面图

项目八　堆场作业

表 8-2　任务考核表

任务名称：　　计算堆场堆存能力并划分箱区

考核内容	配　分	评 分 标 准	考 核 记 录	得　　分
实践考核（100）	10	1. 箱区堆高层数判断		
	20	2. 计算箱区的排数		
	20	3. 计算箱区侧面集装箱个数		
	20	4. 计算每个箱区堆存量		
	20	5. 计算整个堆场堆存量		
	10	6. 正确划分堆场区域		
总　　分				

考核员签名：　　　　　　　　　　　　　　　　　　日期：

任务二　堆场出口计划

任务描述

忙碌的一天终于要结束了，下班前陆浩在自己的待办事项中接到了出口船信息的通知。这也就意味着，这艘船涉及的出口箱陆浩要在 2014 年 9 月 24 日前安排好堆场箱位。

任务准备

堆场计划根据泊位策划的结果安排对应的集装箱堆场位置，将即将装船的集装箱尽量安排在靠近船舶停靠泊位的堆场上。通常情况下，大公司的船舶码头会安排固定的泊位。

一、堆场给位

堆场给位，就是给客户（拖车）送到码头的集装箱（出口箱）或从船上卸下来的集装箱（进口箱）安排到堆场合适的位置。这个位置并没有固定，只要符合先前给出的原则即可。

二、出口堆场计划安排原则

根据船期，安排出口箱在装船前 4 天（其中干线船 5 天）进场。若该航线上个航次还未装船，则暂缓安排。

依据船公司提供的船期计划，做好船名/航次的登记和维护工作，并对所有航线出口箱量做好预估后，对整个场地进行一个合理规划，划出每个航线的出口箱区，一般有以下几个原则：

（1）按贝堆放：同一贝，堆放同一港口、同一吨级的箱子。

（2）按排堆放：同一排内，堆放同一港口、同一吨级的箱子，但同一贝内不同的排，可以堆放不同港口、不同吨级的箱子。

（3）按重量等级堆放在同一贝中，重量等级是指按集装箱重量划分的区域值，如10～15t为1等级。

（4）按卸货港、重量等级堆放在同一贝中。

（5）对于船型较大的船舶，要考虑多路作业安排场地，对于同一港口数量较多且有多路作业的，也要考虑多路作业安排场地。

（6）根据船期安排出口箱定位组和场地位置。

（7）登记船名/航次并联系船公司或其代理提供该船订舱预配清单或订舱箱量汇总清单，作为出口箱箱区安排依据。

（8）根据出口场地的具体划分及阶段航线上的出运量，并结合生产作业要求，安排船名/航次、卸货港、大小箱及重量吨级。

（9）场地紧张时可以考虑集中一个箱区进箱，并暂时不考虑具体港口、等级，在装船前一天视具体情况安排移箱整理。

（10）已在港区堆场的空箱，根据船公司提供的船名/航次、箱量和尺寸类型，结合堆场集装箱堆放情况，指定出口箱箱号，并在计算机中指定箱号转船。

（11）危险货物集装箱的进出口箱一律进入危险货物集装箱专用堆场，粘贴有危标的空集装箱，进入危险品箱区堆放。

三、堆场出口计划的职责

（1）对即将靠泊的船舶，检查该船舶上的集装箱在堆场上的位置是不是合理，如不合理，及早更改。

（2）根据未来出口箱的情况、泊位位置、装卸桥的使用情况，预先为即将卸到堆场的集装箱安排位置。

（3）针对船期更改、舱位不够、船舶转船转港等原因，及时更改集装箱在堆场的位置。

任务实施

李师傅要求陆浩先查找出口船相关的出口箱信息，为其中即将到堆场的5个出口箱先安排具体的位置，见表8-3。

表8-3　出口箱进场信息

箱　　号	船名/航线	船　　期	进场要求	截　关　日	备　　注	卸　货　港	重量/t
CBHU6362919	长驰轮/中日	9月24日	9月19日10:00—9月20日20:00	9月23日	40'重	横滨	15
SEGU1100549	长驰轮/中日	9月24日	9月19日10:00—9月20日20:00	9月23日	20'重	东京	15
CBHU6047769	长驰轮/中日	9月24日	9月19日09:00—9月20日20:00	9月23日	40'重	横滨	20
CBHU6161410	长驰轮/中日	9月24日	9月21日09:00—9月22日22:00	9月23日	40'重	横滨	20
TEMU9022367	长驰轮/中日	9月24日	9月19日09:00—9月20日15:00	9月23日	40'冷藏箱	横滨	20

具体步骤如下:

步骤一:接收闸口进箱信息

接收闸口进箱信息,5 个出口集装箱 CBHU6362919、SEGU1100549、CBHU6047769、CBHU6161410、TEMU9022367 即将进场。

步骤二:查看堆场存箱现有状况

陆浩查看码头的堆场平面图(见图8-12),查询了箱区堆存量信息表(见表8-4),发现若干箱区拥有足够的箱位。除特种箱外,1 号泊位对应的 A1、A3、A5、E3~E8、L1、L2、L4 箱区,2 号泊位对应的 B1~B3、F1、F3~F8、M1 箱区,3 号泊位对应的 C1~C2、C4~C5、H2 箱区,4 号泊位对应的 D2~D4 箱区均有空余相位。查看本堆场的日常安排,中日航线的普通出口箱一般规划存放在 A1、A3、A5 箱区。特种箱需要堆放在特殊的箱区,冷藏箱可以存放到 1 号泊位对应的 L6 箱区或者 2 号泊位对应的 M6 箱区。

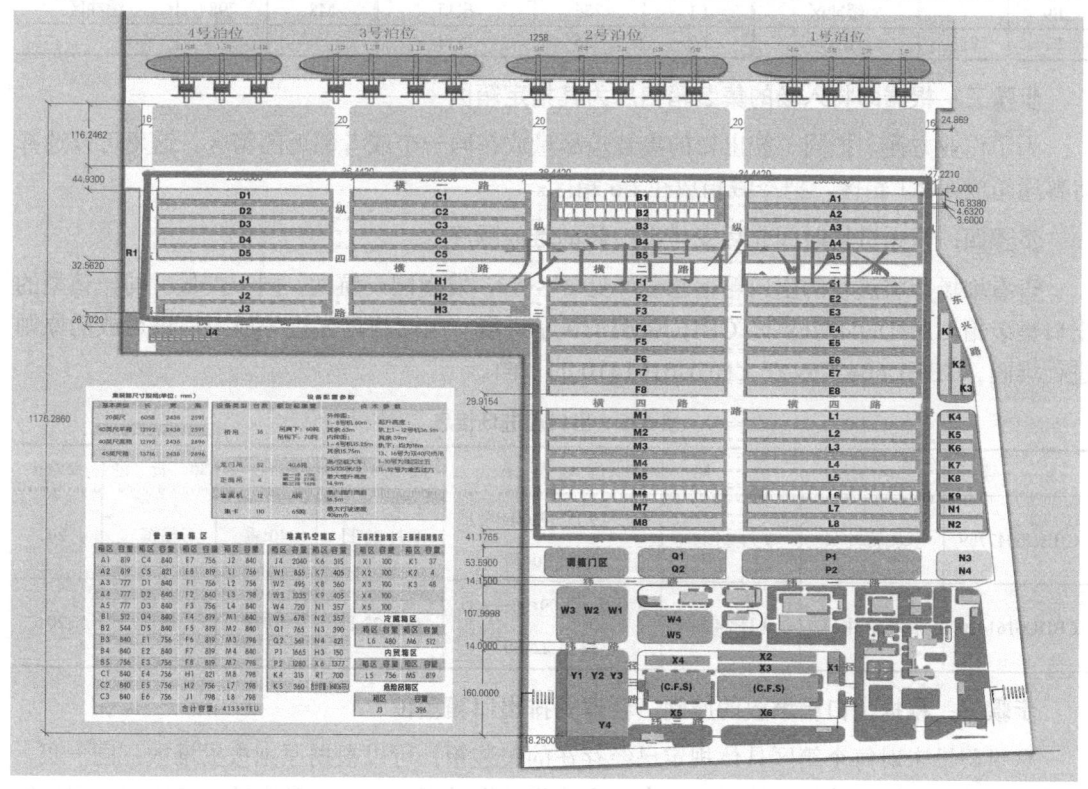

图8-12 码头堆场布局图

表 8-4 箱区堆存量信息表

箱 区	容 量	箱区类型	箱 区	容 量	箱区类型	箱 区	容 量	箱区类型
A1	819	出口	B1	512	出口	C1	840	出口
A2	819	中转	B2	544	出口	C2	840	出口
A3	777	出口	B3	840	出口	C3	840	中转
A4	777	中转	B4	840	中转	C4	840	出口
A5	777	出口	B5	756	中转	C5	821	出口

（续）

箱 区	容 量	箱区类型	箱 区	容 量	箱区类型	箱 区	容 量	箱区类型
D1	840	中转	F2	840	进口	L3	798	中转
D2	840	出口	F3	756	出口	L4	840	出口
D3	840	出口	F4	819	出口	L5	756	内贸箱区
D4	840	出口	F5	819	出口	L6	480	冷藏箱区
D5	840	进口	F6	819	出口	L7	798	中转
E1	756	进口	F7	819	出口	L8	798	缓冲区
E2	840	进口	F8	819	出口	M1	840	出口
E3	756	出口	F9		缓冲区	M2	840	缓存区
E4	756	出口	H1	821	进口	M3	798	中转
E5	756	出口	H2	756	出口	M4	840	进口
E6	756	出口	J1	798	进口	M5	819	内贸箱区
E7	756	出口	J2	840	进口	M6	512	冷藏箱区
E8	819	出口	J3	396	危险品	M7	798	缓冲区
E9		缓冲区	L1	756	出口	M8	798	缓冲区
F1	756	出口	L2	756	出口			

步骤三：根据即将入场的集装箱信息为其指定箱区

为了作业方便，把同一艘出口的集装箱尽量放在同一个或者邻近的箱区。这里可以选择将普通箱放在 A1 箱区，把冷藏箱放在 L6 箱区。

步骤四：根据进场时间先后安排出口箱的堆放顺序

查看堆场即将进场的出口箱信息表（见表 8-5），发现同一航次、同一重量、同一箱型的出口集装箱 CBHU6047769 比 CBHU6161410 早进场，因此根据先进先放，后进后放的原则进行堆码。CBHU6047769 在 CBHU6161410 的下面。

表 8-5 出口箱进场信息

箱 号	船名/航线	船 期	进场要求	截 关 日	备 注	卸货港	重量/t
CBHU6047769	长驰轮/中日	9月24日	9月19日09:00—9月20日20:00	9月23日	40'重	横滨	20
CBHU6161410	长驰轮/中日	9月24日	9月21日09:00—9月22日22:00	9月23日	40'重	横滨	20

步骤五：根据出口箱堆放的原则，合理安排出口箱箱位

这里假设未对每个箱区具体规定已经存在的集装箱。可以根据原则按贝堆放：同一贝，堆放同一港口、同一吨级的箱子。那么，安排集装箱见表 8-6。一般堆场出口计划在安排箱位时会给出放箱的范围，以便现场作业时根据设备的作业便利程度随机调整。

表 8-6 出口箱进场箱位安排计划

箱 号	箱 型	卸货港	重量/t	箱位范围	总 计	入场箱量	计划箱位
CBHU6362919	40'重	横滨	15	A3 06 06>>01 1>>4	7ft	7ft	15ft
SEGU1100549	20'重	东京	15	A1 03 06>>01 1>>4			
CBHU6047769	40'重	横滨	20	A3 02 06>>01 1>>4			
CBHU6161410	40'重	横滨	20	A3 02 06>>01 1>>4			
TEMU9022367	40'冷藏箱	横滨	10	L6 02 06>>01 1>>4	2ft	2ft	2ft

步骤六：龙门吊现场作业信息反馈

堆场现场根据堆场出口箱计划与机械作业的便利性完成 6 个箱子的安排（见图 8-13），反馈最后堆放的箱位信息（见表 8-7）。

图8-13　龙门吊作业图

表 8-7　出口箱进场箱位安排反馈表

箱　号	箱　型	卸　货　港	重量/t	箱　位
CBHU6362919	40'重	横滨	15	A306011
SEGU1100549	20'重	东京	15	A103011
CBHU6047769	40'重	横滨	20	A302011
CBHU6161410	40'重	横滨	20	A302012
TEMU9022367	40'冷藏箱	横滨	20	L602011

步骤七：汇总该船出口箱信息给控制员

汇总整条长驰轮的出口箱堆场信息给控制员。

任务考核

陆浩经过师傅的指导，对此项业务有了一定的了解，现在他要对后一天进场的此航次的若干出口集装箱进行安排，见表 8-8 和表 8-9。

表 8-8　出口箱进场信息

箱　号	船名/航线	船　期	进场要求	截关日	备　注	卸货港	重量/t
FSCU5017875	长驰轮/中日	9月24日	9月20日10：00—9月21日20：00	9月23日	40'重	横滨	20
TRHU2024314	长驰轮/中日	9月24日	9月20日10：00—9月21日20：00	9月23日	20'重	东京	15
CBHU1926071	长驰轮/中日	9月24日	9月20日09：00—9月21日20：00	9月23日	40'重	横滨	20
YMLU3125068	长驰轮/中日	9月24日	9月21日09：00—9月22日22：00	9月23日	20'重	东京	15
CBHU6253815	长驰轮/中日	9月24日	9月20日09：00—9月21日15：00	9月23日	40'冷藏箱	横滨	20

表 8-9　任务考核表

任务名称：	堆场出口计划			
考核内容	配　分	评分标准	考核记录	得　分
实践考核（100）	20	箱区的选择		
	30	出口箱堆放先后的安排		
	30	出口箱计划的箱位范围		
	20	填写一组可供堆放的箱位		
总　分				

考核员签名：　　　　　　　　　　　　　　　　　日期：

任务三　堆场进口计划

任务描述

9月21日，陆浩接到意珍轮即将进港卸船的 ETA 3 DAYS 的通知（见表8-10），所以陆浩要在9月24日前完成意珍轮集装箱的进口计划。

表 8-10　船舶到港通知

船　名	船舶参考号	航次 I/E	箱量 I/E	上　港	下　港	靠泊时间	离泊时间	船舶长度/m
意珍轮	LTUCA50	0320W	62/45	上海	高雄	09/24 10：00	09/24 14：00	130

注：I/E 中，I 代表进口，E 代表出口。

任务准备

此任务将复杂的堆场集装箱进口计划进行简化，使得大家在学习过程中清楚最基本的作业要领。在实际工作中，卸船任务信息通常与配船图、出口港理货信息一起发送至码头，供工作人员参考，以完成相应的引水、卸船、保管、装船、配船、收费等系列工作。除非一艘船上只有卸船的进口箱，否则堆场工作人员就需要同时完成进口卸船堆存与出口集港堆存。

根据上述任务提示，意珍轮预计3天到达港口。通过查看任务单可以发现，同一艘船上的集装箱有多种类型，同时它们的交接方式或去向也不相同。我们要为进口的集装箱如何安排箱位呢？

一、进口堆场计划安排相关原则及要求

受理中心依据船公司或其代理提供的进口船图和舱图，将卸船信息输入计算机。现进口单证大部分是用 EDI 传送的，但也有书面的。

堆场计划员根据不同的船名、航次、空重、大小箱、危险品箱、温控箱、超限箱等不同的类型安排不同箱区，并要考虑具体的卸船箱量及场地已堆存情况。一般遵循以下原则：

(1) 空、重箱分开堆放。
(2) 空箱按箱主、尺寸、类型分别堆放。
(3) 温、危、超、残箱进专用箱区。

安排场地尽量考虑船舶靠港的船期先后、泊位、作业路数，场地已有作业机械，卸入箱的疏港情况等，并根据实际情况及时进行调整。若卸船时需用空箱叉车作业，预先通知计划调度，并说明具体箱区及作业路数。若船期有变动，应做好相应的场地安排调整工作。

二、进口箱箱区堆码规则

进口箱卸船，其进口重箱在堆场进口重箱区，主要有三种堆存模式：全场混堆、半混堆和分票堆存。

1．进口箱全场混堆

进口重箱不分船名/航次，将随机就近卸到码头的进口箱区各块。卸船结束后，等待货主在清关后的提箱，卸船箱区基本不做箱区管理。这种模式，场地机械和码头桥吊之间，形成多台桥吊对应多台场地作业机械的作业模式，提高了作业的灵活性，占用机械少，在场地机械不足时，提高了卸船作业的效率；但提箱时翻箱率较高。

2．进口箱按船名/航次半混堆

同一船名/航次下进口集装箱，按照自然箱箱型集中堆存于对应的进口重箱区中。这种情况下，码头对进口卸船箱区进行不间断的箱区整理，尽量将零星存放的集装箱集中归并至某些箱位，使进口集装箱在码头的卸船箱区始终处于相对集中的状态。进口箱区拥有较多的全空贝位时，在卸船时，应尽量将同一船名/航次的进口卸船箱堆放至这些空贝位中。

3．分票堆存

在相同进口船名/航次集中堆放的基础上，再将相同进口提单号的集装箱集中堆放。这种方式机械作业的灵活性较差，适合进口量较大、场地机械较多的码头，同时也适合中转型集装箱码头的卸船作业。

三、堆场进口计划职责

（1）预先与船公司核对并且确认即将靠泊船舶的卸箱数量，以便在堆场预先留出足够的卸箱量。
（2）对于特种箱，比如危险品箱、冷藏箱等，根据有关规定做出妥善安置。

任务实施

9月24日早上7：00接到详细的意珍轮的卸船信息（见表8-11），李师傅要求陆浩为即将卸船的进口箱安排具体的位置。我们跟随陆浩为以下具有代表性的5个集装箱进行进口堆场安排吧。

表 8-11 意珍轮/0320W 卸船信息

离港日期：9/24 14：00

箱 号	交接方式	箱 型	空 重	重量/kg	起运港	目的港	卸货港	货品
MSKU8902352	进口空箱（码头堆场提箱）	40'H	空	4000	上海	高雄	宁波	无
CAXU5817912	箱货分离箱（码头堆场提箱掏箱后回空）	40'	重	29000	上海	高雄	宁波	卷钢
TEMU2627320	堆场提箱，装箱后转至1号泊位，25日开仓，28日截关	20'	重	27000	上海	高雄	宁波	卷钢
TGHU6476157	进口重箱（码头堆场提箱）	40'冷藏箱	重	27000	上海	高雄	宁波	红酒
ECMU8052440	直提箱（船边提箱）	40'危险品箱	重	15000	上海	高雄	宁波	乙烯

具体步骤如下：

步骤一：根据集装箱进港后走向判断是否需要安排具体堆场箱位

根据卸船信息查看进口集装箱的交接方式，ECMU8052440 这只集装箱为船边提货，卸船后不需要进入码头堆场，而直接由货主自船边将货物提走，因此，该箱不需要安排堆场箱位。一般危险品箱会较多地采用这种方式。

步骤二：查看船舶停靠泊位对应普通箱区箱容量

意珍轮停靠在2号泊位，本次为集装箱卸船进口业务，查找2号泊位对应箱区的进口箱区的容量。F1、F2 区域为进口箱区（见图 8-14），查看箱区堆存量信息表（见表 8-12）尚有足够的箱容量，远超过意珍轮的卸箱量。

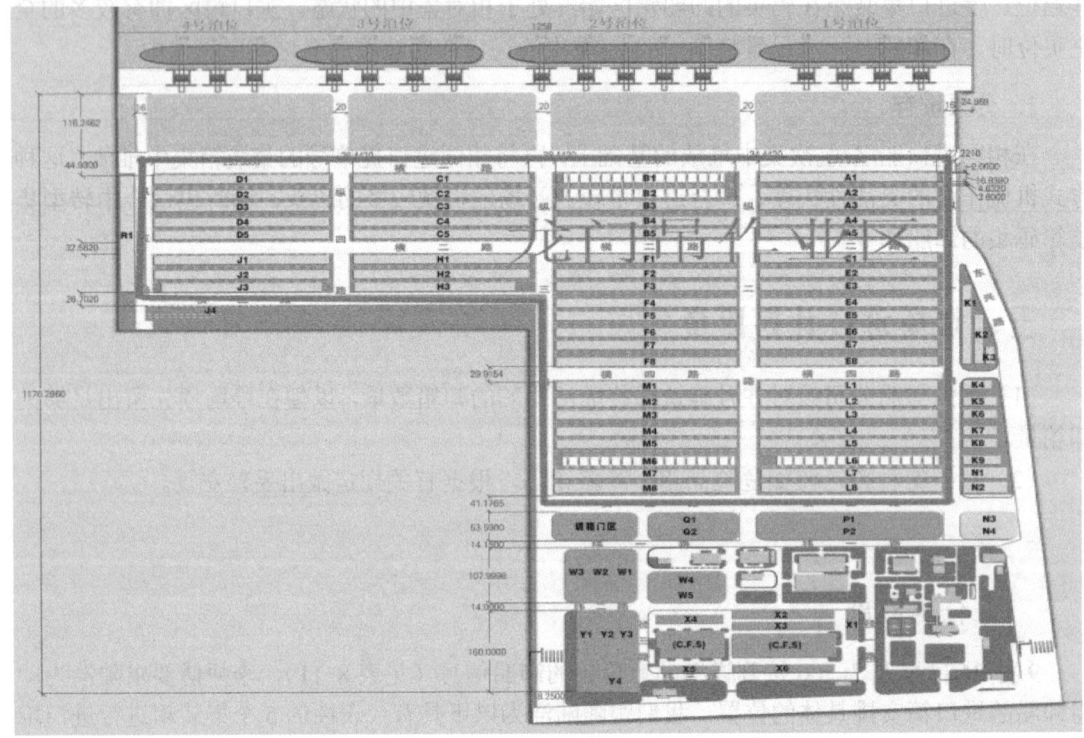

图8-14 码头堆场布局图

表 8-12　箱区堆存量信息表

箱区	容量	箱区类型	箱区	容量	箱区类型	箱区	容量	箱区类型
A1	819	出口	E1	756	进口	J1	798	进口
A2	819	中转	E2	840	进口	J2	840	进口
A3	777	出口	E3	756	出口	J3	396	危险品
A4	777	中转	E4	756	出口	L1	756	出口
A5	777	出口	E5	756	出口	L2	756	出口
B1	512	出口	E6	756	出口	L3	798	中转
B2	544	出口	E7	756	出口	L4	840	出口
B3	840	出口	E8	819	出口	L5	756	内贸箱区
B4	840	中转	E9		缓冲区	L6	480	冷藏箱区
B5	756	中转	F1	756	进口	L7	798	中转
C1	840	出口	F2	840	进口	L8	798	缓冲区
C2	840	出口	F3	756	出口	M1	840	出口
C3	840	中转	F4	819	出口	M2	840	缓存区
C4	840	出口	F5	819	出口	M3	798	中转
C5	821	出口	F6	819	出口	M4	840	进口
D1	840	中转	F7	819	出口	M5	819	内贸箱区
D2	840	出口	F8	819	出口	M6	512	冷藏箱区
D3	840	出口	F9		缓冲区	M7	798	缓冲区
D4	840	出口	H1	821	进口	M8	798	缓冲区
D5	840	进口	H2	756	出口			

步骤三：根据箱型特点，为特种箱安排箱区

TGHU6476157 为 20ft 冷藏箱，堆放进 L6 冷藏箱区。

步骤四：进口堆存的集装箱分配箱位范围

CAXU5817912 第一次卸货需等待堆场提货，因此，安排在进口箱区的普通重箱区，第二次回空安排在进口箱区普通空箱区，可以均安排在 F1 区，但重箱区与空箱区要间隔必要的距离，以示区分。

TEMU2627320 集装箱 9 月 24 日到达，开舱日为 25 日，截关日为 28 日，距截止日只有 4 天，放置在缓存区 F9，与提箱、装货的货主沟通做好落箱、提箱、装箱以及进出口通关的工作，以等待装货后转移至 1 号泊位。

MSKU8902352 集装箱放在 F1 空箱区。

TGHU6476157 集装箱放在 L6 冷藏箱区。陆浩作为堆场计划员根据堆场现场龙门吊情况安排这 4 个集装箱放到表 8-13 允许的任意位置中。

表 8-13　进口箱进场箱位范围安排

集装箱箱号	箱 位 范 围
MSKU8902352	F1 50 06>>01 1>>4
CAXU5817912	F1 02 06>>01 1>>4 掏空后 F1 34 06>>01 1>>4
TEMU2627320	F9 01 06>>01 1>>4
TGHU6476157	L6 17 06>>01 1>>4

注：箱位范围并不唯一，箱位也不唯一，只要符合前文所述原则即可。

步骤五：龙门吊现场作业信息反馈

堆场现场根据堆场出口箱计划与机械作业的便利性完成 5 个箱子的安排，反馈最后堆放的箱位信息，见表 8-14。

表 8-14 进口箱进场箱位安排反馈

集装箱箱号	箱 位
MSKU8902352	F150011
CAXU5817912	F102011 掏空后 F134011
TEMU2627320	F901061
TGHU6476157	L617011

小贴士

免费堆存期（Free Detention）是指在一定期限内免去集装箱在目的港码头的堆存费用。在收货人不能迅速清关，或货量较大的情况下，需要在目的港申请减免此费用。港口堆场的免费堆存期一般为 3~15 天。

任务考核

陆浩经过师傅的指导，对此项业务有了一定的了解，现在他要对后一天进场的此航次的若干进口集装箱进行安排，见表 8-15 和表 8-16。

表 8-15 意珍轮/0320W 卸船信息

离港日期：9/24 14：00

箱 号	交接方式	箱 型	空 重	重量/kg	起运港	目的港	卸货港	货品
MSKU8902352	进口重箱（码头堆场提箱）	40'	重	3500	上海	高雄	宁波	卷钢
CAXU5817912	箱货分离箱（码头堆场提箱掏箱后回空）	40'	重	29000	上海	高雄	宁波	卷钢
CRXU1784944	堆场提箱，装箱后转至2号泊位，25日开舱，28日截关	20'	重	27000	上海	高雄	宁波	卷钢
OOCU1948243	进口重箱（码头堆场提箱）	40'冷藏箱	重	27000	上海	高雄	宁波	红酒
HLCU8905975	直提箱（船边提箱）	20'危险品箱	重	15000	上海	高雄	宁波	乙烯

表 8-16 任务考核表

任务名称： 堆场进口计划

考核内容	配 分	评分标准	考核记录	得 分
实践考核（100）	20	箱区的选择		
	30	堆放先后的安排		
	30	进口箱计划的箱位范围		
	20	填写一组可供堆放的箱位		
总 分				

考核员签名： 日期：

项目九　泊位策划

Project 9

　**情景创设**

陆浩在受理中心实习了几个月，对那里的业务有了一定的了解。他也渐渐融入到码头（见图 9-1）的学习工作环境中。他望着每天码头上繁忙的集装箱船，他们是如何有条不紊地进行作业呢？随着陆浩对港口物流知识的增加，好奇心也不断加强。这三个月，他被安排到控制中心进行轮岗实习，而他的第一个岗位是船舶计划。对于这个岗位，陆浩是完全陌生的，但是他有自信能很好地完成岗位任务。张师傅是他船舶计划岗位的师傅，是位经验丰富的船舶计划员。张师傅一看陆浩，感觉这小伙子敦厚老实，非常喜欢，就开心地介绍起来："我们经常说码头船舶计划管理是码头操作管理的龙头。为什么这么说呢？你也知道集装箱码头核心业务是船舶装卸操作，但是这些在码头上忙碌作业的船舶何时靠港，何时离港，在码头的哪个位置停泊，都是由我们来计划安排的。船舶计划安排得好，就能科学合理地配置集装箱码头上所有的生产要素，也能协调好集装箱码头的内外关系，使集装箱码头能均衡生产，提高码头的作业效率。"张师傅看陆浩一头雾水的样子，笑了笑说："你今天第一天来，可能还不太了解我们这个部门。我还是先跟你简单介绍一下我们部门主要工作吧。概括起来其实很简单，我们要根据船舶安排表和每日船期表预先为即将到港的船舶安排一个停泊的位置（泊位）。"陆浩认真地听着，张师傅更是滔滔不绝地讲起来："首先，我们要跟船公司以及船公司代理联系，把该船公司的近期船期表拿过来，把近期会停靠的船舶航线信息整理归类，当然为了防止随时变更，我们要保持与他们的联系，随时更新他们发过来的船期信息；接着，我们要根据这些船期表，以及码头堆场堆放的进出口集装箱情况和码头泊位、设备情况，编制昼夜泊位安排图，同时也要编排出昼夜船舶作业表；最后，把编制的作业安排及时准确地反映给各个部门，同时做好协调沟通作业。""师傅啊，这个任务，感觉好难啊。"陆浩开始有点犯愁了，"我啥时候能学会上岗啊？"张师傅耐心地说："放心，我保证你三个月学会，独立上岗，今天跟你讲的比较多，以后慢慢在实际工作中进行消化吧。"

想一想：

1. 在船舶计划岗位，到底需要做哪些事？
2. 在做船舶计划工作时，需要收集哪些资料？

图9-1 码头

项目分析

陆浩的师傅为了帮助陆浩更好地理解船舶计划岗位的工作，编制了一个学习计划表，见表 9-1。

表 9-1 船舶计划项目分析表

工作项目	工作任务	工作目标
泊位策划	编制近期作业计划表	会编制近期作业计划表
	编制昼夜泊位安排图	会编制昼夜泊位安排图
	编制昼夜集装箱作业计划表	会编制昼夜集装箱作业计划表

任务一 编制近期作业计划表

任务描述

陆浩收到好几份不同船公司发来的船期表，在师傅的帮助下，根据船期表编制近期作业计划表。

任务准备

一、船期表

（一）船期表概述

船期表，就是船舶航行靠泊时间表，也称为班期表（见表 9-2）。班轮船期表主要内容包括：船名、航次、始发港、中途港、终点港、到达与驶离各港的时间以及有关注意事项。船公司一般会每月月底发布下月的船期表。

表 9-2 船期表

MSC 欧洲航线船期表
MSC Silk Service Shipping Schedule
Dec.,2010

Date of update: 12-Nov-10

VESSEL NAME	VOY NO	Ningbo		Hongkong	Singapore	Valencia	Felixstowe	Rotterdam	Antwerp
		ETA	ETD	ETA	ETA	ETA	ETA	ETA	ETA
Msc Melatilde 地中海 梅拉特	S1049R	12/2	12/3	12/6	12/11	12/28	1/1	1/3	1/5
Msc Danit 地中海 丹尼特	S1050R	12/9	12/10	12/13	12/18	1/4	1/8	1/10	1/12
Msc Sonia 地中海 索尼亚	S1051R	12/16	12/17	12/20	12/25	1/11	1/15	1/17	1/19
Msc Kalina 地中海 卡莉娜	S1052R	12/23	12/24	12/27	1/1	1/18	1/22	1/24	1/26

Remarks:
1. The above schedule is for reference only and subject to change with/without prior notice.
以上船期仅供参考，如有更正请以最新船期为准。
2. Accept cargo to Scandinavia destinations VLA Antwerp.
兼收通过比利时安特卫普中转至斯堪的纳维亚各港口的货柜。

（二）船期表作用

船期在船公司日常运营中起着举足轻重的作用，没有船期，船舶航行就没有计划，货主也无法提前得知班期信息。船期表的具体作用有以下几点：

（1）招揽航线途经港口的货源。

（2）有利于船舶、港口、货物之间的及时衔接。船舶在某个港口靠泊前，要在该港口上船的集装箱就提前办好一切手续，等待装上船舶，缩短了集装箱船舶在码头的停泊时间，提高了工作效率。

（3）提高船公司航线经营的计划质量。一份完整的船期表，不仅仅是船公司计划表，更是一张宣传单，代表着一个公司的基础实力、公司的形象感染力以及公司的业务能力水平。

二、近期作业计划及其作用

集装箱码头近期作业计划是指根据集装箱码头停靠船舶的船期表以及相关信息，制定的近期生产具体情况以及具体任务和实施办法。它是集装箱码头组织生产的主要依据。近期作业计划包含的内容有船名、航次、进出口箱量、预计靠泊时间、预计离泊时间等。

集装箱码头近期作业计划实际上是集装箱码头企业计划的继续和具体化。近期作业计划根据企业计划指标，结合生产实际情况，规定了近期的具体生产任务和要求，从而保证企业能顺利完成各项指标。其主要的作用体现在以下几个方面：

（1）近期作业计划能科学合理地配置集装箱码头内部各项资源，提高资源利用率，促进集装箱码头均衡生产。集装箱码头内部各项资源，如人力、物力、财力的使用都有一定限制，只有通过生产计划把所有员工、众多机械设备和不同的劳动对象有机地组织起来，进行合理规划，才能使各环节之间平衡地进行，才能提高集装箱码头的整体工作效率。

(2)近期作业计划是全体员工实现企业目标的任务书。通过近期作业计划，可以使全体职工都明确企业在近期的任务以及自己在近期的具体任务。这样，能发挥员工的主动性与积极性，也能激发他们努力完成任务的激情。只有每个员工、每个部门保质保量完成任务，才能保障企业目标的实现。

(3)近期作业计划是对集装箱码头进行日常生产指挥的依据，也是对员工进行考核的依据。集装箱码头的近期作业计划，如果没有强而有力的指挥，就不可能均衡有效地生产。有了考核机制，更能促进员工高质量地完成工作，把员工的劳动与收益挂钩起来，实现按劳分配，激发员工的工作热情。

任务实施

根据船公司的船期表，绘制近期作业计划，具体步骤如下：

步骤一：接收船公司船期表

船公司会每个月定期把船期表传真或者发邮件传给船舶计划员，里面包含了船名、航次、外轮代理等信息。表9-3是船公司发送的一个船期表信息。

表9-3 近期船期表

船 名	船舶参考号	航次I/E	船 代	截 关 日	离 港 日	上 港	下 港
长驰轮	EVRER26	0606E	外运	09-22	09-24	上海	东京

步骤二：汇总船期表

把全部船公司发送来的近期要靠泊的集装箱船舶信息进行汇总，得出表9-4。为了方便码头作业，船公司一般会根据不同的码头，把靠泊该码头的相关船期表发送给码头船舶计划员。船舶计划员在汇总船期表时要注意的事项有：

(1)在汇总船期表时，主要了解的信息是船名、船舶参考号、航次（I代表的是进口航次，E代表的是出口航次）、船代（船舶代理公司）、截关日（是海关的截关日期，也是向海关申报的最后日期）、离港日（也是船舶离开码头的日期）、上港（上一个港口）、下港（下一个港口）。

(2)内贸船是不出口的，不存在截关日，因此近期船期表中明州56、新河、川河都没有截关日。

表9-4 汇总近期船期表

船 名	船舶参考号	航次I/E	船 代	截 关 日	离 港 日	上 港	下 港
明州56	MZH5632	3053S/3053N	外运		09-24	嘉兴	嘉兴
贺莎轮	HOLSA4	0049W/0049E	外代	09-23	09-25	东京	上海
长驰轮	EVRER26	0606E	外代	09-23	09-25	上海	东京
意珍轮	LTUCA50	0320W	兴港	09-23	09-25	上海	高雄
新河	XINHE15	315N/	兴港		09-25	嘉兴	嘉兴
川河	CUAHE9	175E/176W	兴港		09-25	上海	厦门
长巨	EVULT54	0296E/0296W	外运	09-23	09-25	上海	高雄
地中海马德里	MSCMI49	/FA338	外代	09-24	09-26	横滨	东京
长丰轮	EVUBE51	/0298E	外代	09-25	09-27	上海	塔科马
长正轮	EVRFL5	0287E/	外代	09-26	09-28	高雄	舟山
圣佩轮	MSKDT8	/0037E	外代	09-27	09-29	青岛	上海

步骤三：更新船舶信息

船舶计划员要保持与船公司或其代理的联系，及时把船舶的资料进行更新。船公司或其代理会把船舶的最新信息通过发邮件的形式发送给船舶计划员，船舶计划员要在近期船期表的基础上，把船舶的最新信息更新一下，更新的内容主要有：进出口箱量、靠离泊时间等。这些信息是后期制定昼夜集装箱泊位策划和昼夜集装箱作业计划的关键因素。集装箱船舶信息更新表，见表9-5。

表9-5 集装箱船舶信息更新表

船 名	船舶参考号	航次 I/E	箱量 I/E	靠泊时间	离泊时间
明州56	MZH5632	3053S/3053N	200/162	09-23	09-24
贺莎轮	HOLSA4	0049W/0049E	1340/400	09-23	09-24
长驰轮	EVRER26	0606E	406/230	09-24	09-24
意珍轮	LTUCA50	0320W	62/45	09-24	09-24
新河	XINHE15	315N/	39/0	09-25	09-25
川河	CUAHE9	175E/176W	275/580	09-25	09-25
长巨	EVULT54	0296E/0296W	405/560	09-25	09-25
地中海马德里	MSCMI49	/FA338	2525/900	09-26	09-26
长丰轮	EVUBE51	/0298E	107/650	07-01	07-01
长正轮	EVRFL5	0287E/	1746/0	07-02	07-02
圣佩轮	MSKDT8	/0037E	0/1500	07-02	07-02

步骤四：编制近期作业计划

根据及时更新的资料和集装箱船舶的信息，编制近期作业计划表，这张近期作业表是船舶计划员进行昼夜泊位安排以及进行昼夜作业计划的重要依据。在这张表中包含了船舶的船名/航次信息、船舶的进出口箱量（根据箱量，可以预估作业时间和作业路数）、靠离泊的时间（根据靠离泊的时间，可以合理安排泊位）以及船舶的长度（根据船舶的长度，可以合理安排泊位上的停靠位置）。根据以上几个步骤的信息，汇总得到了近期作业计划表，见表9-6。

表9-6 近期作业计划表

计划时间：2014-09-24～2014-09-29

序 号	船 名	船舶参考号	航次 I/E	箱量 I/E	上 港	下 港	靠泊时间	离泊时间	船舶长度/m
1	明州56	MZH5632	3053S/3053N	200/162	嘉兴	嘉兴	09-23	09-24	150
2	贺莎轮	HOLSA4	0049W/0049E	1340/400	东京	上海	09-23	09-24	260
3	长驰轮	EVRER26	0606E	406/230	上海	东京	09-24	09-24	250
4	意珍轮	LTUCA50	0320W	62/45	上海	高雄	09-24	09-24	250
5	新河	XINHE15	315N/	39/0	嘉兴	嘉兴	09-25	09-25	100
6	川河	CUAHE9	175E/176W	275/580	上海	厦门	09-25	09-25	150
7	长巨	EVULT54	0296E/0296W	405/560	上海	高雄	09-25	09-25	200
8	地中海马德里	MSCMI49	/FA338	2525/900	横滨	东京	09-26	09-26	300
9	长丰轮	EVUBE51	/0298E	107/650	上海	塔科马	07-01	07-01	150
10	长正轮	EVRFL5	0287E/	1746/0	高雄	舟山	07-02	07-02	200
11	圣佩轮	MSKDT8	/0037E	0/1500	青岛	上海	07-02	07-02	200

任务考核

任务布置：陆浩完成了近期作业计划的编制，又接到了船公司发来的两条信息，要对之前的船舶信息作更新，见表 9-7，请重新编制一份近期作业计划表。

表 9-7　集装箱船舶信息最新更新表

船　　名	船舶参考号	航次 I/E	箱量 I/E	靠泊时间	离泊时间
明州56	MZH5632	3053S/3053N	200/230	09-24 01：00	09-24 09：30
地中海马德里	MSCMI49	/FA338	2400/980	09-25 10：00	09-26 05：00

陆浩在师傅的帮助下顺利完成了近期作业计划表。你是否也解决了相应的问题和完成了相应的任务呢？与表 9-8 对比一下吧。

表 9-8　任务考核表

任务名称：　绘制近期作业计划表

序　号	考核内容	配　分	评分标准	考核记录	得　分
1	船舶信息进行更新	50	会对集装箱船舶信息进行更新		
2	编制近期作业计划表	50	会编制近期作业计划表		

考核员签名：　　　　　　　　　　　　　　　　　日期：

任务二　编制昼夜泊位安排图

任务描述

根据先前实习的内容，陆浩已经能够在张师傅的指导下编制近期生产计划表了，接下来张师傅要教陆浩如何根据近期生产计划表以及码头相关的信息，编写昼夜泊位（见图 9-2）安排图。

图9-2　泊位图

任务准备

一、昼夜泊位安排图的概念

昼夜泊位安排图是指集装箱船舶在码头泊位上的昼夜安排情况。如图9-3所示，昼夜泊位安排图是一个坐标图。横轴是以码头泊位长度标尺每10m为一单位格，20m为一刻度标。纵轴是以一昼夜每1h为一单元格，2h为一刻度标的时间轴，共同构成一个时间和空间二维坐标系。

1）昼夜泊位安排图名称是纵轴。
2）泊位号，这里是一号泊位。
3）横轴。以码头泊位长度标尺每10m为一单位格，20m为一刻度标。
4）日期。这里代表9月23日，星期一。
5）纵轴。以一昼夜每1h为一单元格，2h为一刻度标的时间轴。
6）船舶"长河"的安排图。ETA：04：00，船舶安排图的开始时间就是04：00，ETD：12：00，船舶安排图的结束时间是12：00；船舶长度150m，所以横轴的开始是50m（开始的长度，尽量大于30m以便船舶有足够的空间掉头等作业），结束是200m。

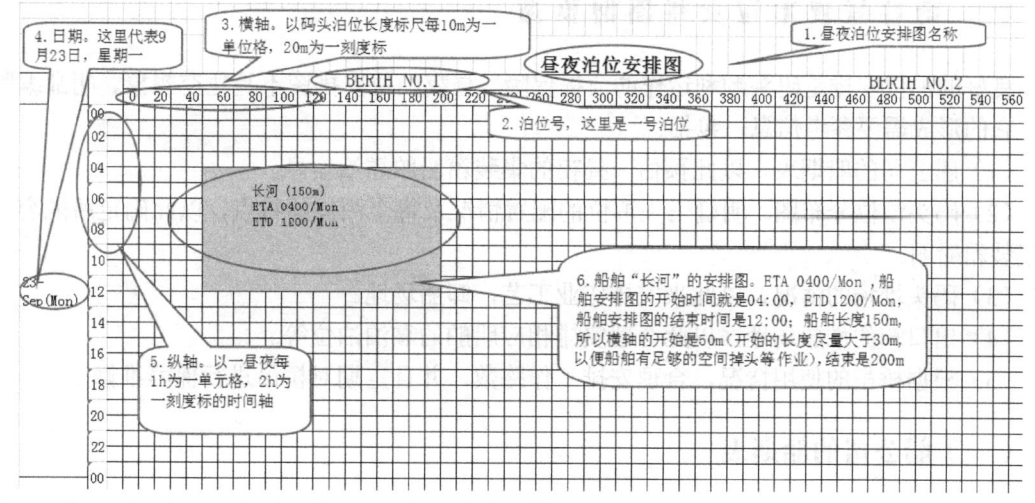

图9-3 昼夜泊位安排图

二、昼夜泊位安排图的作用

昼夜泊位安排图是船务管理的基础和关键，是船舶计划水平高低的直观反映，昼夜泊位安排表的数据准确性直接影响码头整体作业的效率和效益，也直接影响码头物流系统的通过能力，其主要的作用体现在以下几个方面：

1. 编制集装箱作业计划的依据

集装箱装卸作业是按照昼夜安排图所注明的船舶信息、泊位安排以及装卸路数信息进行作业的，泊位安排图质量的高低直接影响装卸作业的效率。

2. 评估泊位物流系统能力的直观工具

昼夜泊位安排图能够直观地反映出码头的靠泊能力、生产计划的编制水平、装卸能力等综合指标，因此可以从图样上直接了解到码头泊位物流系统的整体能力，这张图也是评估码头泊位管理水平的重要工具。

3. 码头实施堆场计划管理的基础和依据

堆场计划主要是指码头堆场集装箱摆放位置的划分和确定。集装箱的进出口流程中，在进行船舶装卸时就要涉及堆场的存取，因此，堆场的作业计划通常是船舶作业的延续，它是通过船舶装卸作业的安排来编制的，所以堆场面积的有效利用以及合理划分需要依靠昼夜泊位安排图中的关键信息。

4. 新增航班泊位的依据

昼夜泊位安排图可以反映码头泊位一段时期内的船舶靠泊情况，码头业务部可以根据泊位分布情况、泊位配置和泊位特点，结合生产作业情况合理地安排新增航班泊位计划。

> **问题思考：**
> 昼夜泊位安排图包含哪些内容？

三、制作昼夜泊位安排图的依据

良好的泊位安排是码头顺利运作的前提保障。昼夜泊位安排图不是凭空想象、胡乱编制的，它的形成需要参考信息，包括：

（1）船公司的船期表，以此预估一昼夜的集装箱船舶靠泊信息。

（2）码头泊位分布图，明确码头泊位的配置情况及每个泊位的特点，以此确定所能容纳的集装箱船舶。

（3）码头堆场的情况，以此来安排作业工艺，卸船场地。

（4）出口箱的堆放场地，以此合理安排相应船舶的靠泊泊位等。

（5）根据桥吊的使用情况，合理安排工作路数，并且定期对桥吊进行保养维修。

（一）船公司的船期表

船公司一般将近三个月内的船期表、一个月内的船期表以及每艘船准确的船期提前发邮件给泊位策划部门，泊位策划部门根据船公司提供的信息，在计算机里建立船公司代号、船名、船期、船的总长、航次代号、航线靠泊港、目的港、到港时间（ETA）、离港时间（ETD）、进口卸货量和出口装货量等资料，并输入截箱期、免堆期。船舶计划员要经常与船舶代理等部门联系，及时更新最新船期表，以便在日后能更准确地制作昼夜泊位安排图。

（二）码头泊位分布图

码头泊位资料主要包括泊位长度、水深条件、桥吊大小、电缆长度及在码头上的分布、系缆桩位置等。每个码头均有自己的泊位配置，每个泊位的岸线长度及泊位水深决定了该泊位所能停靠的船舶大小，在制作泊位安排图时，必须清楚地了解码头泊位的配置情况及每个泊位的特点（见图9-4），这样制作的昼夜泊位安排图才能更符合生产需要。

图9-4　泊位图

> **问题思考：**
> 　　如果有一条超巴拿马型船，码头的泊位水深不是它的安全停泊深度，这艘船是否能停靠进来？如果不可以，该怎么办？

（三）码头堆场情况

码头堆场大小、堆场容量和箱区整体平面布局、作业机械和工艺，都对泊位的安排有一定的影响。掌握每条船、每个航次的码头堆场收箱情况以及出口箱在堆场内的摆放位置，以便合理安排泊位，配备适当的装卸机械数量。

> **问题思考：**
> 　　有个集装箱，货主要求退关，并且已办理相关手续，该如何处理呢？还需要算在出口箱的统计里面吗？

（四）桥吊情况

作业人员要清楚桥吊最新使用情况及维修情况。桥吊要定期做保养，可以减少在装卸船舶时的出故障率。如有桥吊在某个定点进行修理，安排泊位图时要尽量把这个修理桥吊的位置避开，以免影响这艘船舶的工作。

四、泊位安排的原则

泊位安排对集装箱码头业务操作至关重要。泊位的合理安排，直接影响着集装箱码头的生产组织和装卸任务。因此，泊位安排在整个集装箱码头业务管理中起着举足轻重的作用。进行泊位合理安排，可以考虑以下原则：

（1）先远洋干线大船，再近洋和沿海支线，最后安排驳船。在实际的泊位安排时，会根据船舶对码头的重要程度、到港时间，安排作业的先后顺序。无论是计算集装箱码头吞吐量，还是评价集装箱码头作业效率，远洋干线大船都是考核的关键性数据。同时，远洋干线大船的船东往往是集装箱码头的大客户，为了满足客户要求，提高服务水平，要优先考虑远洋干线大船。而驳船只是中国邻近港口的驳船，作业简单，所以最后安排驳船。

（2）对 300m 左右且装卸量特别大的船舶，首先考虑安排桥吊覆盖最密集的泊位区域。对于这类船舶，为了提高船舶的装卸效率，准时完成装卸作业，就需要多辆桥吊同时作业，以便能多路同时开工。

（3）同一船公司（或同一航线联盟）的各航线船舶，尽可能固定在同一泊位区域。为了提高船舶作业效率，一般都会把一条集装箱船舶上的集装箱堆放在该船所靠泊位的前方堆场。这样既有利于缩短这条船舶装卸作业所需集卡的作业路线，提高装卸效率，也便于堆场合理安排进出口集装箱的堆放位置，为每次船舶计划提供参考。

（4）有固定互为中转的集装箱船与驳船尽可能放在相邻位置。这样它们在同时作业时，中转箱从上一程船舶卸下来就能直接装到下一程的集装箱船舶上，不需要放至集装箱堆场，或者暂时堆放在码头前沿的暂存区。这将有利于减少作业环节，提高机械作业效率，节约能源。

（5）先满足航线船舶船期要求，再考虑满足其空间要求。在安排泊位的时候，首先要考虑船舶的船期要求，如 ETA、ETD 情况，在满足准时靠、离泊的情况下，再根据该船舶的长度以及停靠的泊位号，以及在作业或将作业的船舶情况，来安排该船舶在码头的停泊位置。

任务实施

陆浩在师傅的帮助下，根据集装箱船舶作业情况表 9-9 和船舶信息表 9-10，绘制相关昼夜泊位安排图，具体步骤如下：

表 9-9 集装箱船舶作业情况表

计划时间：2014-09-24 00：00～2014-09-26 24：00

序号	船名	船舶参考号	航次 I/E	箱量 I/E	上港	下港	靠泊时间	离泊时间	船舶长度/m
1	明州56	MZH5632	3053S/3053N	200/162	嘉兴	嘉兴	09-23 23：00	09-24 07：00	150
2	贺莎轮	HOLSA4	0049W/0049E	1340/400	东京	上海	09-23 11：00	09-24 08：00	260
3	长驰轮	EVRER26	0606E	406/230	上海	东京	09-24 09：00	09-24 19：00	250
4	意珍轮	LTUCA50	0320W	62/45	上海	高雄	09-24 06：00	09-24 10：00	130
5	新河	XINHE15	315N/	39/0	嘉兴	嘉兴	09-25 02：00	09-25 06：00	100
6	川河	CUAHE9	175E/176W	275/580	上海	厦门	09-25 06：00	09-25 14：00	150
7	长巨	EVULT54	0296E/0296W	405/560	上海	高雄	09-25 14：00	09-25 23：00	200
8	地中海马德里	MSCMI49	/FA338	2525/900	横滨	东京	09-26 04：00	09-26 23：00	300

表 9-10 船舶信息表

信息	船期信息
信息一（船期更改）	意珍轮 晚4小时到港 川河 晚6小时 长巨 晚10小时
信息二（货物在码头堆场上的堆放位置）	A 区（对应泊位1）：长驰轮/长巨 B 区（对应泊位2）：意珍轮/新河/川河/地中海马德里
信息三（码头现有泊位占用情况）	24日： 泊位1：明州56 ETD：07：00（岸线：0～200m） 泊位2：贺莎轮 ETD：08：00（岸线：350～610m）
信息四（某港的泊位岸线情况）	泊位1：0～330m 泊位2：330～660m

步骤一：绘制码头泊位分布图

码头泊位分布图以一定的比例反映出码头泊位的布置和每个泊位的大小（即岸线长度）、码头的泊位个数，每个泊位所占岸线长度、位置等。根据宁波港某码头泊位岸线情况，泊位1分布在0～330m，泊位2分布在330～660m。

画出码头泊位分布图，如图9-5所示。

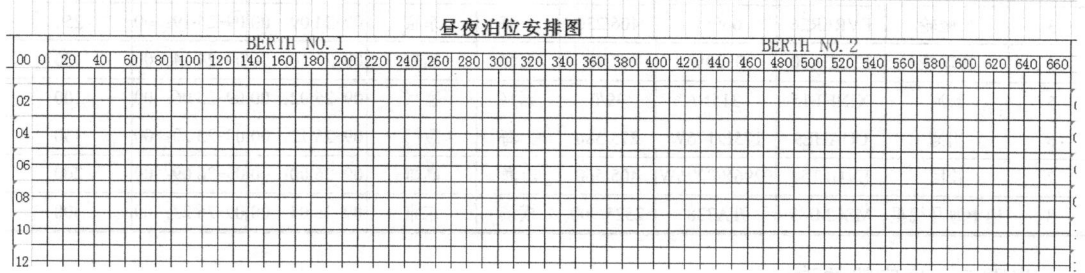

图9-5 泊位分布图

步骤二：确定昼夜船期表

根据计算机上一个任务已有的船期资料，找出从当天起连续5天的船舶到港情况，如船公司、船名/航次、到港时间、装卸数量等，及近期生产计划，并与船公司电话联系，对船期作进一步确定。

根据近期船期表的信息，汇总出2014-09-24 00：00—2014-09-26 24：00的集装箱船舶作业情况，见表9-11。

表9-11 集装箱船舶作业情况

计划时间：2014-09-24 00：00—2014-09-26 24：00

序号	船名	船舶参考号	航次I/E	箱量I/E	上港	下港	靠泊时间	离泊时间	船舶长度/m
1	明州56	MZH5632	3053S/3053N	200/162	嘉兴	嘉兴	09-23 23：00	09-24 07：00	150
2	贺莎轮	HOLSA4	0049W/0049E	1340/400	东京	上海	09-23 11：00	09-24 08：00	260
3	长驰轮	EVRER26	0606E	406/230	上海	东京	09-24 09：00	09-24 19：00	250
4	意珍轮	LTUCA50	0320W	62/45	上海	高雄	09-24 06：00	09-24 10：00	130
5	新河	XINHE15	315N/	39/0	嘉兴	嘉兴	09-25 02：00	09-25 06：00	100
6	川河	CUAHE9	175E/176W	275/580	上海	厦门	09-25 06：00	09-25 14：00	150
7	长巨	EVULT54	0296E/0296W	405/560	上海	高雄	09-25 14：00	09-25 23：00	200
8	地中海马德里	MSCMI49	/FA338	2525/900	横滨	东京	09-26 04：00	09-26 23：00	300

通过跟船公司以及代理的沟通，了解到船舶情况，见表9-12。

表9-12 船期更改信息表

信息	船期信息
信息一（船期更改）	意珍轮 晚4小时到港 川河 晚6小时 长巨 晚10小时

根据船期更改信息，修改集装箱船舶作业情况表，更改后的情况见表9-13。

表 9-13　集装箱船舶作业情况（更新后）

计划时间：2014-09-24 00：00—2014-09-26 24：00

序号	船名	船舶参考号	航次 I/E	箱量 I/E	上港	下港	靠泊时间	离泊时间	船舶长度/m
1	明州56	MZH5632	3053S/3053N	200/162	嘉兴	嘉兴	09-23 23：00	09-24 07：00	150
2	贺莎轮	HOLSA4	0049W/0049E	1340/400	东京	上海	09-23 11：00	09-24 08：00	260
3	长驰轮	EVRER26	0606E	406/230	上海	东京	09-24 09：00	09-24 19：00	250
4	意珍轮	LTUCA50	0320W	62/45	上海	高雄	09-24 10：00	09-24 14：00	130
5	新河	XINHE15	315N/	39/0	嘉兴	嘉兴	09-25 02：00	09-25 06：00	100
6	川河	CUAHE9	175E/176W	275/580	上海	厦门	09-25 12：00	09-25 20：00	150
7	长巨	EVULT54	0296E/0296W	405/560	上海	高雄	09-26 00：00	09-26 09：00	200
8	地中海马德里	MSCMI49	/FA338	2525/900	横滨	东京	09-26 04：00	09-26 23：00	300

步骤三：确定船的泊位

根据每条船的长度以及待装集装箱在堆场的存放位置决定该船的泊位，同时还应考虑桥吊的状况是否良好。

根据船舶的预先安排，以及船舶的待出口集装箱在码头堆场上的堆放位置，确定计划内24日这几艘集装箱船舶的停靠泊位，见表9-14。

表 9-14　船舶泊位分配表

信　息	船期信息
信息二（货物在码头堆场上的堆放位置）	A区（对应泊位1）：长驰轮/长巨 B区（对应泊位2）：意珍轮/新河/川河/地中海马德里

根据码头的实际工作情况，预估出24日泊位上船舶的预计离开时间以及工作泊位岸线范围，见表9-15。

表 9-15　泊位占用情况表

信　息	船期信息
信息三（码头现有泊位占用情况）	24日： 泊位1：明州56 ETD：07：00　（岸线：0～200m） 泊位2：贺莎轮 ETD：08：00　（岸线：350～610m）

步骤四：确定船在泊位上的位置

每艘大船在泊位图上的位置应准确无误，大船在桥位上的安全检查间隔应不小于30m。

将已定好泊位的船舶在泊位分布图上相应泊位的上方按到港日期的先后从下至上用图标示出来。要求图形整齐美观，层次感强，方便阅读。

根据信息得出，仍在工作的船舶有：明州56（ETD：07：00，泊位1，岸线：50～200m），贺莎轮（ETD：08：00，泊位2，岸线：350～610m）。

24日，可以安排靠泊的船舶是长驰轮（ETA：09：00，ETD：19：00，泊位1，船舶长：250m，岸线：50～300m），意珍轮（ETA：10：00，ETD：14：00，泊位2，船舶长：130m，岸线：350～480m）。

根据以上信息，得出24日昼夜泊位安排图，如图9-6所示。

昼夜泊位安排图

图9-6　昼夜泊位安排图

步骤五：加注注意事项

在图形中的适当空位加注注意事项，如装卸桥的状况，哪些装卸桥在维修，什么时候可修好等。

24日没有特殊情况发生，因此不需要备注注意事项。

步骤六：泊位图制作与递交事项

泊位安排图每天制作一次。通常在中午12点前完成，并打印出来，送给堆场、调度室、策划部、操作机械部、财务部、海关、港监、外代、外理、轮驳、引航、理货组等。

任务考核

任务布置：根据以下信息（表9-16和表9-17），制作9月25日的昼夜泊位安排图。

表9-16　集装箱船舶作业情况

计划时间：2014-09-24 00：00—2014-09-26 24：00

序号	船　名	船舶参考号	航次 I/E	箱量 I/E	上　港	下　港	靠泊时间	离泊时间	船舶长度/m
1	明州56	MZH5632	3053S/3053N	200/162	嘉兴	嘉兴	09-23 23：00	09-24 07：00	150
2	贺莎轮	HOLSA4	0049W/0049E	1340/400	东京	上海	09-23 11：00	09-24 08：00	260
3	长驰轮	EVRER26	0606E	406/230	上海	东京	09-24 09：00	09-24 19：00	250
4	意珍轮	LTUCA50	0320W	62/45	上海	高雄	09-24 06：00	09-24 10：00	130
5	新河	XINHE15	315N/	39/0	嘉兴	嘉兴	09-25 02：00	09-25 06：00	100
6	川河	CUAHE9	175E/176W	275/580	上海	厦门	09-25 06：00	09-25 14：00	150
7	长巨	EVULT54	0296E/0296W	405/560	上海	高雄	09-25 14：00	09-25 23：00	200
8	地中海马德里	MSCMI49	/FA338	2525/900	横滨	东京	09-26 04：00	09-26 23：00	300

表 9-17　船舶信息表

信　　息	船　期　信　息
信息一（船期更改）	意珍轮　晚4小时到港 川河　晚6小时 长巨　晚10小时
信息二（货物在码头堆场上的堆放位置）	A 区（对应泊位1）：长驰轮/长巨 B 区（对应泊位2）：意珍轮/新河/川河/地中海马德里
信息三（码头现有泊位占用情况）	24日： 泊位1：明州56 ETD：07：00（岸线：0～200m） 泊位2：贺莎轮 ETD：08：00（岸线：350～610m）
信息四（某港的泊位岸线情况）	泊位1：0～330m 泊位2：330～660m

陆浩在师傅的帮助下顺利完成了泊位策划项目。你是否也解决了相应的问题和完成了相应的任务呢？与表 9-18 对比一下吧。

表 9-18　任务考核表

任务名称：　绘制昼夜泊位安排图　

序　号	考　核　内　容	配　　分	评　分　标　准	考 核 记 录	得　　分
1	绘制泊位线长度	10	根据真实的泊位情况按比例绘制泊位线长度		
2	标注泊位位置	10	按照每个泊位的长度，正确标注泊位位置		
3	修改船期表信息	10	根据变更信息，修改船期表信息		
4	正确选择昼夜作业的船舶	10	根据船期表，正确选择昼夜作业的船舶		
5	选择合适的泊位	20	根据船期表，为船舶选择合适的泊位		
6	绘制船舶长度	20	根据船舶的长度，正确绘制船舶长度		
7	绘制船舶的靠泊位置	20	根据当日靠泊的具体信息，绘制船舶的靠泊位置		

考核员签名：　　　　　　　　　　　　　　　　　　日期：

任务三　编制昼夜集装箱作业计划表

任务描述

上一个任务，陆浩学会了编制昼夜泊位安排图，而且做得非常好，张师傅非常满意，于是又给他安排了新任务，学习如何制作昼夜集装箱作业计划表。

任务准备

一、昼夜集装箱作业计划

（一）昼夜集装箱作业计划的概念

昼夜集装箱作业计划是指依据近期计划和昼夜泊位安排图，结合集装箱码头的实际情况，对集装箱码头昼夜连续不断的生产作业进行的具体安排。

（二）昼夜集装箱作业计划的作用

昼夜集装箱作业计划在集装箱码头生产作业中发挥着举足轻重的作用。它是集装箱码头各级生产控制部门组织和指挥生产的主要依据，也是协调集装箱码头内部各生产环节、协调集装箱码头与其他有关单位的配合，保证集装箱码头连续均衡生产的重要手段。其主要的作用体现在以下几个方面：

1. 昼夜集装箱作业计划是集装箱码头制定工班计划的依据

集装箱码头安排各工班作业计划的主要依据是昼夜集装箱作业计划。根据昼夜的作业计划，安排每个班的作业路数、各部门的工作人员以及机械设备等。

2. 昼夜集装箱作业计划是集装箱码头组织日常生产作业的主要依据

集装箱码头各生产部门根据昼夜集装箱作业计划，安排各工班每个部门的生产作业任务，把每天的生产任务层层落实，并且明确具体的任务要求。昼夜集装箱作业计划对每艘集装箱船的作业方法都做了具体安排，安排开工路数，以及每一路桥吊、龙门吊、理货员、捆扎工等机械设备和劳动力的配备。

（三）昼夜集装箱作业计划是对集装箱码头整个日常生产过程进行控制的标准

每个工班的日常生产作业都是根据昼夜集装箱作业计划安排作业的人员、机械设备以及作业的任务。在各班次工作交接的时候，都需要把本班作业的情况交接清楚，尤其是特殊事件，以便下个班次能顺利完成任务。

二、编制昼夜集装箱作业计划的依据

良好的昼夜集装箱作业计划是码头日常生产能顺利运作的前提保障。昼夜集装箱作业计划不是凭空想象、胡乱编制的，它具有复杂多变的特点。它的形成所需要的参考信息包括：

（1）昼夜泊位安排图，以此来了解一昼夜的集装箱船舶靠泊信息。

（2）有关船舶的技术资料，了解船舶信息，确保船舶能安全靠、离泊码头，以及船舶在作业过程中的安全性。

（3）有关船舶动态和箱量的资料，以此来安排生产作业路数以及相应的人员和机械设备。

（4）有关水文气象的资料，根据天气情况以及潮水的朝向来合理安排集装箱船舶的停靠和船舶的生产作业。

（5）有关集装箱码头作业能力的资料，以此来量身定做集装箱码头的昼夜作业计划。

（一）昼夜泊位安排图

通过昼夜泊位安排图，可以比较形象地看到泊位的安排情况，同时也可以清楚地了解到集装箱船舶的作业时间安排等情况,为安排昼夜集装箱的作业计划提供了基础的信息。

(二)有关船舶的技术资料

有关船舶的技术资料主要有船名、国籍、尺码、吃水差、稳性、强度、舱盖情况、绑扎情况、积载情况等。

(三)有关船舶动态和箱量的资料

集装箱船舶的动态情况,包括集装箱船舶的船期表安排、靠泊时间、接运方式、接运工具、装卸条件、中转计划、滞留期限等;集装箱船舶的箱量情况,包括进出口箱量、出口箱的截止进港日期、堆场堆放位置、出口集装箱的预配船图、进口集装箱的积载图、进口舱单以及进出口特殊箱型的情况。综合考虑这些情况,来安排昼夜集装箱的生产计划。

(四)有关水文气象的资料

集装箱码头有关的水文气象,主要包括当地当天和未来几天的天气情况、海浪预报、各季节风力和风向、水流、潮差、锚地等情况。这些因素对港口作业至关重要,尤其在宁波地区,夏天多台风,要做好必要的防台工作。潮水方向也直接影响着集装箱船舶的靠泊朝向。因此,了解有关的水文气象情况,能更好地制作昼夜集装箱的生产计划。

(五)有关集装箱码头作业能力的资料

1. 堆场情况

堆场的平面布局、堆存能力、目前利用率,以及能堆放的特殊箱型的能力,直接关系着集装箱码头的生产作业水平。

2. 机械设备情况

集装箱码头拥有的机械设备,包括桥吊、龙门吊、正面吊、空箱叉车、内集卡等,这些机械设备的工作条件、性能等直接影响着集装箱码头的正常生产作业。

3. 码头泊位情况

码头泊位的数量、岸线长度、水深等情况,关系着码头能承载的集装箱船舶的能力,也影响着集装箱码头的作业能力。

> **问题思考:**
> 潮水涨、落的时间,对集装箱船舶靠泊有什么影响?

三、编制昼夜集装箱作业计划的原则

昼夜集装箱作业计划是集装箱码头日常组织生产最基本的依据。昼夜集装箱作业计划的合理安排编制,直接影响集装箱码头日常的生产与作业,在整个集装箱码头业务管理中起着举足轻重的作用。因此，进行昼夜集装箱作业计划的合理编制，可以考虑以下原则：

（一）合理安排的原则

集装箱码头的生产本身复杂多变，既要充分利用有利因素，又要全面考虑不利的条件，统筹规划，均衡各方面的情况，做到合理安排。比如要合理规划生产工艺，既要节约能源，又要保证重点船舶、重点路数的正常有效工作。

（二）留有余地的原则

集装箱码头的生产过程是不可控的，随时都会发生各种情况，要预先做好应急方案。在发生特殊情况的时候，要灵活应变。既要强调先进合理，也要注意留有余地。集装箱码头生产计划既不能定得太死，也不能定得太满，要留有余地，能及时应变，这样才能忙中不乱。

（三）积极的原则

在进行昼夜集装箱作业计划的编制过程中，既要调动各方面的积极性，又要充分发挥集装箱码头的所有设施设备、人力、物力的能力，利用可以利用的一切方法，优化作业工艺、作业方案，提高集装箱码头生产作业效率。

（四）优先的原则

编制昼夜集装箱码头作业计划，要充分考虑优先原则。从全局出发，对于重点船、重点路数、重点贝位、重点车、重点货，是当班作业计划的重点，要优先考虑。对于重点船，要充分开足路数，对于重点路数要尽量多安排人员、设备等各种资源，优化重点路数的作业工艺，使所有资源得到最优化的运行。

（五）安全第一的原则

集装箱码头生产作业过程，安全永远是第一位。因此在编制昼夜集装箱码头作业计划的时候，首先要保证整个生产过程是安全的。尤其遇到特殊箱型的集装箱，如超长、超高、超重集装箱，危险品箱、大件箱、冷冻箱等，更要注意作业安全，规划安全可靠的作业方案，以及相应的应急措施。

任务实施

当前集装箱码头泊位正在工作的船舶情况见表9-19，根据近期船舶计划和昼夜泊位安排

图,编制昼夜作业计划,具体步骤如下:

表 9-19 集装箱船舶当前作业情况

序号	船名	船舶参考号	航次 I/E	箱量 I/E	上港	下港	靠泊时间	离泊时间	船舶长度/m	方向	晚班00:00—08:00	
											作业线编号	桥吊号
1	明州56	MZH5632	3053S/3053N	200/162	嘉兴	嘉兴	09-23 23:00	09-24 07:00	150	R	N01/N02/	CR1/CR2/
2	贺莎轮	HOLSA4	0049W/0049E	1340/400	东京	上海	09-23 11:00	09-24 08:00	260	R	N05/N06/	CR5/CR6/

注:N01 中,N 代表晚班,01 代表第一路。

步骤一:了解情况

掌握集装箱船舶、集装箱等方面的有关资料和当时集装箱船舶装卸作业的实际情况,详细了解下个工班的人员出勤、机械、设备、堆场利用和集装箱集散情况。从表 9-19 可知,未来 24h 内,还有两艘船在码头前沿作业,向船舶作业控制咨询得知:船舶明州 56,开工还需要安排 2 路人员;船舶贺莎轮,开工时需要安排 2 路工作人员。

步骤二:接受任务

接受港务局调度室下达的任务,或直接同船公司(代理)联系,取得到港船舶的预报、确报,包括船名、航次、到港时间、箱型、数量及特种箱的箱型、数量、船箱位等动态。根据这些信息,已经总结的集装箱船舶作业情况见表 9-20,已在上个任务中完成昼夜泊位安排图,如图 9-6 所示。

表 9-20 集装箱船舶作业情况

计划时间:2014-09-24 00:00—2014-09-25 00:00

序号	船名	船舶参考号	航次 I/E	箱量 I/E	上港	下港	靠泊时间	离泊时间	船舶长度/m
1	明州56	MZH5632	3053S/3053N	200/162	嘉兴	嘉兴	09-23 23:00	09-24 07:00	150
2	贺莎轮	HOLSA4	0049W/0049E	1340/400	东京	上海	09-23 11:00	09-24 08:00	260
3	长驰轮	EVRER26	0606E	406/230	上海	东京	09-24 09:00	09-24 19:00	250
4	意珍轮	LTUCA50	0320W	62/45	上海	高雄	09-24 10:00	09-24 14:00	130

步骤三:汇总资料

除了与船代及时了解船舶的最近情况之外,还需要汇总水文气象相关的资料。通过天气预报查阅,具体天气情况为:今天、明天、后天多云。全市今天最高气温 32℃,明天最高气温 33℃,明天最低气温 25℃,后天最低气温 26℃。舟山沿海海面:今天偏南风 5~6 级,阵风 7 级,傍晚起 6 级,阵风 7~8 级;明天偏南风 6~7 级,阵风 8 级;后天南到西南风 6~7 级,阵风 8 级。舟山沿海海面风浪:今天 3 级,傍晚起 3~4 级;明天、后天 4 级。

查阅潮水情况为:

高潮时刻:2014-09-24 00:13:01/2014-09-24 13:06:01/2014-09-25 00:39:01/

低潮时刻：2014-09-24 07：21：01/2014-09-24 19：49：01/2014-09-25 07：42：01/

步骤四：编制计划

根据上述资料和船公司要求，按轻重缓急不同要求和积极、合理、留有余地的原则，对各项作业全面平衡，进行预编，安排好开靠时间、泊位、起止位置。

1) 集装箱船舶靠泊方向的确认。根据集装箱码头的坐标图（图9-7）可知，码头是东西走向。潮水的情况为：长驰轮的预计靠泊时间是9月24日09：00，高潮时刻：2014-09-24 13：06：01，低潮时刻：2014-09-24 07：21：01，预计靠泊时间正好是潮水从低往高走势，是涨潮时刻，潮水是从东往西流去，集装箱船舶靠泊时，应该逆着水流方向靠泊，所以集装箱船舶应该从西往东靠近码头前沿，根据码头的坐标位置情况，集装箱船舶正好是右舷靠泊。同理可得出意珍轮靠泊方向为右舷靠泊，见表9-21。

2) 工班作业路数的确认。一般情况下，100个集装箱以内，开一路；100～300个集装箱，开两路；300～400个集装箱，开三路；600～700个集装箱，开四路；1000个集装箱以上开五路。长驰轮卸船开三路，装船开两路；意珍轮装、卸船均开一路即可作业，见表9-22。

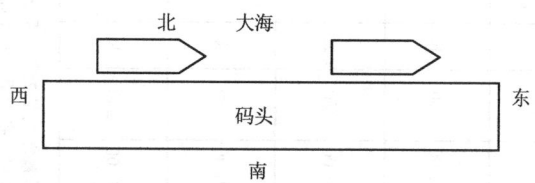

图9-7 集装箱码头坐标图

表9-21 昼夜集装箱作业计划表（1）

计划时间：2014-09-24 00：00—2014-09-26 24：00

序号	船名	船舶参考号	航次 I/E	箱量 I/E	上 港	下 港	靠泊时间	离泊时间	船舶长度/m	方 向
1	明州56	MZH5632	3053S/3053N	200/162	嘉兴	嘉兴	09-23 23：00	09-24 07：00	150	R
2	贺莎轮	HOLSA4	0049W/0049E	1340/400	东京	上海	09-23 11：00	09-24 08：00	260	R
3	长驰轮	EVRER26	0606E	406/230	上海	东京	09-24 09：00	09-24 19：00	406/245	R
4	意珍轮	LTUCA50	0320W	62/45	上海	高雄	09-24 10：00	09-24 14：00	62/45	R

舟山气象：今天、明天、后天多云。全市今天最高气温32℃，明天最高气温33℃，明天最低气温25℃，后天最低气温26℃。舟山沿海海面：今天偏南风5～6级，阵风7级，傍晚起6级，阵风7～8级；明天偏南风6～7级，阵风8级；后天南到西南风6～7级，阵风8级。舟山沿海海面风浪：今天3级，傍晚起3～4级；明天、后天4级；

高潮时刻：2014-09-24 00：13：01/2014-09-24 13：06：01/2014-09-25 00：39：01/

低潮时刻：2014-09-24 07：21：01/2014-09-24 19：49：01/2014-09-25 07：42：01/

备注	

表9-22 昼夜集装箱作业计划表（2）

计划时间：2014-09-24 00:00—2014-09-25 00:00

序号	船名	船舶参考号	航次 I/E	箱量 I/E	上港	下港	靠泊时间	离泊时间	船舶长度/m	方向	晚班时间 00:00—08:00		日班 08:00—16:00		中班 16:00—24:00	
											作业线编号	桥吊号	作业线编号	桥吊号	作业线编号	桥吊号
1	明州56	MZH5632	3053S/3053N	200/162	嘉兴	嘉兴	09-23 23:00	09-24 07:00	150	R	N01/N02	CR1/CR2				
2	贺莎轮	HOLSA4	0049W/0049E	1340/400	东京	上海	09-23 11:00	09-24 08:00	260	R	N03/N04	CR3/CR4				
3	长驰轮	EVRER26	0606E	406/230	上海	东京	09-24 09:00	09-24 19:00	250	R			D01/D02/	CR1/CR2/	M01/M02/	CR1/CR2/
4	意扬轮	LTUCA50	0320W	62/45	上海	高雄	09-24 10:00	09-24 14:00	250	R			D03/	CR3		

备注：1）船舶靠离时，注意码头设施及设施的安全。2）各类作业人员上岗定点，杜绝违纪现象。3）集卡控制好车速，注意港区交通安全。4）每班备叉车一辆。5）标准配置：每路桥1+龙1+集卡6+理货1。6）中班备捆扎工人，夜班备捆扎工人，日班备捆扎工人/2014-09-24 19:49:01/2014-09-24 13:06:01/2014-09-25 00:39:01/低潮时刻：2014-09-24 07:21:01/2014-09-24 19:49:01/2014-09-25 07:42:01/

舟山气象：今天、明天，后天多云，全市今天最高气温32℃，明天最高气温33℃，后天最低气温25℃，舟山沿海海面26℃。舟山沿海海面风浪：今天3级，傍晚起3~4级；明天、后天4级。起6级，阵风7~8级；明天南风6~7级，阵风8级；后天偏南风5~6级，阵风7级，傍晚

步骤五：口岸协调

向港务局调度室汇报下个昼夜集装箱作业计划预编计划，同时跟港务局里调度申请好相应需要的引航员、拖轮等。

步骤六：布置落实

根据船舶开靠时间，安排昼夜工班作业路、作业机械、劳动力等，经生产调度会讨论、修正后，即可作为计划组织实施。

 任务考核

任务布置：根据以上信息，制作 9 月 25 日的昼夜集装箱作业计划表。

陆浩在师傅的帮助下顺利完成了绘制昼夜集装箱作业计划表的项目。你是否也解决了相应的问题和完成了相应的任务呢？与表 9-23 对比一下吧。

表 9-23 任务考核表

任务名称： 绘制昼夜集装箱作业计划表

序 号	考 核 内 容	配 分	评 分 标 准	考 核 记 录	得 分
1	了解码头作业情况	10	对当前码头前沿作业情况的了解程度		
2	收集昼夜集装箱船舶资源	20	能正确收集下个昼夜集装箱码头作业船舶的资料		
3	汇总昼夜天气情况、潮水情况	10	能正确汇总下个昼夜天气情况、潮水情况等		
4	确定集装箱船舶靠泊方向	30	能根据潮水的情况，来确定集装箱船舶的靠泊方向		
5	确定工班作业路数	30	能根据集装箱船舶的箱量，来确定工班作业路数		

考核员签名： 日期：

项目十　配载

Project 10

情景创设

陆浩最近进步很大，对船舶计划工作很快就熟悉了。有一天跟张师傅闲聊的时候，感叹道："师傅，你看每天有这么多集装箱船舶在码头上忙忙碌碌的，好热闹啊。大船有上千个集装箱要卸下、装上，虽然有这么多集装箱在船上，可是又不乱套。有不同港口的，有不同重量的，有不同类型的集装箱，它们是如何在船上堆放的呢？"张师傅望着窗外，看着码头上正在装卸的集装箱船舶，意味深长地说："这里的学问可是大着呢。正好，刚刚主管问起你的情况，听说你现在都能独立完成船舶计划，正要派你去配载岗位实习呢，我这就带你去。""好的，我拿一下东西。"陆浩忙拿了本子跟笔，跟着张师傅到了配载岗位。配载李主管看到陆浩过来，指着旁边的一位略微有点发福的人说："欢迎来我们配载岗位学习，这位是你的老师——何师傅，他可是位老配载员了，以后好好跟他学习。"陆浩忙点头，接着跟着何师傅去学习了。陆浩又把刚刚的疑问说了一下，何师傅说："配载工作非常关键，集装箱在船上的位置配得好跟不好，差别非常大，配得好，装卸船作业的时候，非常顺利，效率也高，配得不好，就会增加龙门吊、桥吊工作量，要不停倒箱。还有更严重的是，配得不好，集装箱船舶在海上航行的时候，会很危险，容易倾斜或者翻船。""责任这么大啊！师傅，那以后请您多多关照。"陆浩调皮地作了一下揖，何师傅也被逗乐了。

想一想：

1. 在配载计划岗位，到底需要做哪些工作？
2. 在做配载计划工作时，需要收集哪些资料？

项目分析

何师傅为了帮助陆浩更好地理解配载计划岗位的工作，编制了一个学习计划表，见表10-1。

表10-1　配载计划项目分析表

工 作 项 目	工 作 任 务	工 作 目 标
配载作业	绘制预配图	能绘制预配图
	绘制实配图	能够绘制实配图

任务一　绘制预配图

任务描述

陆浩收到长驰轮的一张船图和这条船的相关信息，有点懵了，幸好何师傅在旁边。何师傅开始耐心地给他讲解如何绘制预配图。正常情况下，船公司的配载部门会把预配图发送给集装箱码头的配载员，码头配载员不需要做预配图，但是为了能更好地学会配载作业，我们与陆浩一起来学习一下预配图的绘制过程。

任务准备

一、预配图的概念

集装箱船舶积载的最关键程序是集装箱的预配。预配的好坏，关系着集装箱船舶的营运效益，也关系着集装箱船舶的安全。因此，在做集装箱预配图的时候，既要充分利用集装箱船舶的最大箱容量，又要减少中途港倒箱、提高集装箱船舶的作业效率，提高营运效益。

集装箱船舶的预配图有多种形式，常见的有下列三种：基本预配图、总预配图、传真预配图。

（1）基本预配图　此种图是三种形式预配图中最基本的一种形式。他是船公司的配载向集装箱码头递送的集装箱预配图。其他两种形式是在基本预配图的基础上派生出来的。

（2）总预配图　一般在集装箱班轮航线上会制定总预配图。比如在马士基的中东航线上，船在抵达新加坡之前，新加坡代理会将新加坡、巴生、釜山三个挂靠港的订舱箱量都发送到船上，船舶大副会做预配，制定好三个挂靠港的总预配图，经船长审核后再发送给新加坡代理。总预配图可以综合考虑三个挂靠港的积载，使整个船舶的积载更有效率，更安全。

（3）传真预配图　此种图是将船舶的预配图通过传真方式传给集装箱装卸公司，供其制定实配图。

为了能更清楚地了解预配图的信息，可以将预配图分成三幅来看。第一幅：字母图；第二幅：重量图；第三幅：特殊箱图。

二、预配图编制原则

集装箱船舶有个最大集装箱容量，但是这个最大集装箱容量是在特定的条件下设计的，由于受货源船舶载重量和船舶稳性的制约，并不是在任何情况下均能承载它最大箱容量。而影响集装箱船舶是否能达到最大集装箱容量的关键因素是所承载的集装箱的箱重。因此，在集装箱预配图编制过程中，要考虑集装箱船舶航次订舱的集装箱箱重，充分利用集装箱船舶的集装箱箱位。

（一）合理安排轻重箱的位置

船舶稳性是衡量航行安全的最重要指标。由于集装箱船舶有大量的集装箱配载在甲板上，满载时重心高度较高，为保证航行时的稳性，需要加一定数量的压载水。合理的集装箱配载，不仅仅要考虑集装箱的上下问题，而且还要考虑集装箱横向的左右问题。在编制预配图时，应该尽量使集装箱的重量在船舶的横向方向左右对称，也就是在预配时，尽量将同一个重量或接近等重的集装箱配在同行、同层上，左右对称，这样可以避免船舶侧倾。只有合理安排轻重箱，才能使集装箱船舶在作业与运行的时候，更加安全可靠。

（二）避免"压港"现象，合理预配选港集装箱

由于集装箱船舶自身的特点，它有很多中途挂靠的港口，在中途港装卸作业也非常频繁，尤其是远洋运输的集装箱班轮。由于配积载不当，在中途港卸货时，集装箱船舶需要进行倒箱作业，严重影响了码头的装卸效率，也增加了不必要的费用。因此，在预配的时候，应从全航线考虑，尽量将先到港的集装箱配在后到港的集装箱上面，避免"压港"，造成不必要的资源浪费。

（三）尽量避免同一卸货港的集装箱过分集中

集装箱的装卸一般都使用桥吊进行作业，但是桥吊不可能并列在一起，同时为集装箱船舶相邻两个贝位上的集装箱作业。因为一台桥吊的横跨度一般都在25m以上，相邻两个贝位不能同时工作，当船期较紧时，码头一般会同时几台桥吊一起作业。如果把同一个卸货港的集装箱都集中在相邻贝位，几台桥吊就无法同时进行作业，严重影响了集装箱码头的装卸作业效率，也影响了这条集装箱船舶的班期。因此，在做预配的时候，要尽量把有较多箱量的同一个卸货港的集装箱分开配置。

（四）满足特殊集装箱积载的特殊要求

特殊集装箱，如冷藏箱、危险品箱、超宽箱、超高箱等，这些箱子有特殊的配置要求，要进行合理安排。比如冷藏箱要配置在有插座的集装箱位置上，一般都在甲板的第一、二层，集装箱船舶会预先告知有插座的集装箱位置；危险品箱的运输要符合《国际海运危险货物规则》的装载要求和隔离要求；而超宽、超高箱一般都安排在甲板上的特殊位置。

任务实施

根据长驰轮的相关信息，整理后的舱单信息见表 10-2，长驰轮船舶箱位图如图 10-1 所示，绘制预配图的具体步骤如下：

表 10-2　长驰轮/0606E 舱单信息汇总表

目的港	20F	重量/t	40F	重量/t	40F（DG）	重量/t	40E	40F（R）	重量/t
东京（TYO）	18	15	25	20	1	10	62	7	20
			19	15					
			34	10					
横滨（YOK）			16	20			18	7	
			7	15					
			16	10					
合计	18		117		1		80	14	

注：卸货港为东京，1 个二类 40F 危险品箱，有 9 个 40F 的冷藏箱；卸货港为横滨，有 9 个 40F 的冷藏箱，危险品箱只能装在 05、07 贝位上，冷藏箱只能装在 17、19、21、23 贝位甲板第一层。

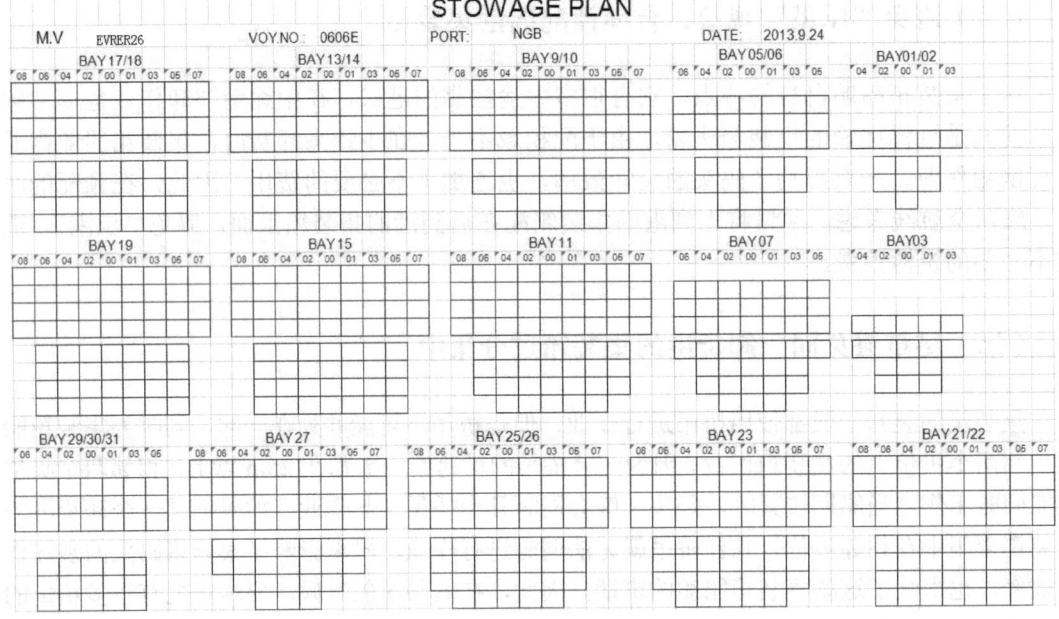

图10-1　长驰轮船舶集装箱箱位图

　**小贴士**

F 代表重箱，E 代表空箱，R 代表冷藏箱，DG 代表危险品箱，例如 40F 代表 40GP 的重箱，40F（R）代表 40GP 的冷藏重箱。

步骤一：舱单的分类和整理

舱单的分类和整理是制定预配图的第一步，船公司的配载中心会收到由集装箱船舶代理传送来的集装箱船舶该航次在宁波港的舱单,这个舱单已经按集装箱的不同卸货港、不同重量、不同箱型尺寸加以分类整理,而且对于特殊箱型,还做了必要的说明。整理后的舱单信息见表10-2,船公司配载中心就根据舱单开始了预配工作。

步骤二:确定本港集装箱的配置贝位

长驰轮船舶整个船的船舶箱位图如图 10-1 所示,根据集装箱船舶前几个港口的配船安排,以及考虑到船舶的稳性问题,准备安排的集装箱船舶贝位为05、07、09、11、17、19、21、23。

步骤三:安排特殊箱型集装箱箱位

根据表 10-2 可知,需要安排的特殊箱型有卸货港为东京的 1 个二类 40F 的危险品,7 个 40F 的冷藏箱,卸货港为横滨的 7 个 40F 的冷藏箱。根据表 10-2 可知,危险品只能装在 05、07 贝位,因此,把 1 个二类 40F 的危险品放在了 06 贝位,如图 10-2 所示,因为是 40GP 的箱子,所以占用了两个贝位的箱位,箱位号为 060282。

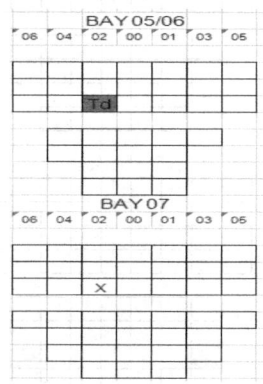

图10-2　危险品配置贝位图

根据表 10-2 可知,冷藏箱只能装在 17、19、21、23 贝位甲板第一层,因此,把 14 个 40F 的冷藏箱配置在了 18、22 贝位甲板第一层,如图 10-3 所示。

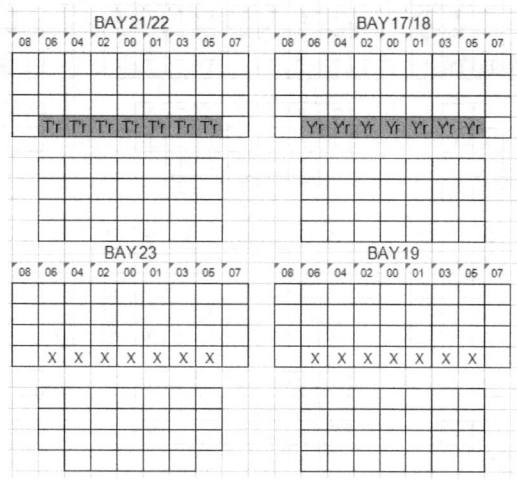

图10-3　冷藏箱配置贝位图

步骤四：安排普通箱型集装箱箱位

东京是较大卸货港，因此把东京的集装箱隔舱配位，便于两条桥吊同时作业。又由步骤二、三得出，东京的集装箱已在 06 贝位、22 贝位配有集装箱，因为同一个贝位应尽量放同一个卸货港的集装箱，以免倒箱，因此把东京的集装箱优先安排在 05、07、21、23 贝位，由于集装箱量较大，还需要安排在 09、11 贝位上。

首先配载东京舱内 20GP 的集装箱，如图 10-4 所示，再安排舱内 40F 的集装箱，遵循重箱在下面、轻箱在上面的原则，配好卸货港为东京的预配，图 10-5 所示为东京集装箱贝位图（字母图），图 10-6 所示为东京集装箱贝位图（重量图）。

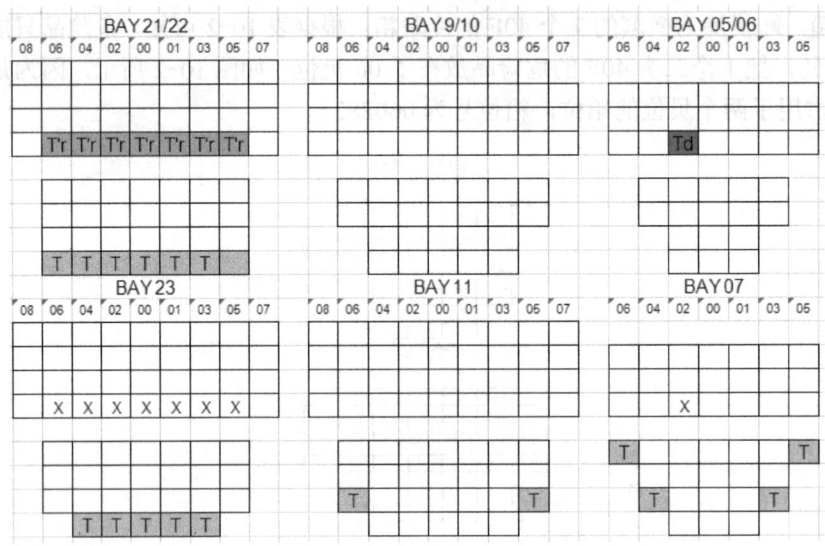

图10-4　东京20GP集装箱配置贝位图

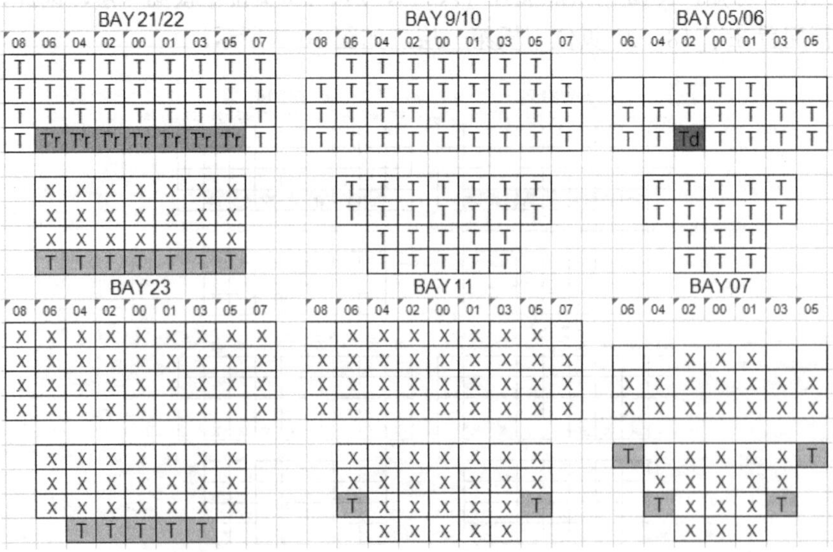

图10-5　东京集装箱贝位图（字母图）

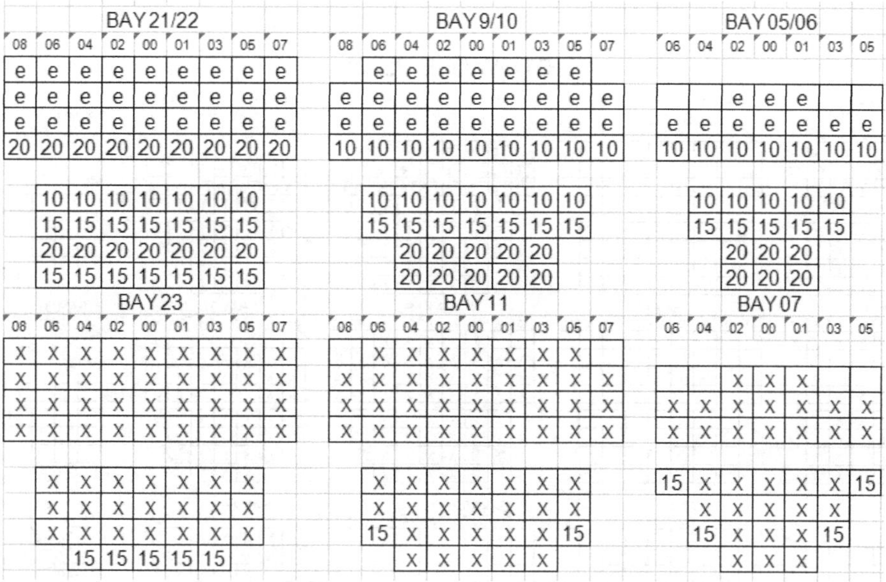

图10-6 东京集装箱贝位图（重量图）

然后按照相同的原则，配置卸货港为横滨的集装箱，如图10-7和图10-8所示。

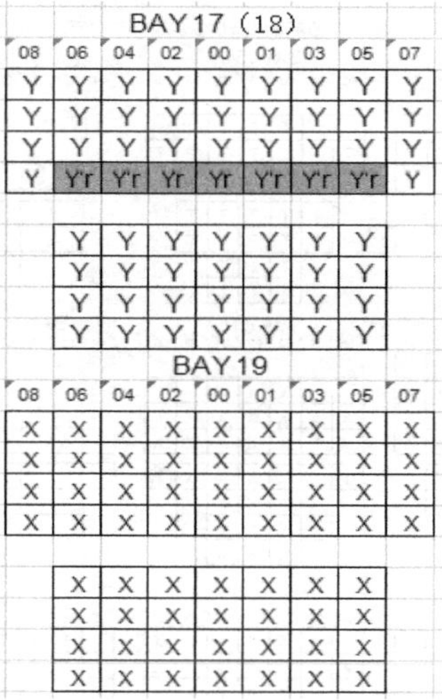

图10-7 横滨集装箱贝位图（字母图） 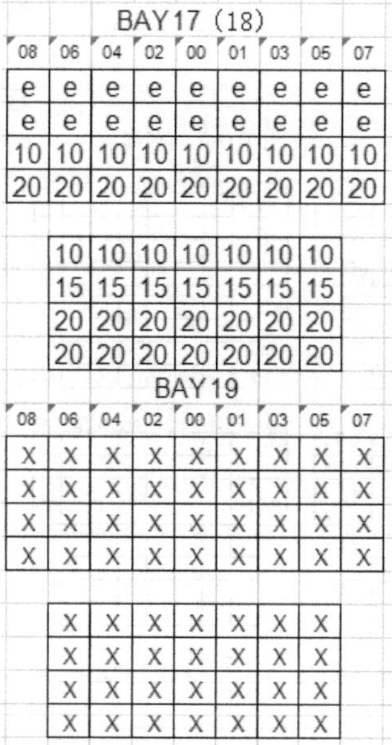　　图10-8 横滨集装箱贝位图（重量图）

步骤五：总预配图

把两个卸货港的预配汇总，即得出了基本预配图，如图 10-9 所示。为了能更清楚地了解预配图的信息，也可以把预配图分成三幅来表示，如图 10-10～图 10-12 所示。

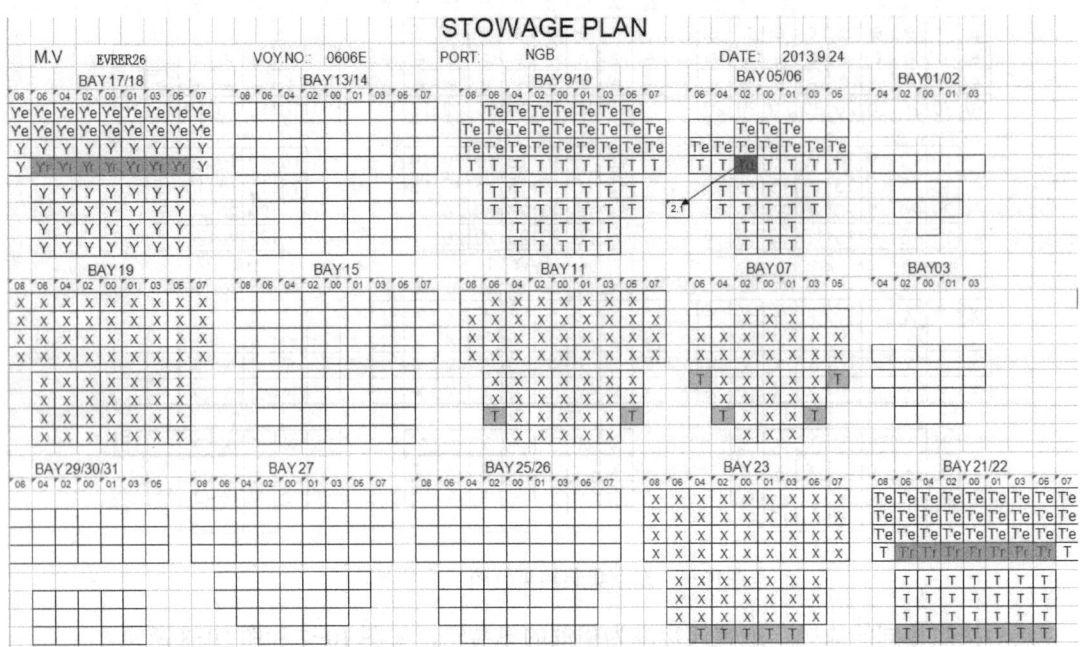

图10-9 基本预配图

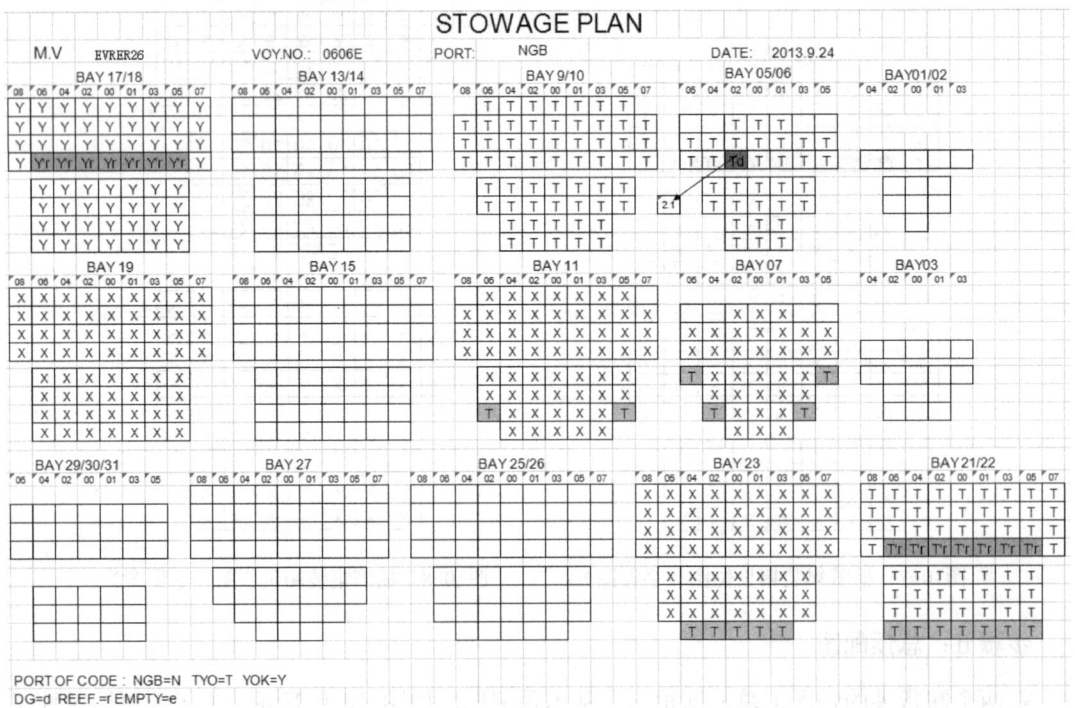

图10-10 预配图（字母图）

图10-11 预配图（重量图）

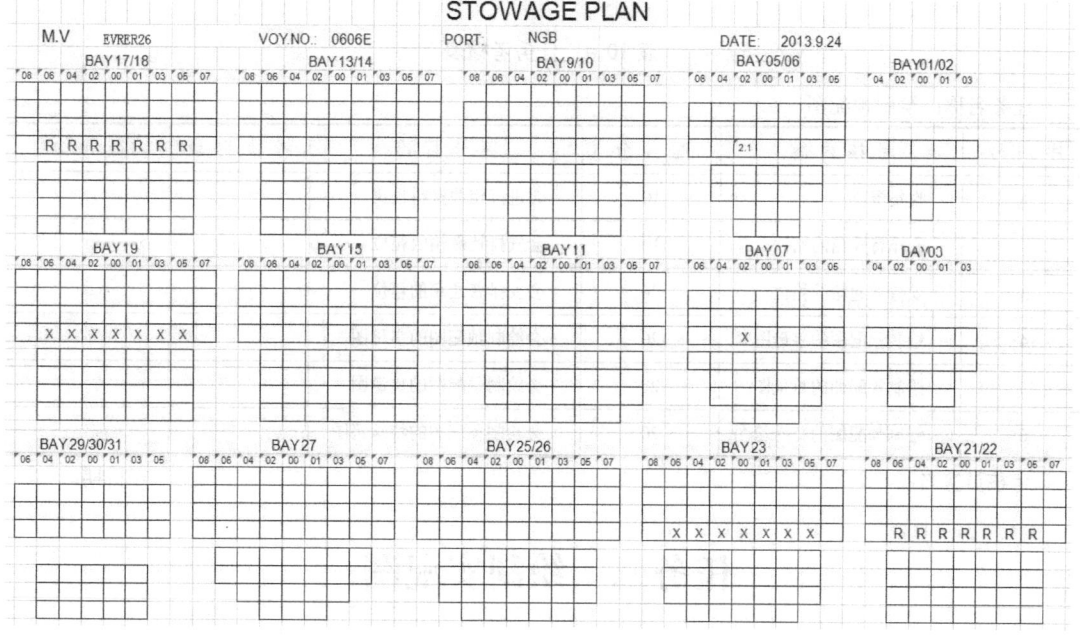

图10-12 预配图（特殊箱型图）

任务布置：根据表10-3和图10-1来绘制集装箱船舶的预配图。

表 10-3　长驰轮/0505E 舱单信息汇总

目的港	20F	重量/t	40F	重量/t	40F（DG）	重量/t	40F（R）	重量/t
东京（TYO）	109	15	52	20	2	10	22	20
			38	15				
			45	10				
横滨（YOK）	49	16	7	20				
			3	15				
			5	10				
名古屋（NGO）	30	18	20	20			5	20
			12	15				
			18	10				
TOTAL	188		200		2		27	

注：危险品箱只能装在 05、07 贝位上，冷藏箱只能装在 17、19、21、23、25、27 贝位上。

陆浩在师傅的帮助下顺利完成了绘制预配图的项目。你是否也解决了相应的问题和完成了相应的任务呢？与表 10-4 对比一下吧。

表 10-4　任务考核表

任务名称：绘制预配图

序　号	考核内容	配　分	评分标准	考核记录	得　分
1	收集资料	10	会进行相关资料收集		
2	安排特殊箱的箱位	10	会安排特殊箱的箱位		
3	安排普通箱的箱位	20	会安排普通箱的箱位		
4	绘制预配图的字母图	20	会绘制预配图的字母图		
5	绘制预配图的重量图	20	会绘制预配图的重量图		
6	绘制预配图的特殊箱图	20	会绘制预配图的特殊箱图		

考核员签名：　　　　　　　　　　　　　　　　　　　　　　　　　　日期：

任务二　绘制实配图

任务描述

陆浩根据预配图和码头的具体情况，在师傅的帮助下，开始绘制实配图，如图 10-13 所示。

图10-13 集装箱在码头14贝位图

任务准备

一、实配图及其作用

集装箱码头配载计划部门收到船公司发来的预配图后，按照预配图的要求，根据集装箱码头实际放行的要出口的集装箱箱量，以及集装箱在码头堆场的堆放情况，编制集装箱码头配载图，此图通常被称为集装箱实配图。

实配图的主要作用是向船方提供集装箱的具体船箱位、集装箱重量、冷藏箱的箱位、危险品的类别和其船箱位，使船方能有充分的时间对船舶的稳性、强度进行校核，并及时调整船舶的吃水差，使船舶适航。实际配载图的另一主要作用，是作为集装箱码头装船作业实施的依据。

二、实配图的编制过程

实配图的编制是由码头的配载中心来完成的。配载员一般会根据船公司或其代理发送的预配图，结合码头的实际情况，进行实配图的编制，经大副审核确认签字后，根据实配图进行船舶的装船作业。实配图的整个编制过程主要经历了以下几个环节：

（1）由船公司的集装箱配载中心根据代理公司整理的订舱单，编制本航次集装箱预配图。

（2）航次集装箱预配图由船公司直接寄送给港口的集装箱码头公司，或通过船舶代理用EMAIL或传真的形式传给港口的集装箱码头公司。

（3）港口码头公司收到预配图后，由码头集装箱配载员，根据预配图和码头实际进箱情况，编制集装箱实配图。

（4）待集装箱船舶靠泊后，码头配载员持实配图上船，交由大副审查，如有问题，配载员根据实际情况进行修改，直到船长或大副确认后，签字盖章。

（5）码头按照大副签字盖章认可的实配图安排装船作业。

（6）集装箱船舶装船结束后，由外理公司的外理员按照集装箱船舶的实际装箱情况，编制最终积载图。

三、实配图的编制原则

在编制实配图的时候，要遵循的一般原则为：重不压轻、小不压大；先配远程、后配近程；先特殊、后普通；左右平衡、前后适当；保证安全、尽量满舱。重箱一般配置在船中间和舱内，轻箱一般配置在船两头和舱面。

（1）在配载过程中，始终注意船舶纵倾、稳性、强度的要求，要合理分配轻重箱配积载位置。一般情况下，重箱配在下方，轻箱配在上方。

（2）先配载特殊集装箱，后配载普通集装箱。危险品集装箱在配载的过程中要根据所装载的危险品货物的装载要求来配载，一般情况下要放在甲板上，也有要求放舱内的，尽量远离机舱或生活区。冷藏箱的装载有其固定的船箱位，一般在舱面第一、二层，需要有插座的船箱位，当然冷代干的冷藏箱除外。

（3）在配载过程中，要考虑集装箱码头多条作业路线一起的情况，避免堆场取箱位置过度集中，造成交通阻碍，也影响作业。

（4）在配载时，尽可能预计可能影响作业路作业的因素及其发生时间，在配载时注意有意识地减小这些因素的影响。

> **问题思考：**
> 实配图的编制原则跟预配图的区别有哪些？

四、实配图的审核

集装箱码头实际配载图制作完毕后，配载员须先进行自检，自检内容基本根据配载原则。通过后再送交船舶大副，经大副审核确认后，码头方可按船图进行装船作业。实配图审核的主要内容有以下几个方面：

（1）核对实配图上的集装箱箱型数量是否与舱单数据一致。要核对实配图上的集装箱数量、型号、重箱、空箱等信息和舱单上是否一致。

（2）核对每一个贝位的集装箱箱型和重量，坚持重不压轻、小不压大的原则。无论是装在集装箱船的舱底还是甲板上，都不能把重箱放在轻箱的上面，也不能把小箱压在大箱的上面。

（3）检查特种箱的配载是否正确。检查冷藏箱、危险品箱、超长超高箱等特殊箱型在船上的配载位置是否符合要求。

（4）审核集装箱的卸货港顺序，防止后港压前港而产生倒箱，增加倒箱费用。但应该指出的是，对于某些箱位少而挂港又多的班轮航线上的船舶，有时产生若干箱位要倒箱是不可避免的。这里要防止的是由于配载错误、麻痹大意而造成不必要的倒箱。

（5）审核适航性。最后对实配图的配箱情况重新进行稳性、吃水差和纵向强度的计算校核，以保证船舶具有良好的适航性。

**任务实施**

根据长驰轮预配图以及集装箱码头相关信息,绘制实配图的具体步骤如下:

步骤一:接收预配图

集装箱码头配载计划部门接收船公司发来的长驰轮预配图,如图10-14所示。

步骤二:核查该船集装箱的实际出口放行情况

核查该船集装箱预配中的集装箱是否都在集装箱码头堆场,集装箱的状态是否都已放行,同时再确认一下是否有退关或加载的情况。根据集装箱码头堆场的实际出口放行的集装箱情况来编制实配图。经核实确认长驰轮这班航次的货物都正常放行。

步骤三:确认该船集装箱在集装箱码头堆场的堆放情况

在编制集装箱实配图的时候,也要参考集装箱在码头堆场的堆放情况来安排集装箱在船上的位置。对于去同一个卸货港的同一类型集装箱,在重量也差不多的情况下,根据集装箱在码头堆场的堆放位置安排集装箱在船上的先后位置,这样可以减少在码头堆场的倒箱情况,提高装卸船的作业效率。长驰轮的集装箱在码头堆场的堆放情况见表10-5,由于一个危险品箱是2.1类危险品,是船边直装,不需要在码头堆场堆放。

图10-14 长驰轮的预配图

表 10-5　长驰轮的集装箱在码头堆场的堆放情况

卸货港	箱型（重量/t）	堆场位置			
TYO	40F（20）	A1	26	06>>01	1>>4
		A3	26	06>>01	1>>4
	40F（15）	A1	30	06>>01	1>>4
		A3	30	06>>01	1>>4
	40F（10）	A1	34	06>>01	1>>4
		A3	34	06>>01	1>>4
	20F（15）	A1	03	06>>01	1>>4
	40E	A1	14,18,42,44	06>>01	1>>4
		A3	14,18	06>>01	1>>4
	40F（R）	L6			
YOK	40F（20）	A3	02	06>>01	1>>4
	40F（15）	A3	06	06>>01	1>>4
	40F（10）	A3	10	06>>01	1>>4
	40E	A3	42,48	06>>01	1>>4
	40F（R）	L6			

其中，05、07 贝位的集装箱在码头堆场的位置见表 10-6。

表 10-6　长驰轮集装箱船舶 05、07 贝位的集装箱在码头堆场的堆放情况

卸货港	箱型（重量/t）	箱号	堆场位置
TYO	40F（20）	CBHU6067723	A1 26 01 1
		CBHU6056307	A1 26 01 2
		CBHU6204702	A1 26 01 3
		CBHU1967297	A1 26 01 4
		FSCU5015580	A1 26 02 1
		FSCU5017216	A1 26 02 2
	40F（15）	PCIU4560852	A1 30 01 1
		IMTU1091589	A1 30 02 1
		PCIU4623349	A1 30 03 1
		PCIU4487480	A1 30 04 1
		CBHU6138365	A1 30 05 1
	40F（10）	PCIU4569269	A1 34 01 1
		CBHU1827870	A1 34 01 2
		CBHU6387223	A1 34 01 3
		CBHU6014744	A1 34 01 4
		TRLU8620962	A1 34 02 1
		CBHU1850572	A1 34 02 2
		FSCU5017031	A1 34 02 3
		TTNU4863939	A1 34 02 4
		TTNU5768134	A1 34 03 1
		CBHU6237080	A1 34 03 2
		TTNU4365392	A1 34 03 3
	40E	YMLU4880654	A1 14 01 1
		YMLU4989774	A1 14 01 2
		DFSU4089725	A1 14 01 3
		YMLU4914395	A1 14 01 4
		YMLU5109596	A1 14 02 1
		YMLU4908854	A1 14 02 2

(续)

卸 货 港	箱型（重量/t）	箱 号	堆 场 位 置
		DFSU4227824	A1 14 02 3
		DFSU4117030	A1 14 02 4
		YMLU4930816	A1 14 03 1
		CBHU6330629	A1 14 03 2
	20F	SEGU1100549	A1 03 01 1
		TRHU2024314	A1 03 01 2
		YMLU3125068	A1 03 01 3
		YMLU2820471	A1 03 01 4

步骤四：编制实配图

首先安排特殊箱型的集装箱。根据长驰轮的特殊箱型情况，堆场安排跟出口放行都没问题。

其次安排普通箱型的集装箱。

重点路数同一个贝位的集装箱码头堆场的位置应尽量分开，以免作业时堆场堵塞。

编制的实配图由两部分组成，一个是封面图，跟预配图一样。另外一个是箱贝位图，05、06 的箱贝位图如图 10-15 所示。

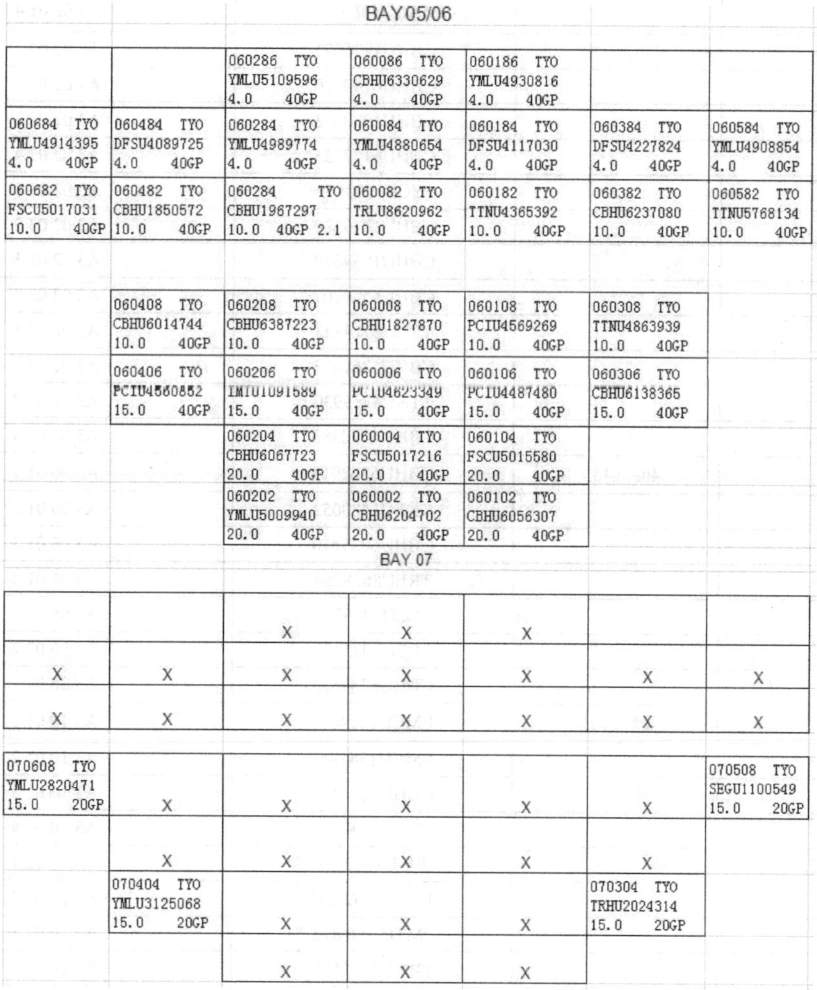

```
                                    BAY 05/06
                        ┌──────────┬──────────┬──────────┐
                        │060286 TYO│060086 TYO│060186 TYO│
                        │YMLU5109596│CBHU6330629│YMLU4930816│
                        │4.0   40GP│4.0   40GP│4.0   40GP│
┌──────────┬──────────┼──────────┼──────────┼──────────┼──────────┬──────────┐
│060684 TYO│060484 TYO│060284 TYO│060084 TYO│060184 TYO│060384 TYO│060584 TYO│
│YMLU4914395│DFSU4089725│YMLU4989774│YMLU4880654│DFSU4117030│DFSU4227824│YMLU4908854│
│4.0   40GP│4.0   40GP│4.0   40GP│4.0   40GP│4.0   40GP│4.0   40GP│4.0   40GP│
├──────────┼──────────┼──────────┼──────────┼──────────┼──────────┼──────────┤
│060682 TYO│060482 TYO│060284 TYO│060082 TYO│060182 TYO│060382 TYO│060582 TYO│
│FSCU5017031│CBHU1850572│CBHU1967297│TRLU8620962│TTNU4365392│CBHU6237080│TTNU5768134│
│10.0  40GP│10.0  40GP│10.0 40GP 2.1│10.0 40GP│10.0  40GP│10.0  40GP│10.0  40GP│
└──────────┴──────────┴──────────┴──────────┴──────────┴──────────┴──────────┘
                        ┌──────────┬──────────┬──────────┬──────────┬──────────┐
                        │060408 TYO│060208 TYO│060008 TYO│060108 TYO│060308 TYO│
                        │CBHU6014744│CBHU6387223│CBHU1827870│PCIU4569269│TTNU4863939│
                        │10.0  40GP│10.0  40GP│10.0  40GP│10.0  40GP│10.0  40GP│
                        ├──────────┼──────────┼──────────┼──────────┼──────────┤
                        │060406 TYO│060206 TYO│060006 TYO│060106 TYO│060306 TYO│
                        │PCIU4560852│IMTU1091589│PCIU4623349│PCIU4487480│CBHU6138365│
                        │15.0  40GP│15.0  40GP│15.0  40GP│15.0  40GP│15.0  40GP│
                        └──────────┴──────────┴──────────┴──────────┴──────────┘
                        ┌──────────┬──────────┬──────────┐
                        │060204 TYO│060004 TYO│060104 TYO│
                        │CBHU6067723│FSCU5017216│FSCU5015580│
                        │20.0  40GP│20.0  40GP│20.0  40GP│
                        ├──────────┼──────────┼──────────┤
                        │060202 TYO│060002 TYO│060102 TYO│
                        │YMLU5009940│CBHU6204702│CBHU6056307│
                        │20.0  40GP│20.0  40GP│20.0  40GP│
                        └──────────┴──────────┴──────────┘
                                     BAY 07

                                X         X         X
           X         X          X         X         X         X         X
           X         X          X         X         X         X         X

┌──────────┐                                                      ┌──────────┐
│070608 TYO│                                                      │070508 TYO│
│YMLU2820471│    X         X          X         X         X        │SEGU1100549│
│15.0  20GP│                                                      │15.0  20GP│
└──────────┘                                                      └──────────┘
                       X         X          X         X
                 ┌──────────┐                              ┌──────────┐
                 │070404 TYO│                              │070304 TYO│
                 │YMLU3125068│   X         X         X     │TRHU2024314│
                 │15.0  20GP│                              │15.0  20GP│
                 └──────────┘                              └──────────┘
                                X         X          X
```

图10-15 集装箱实配图（05、06箱贝位图）

步骤五：实配图的审核

集装箱码头的配载计划人员会在集装箱装船之前，把实配图送到船舶的船长或大副审核，如果船长或大副对实配图有修改，则应该再次修改，最后确认好的实配图，经确认签字后，方可以根据实配图安排集装箱码头的装卸作业。

任务考核

任务布置：根据表 10-7，绘制集装箱船舶 17（18）贝位的箱贝位图。

表 10-7　长驰轮集装箱船舶 17（18）贝位的集装箱在码头堆场的堆放情况

卸 货 港	箱 型	箱 号	堆 场 位 置
YOK	40F（20）	CBHU6047769	A3 02 01 1
		CBHU6161410	A3 02 01 2
		FSCU5017875	A3 02 01 3
		MAGU4866235	A3 02 01 4
		CBHU1926071	A3 02 02 1
		CBHU6140320	A3 02 02 2
		CBHU1970623	A3 02 02 3
		CBHU6177633	A3 02 02 4
		FSCU5003172	A3 02 03 1
		CBHU1829220	A3 02 03 2
		CBHU1984329	A3 02 03 3
		CBHU6439707	A3 02 03 4
		TRLU6514323	A3 02 04 1
		CBHU6369493	A3 02 04 2
		TTNU4569930	A3 02 04 3
		CBHU6078380	A3 02 04 4
	40F（15）	CBHU6362919	A3 06 01 1
		KKFU1480052	A3 06 01 2
		CBHU6029810	A3 06 01 3
		TRLU8628264	A3 06 01 4
		FSCU5015933	A3 06 02 1
		FSCU5023250	A3 06 02 2
		CBHU6249625	A3 06 02 3
	40F（10）	EMCU1414614	A3 10 01 1
		EMCU1342941	A3 10 01 2
		CBHU6238127	A3 10 01 3
		FSCU4804686	A3 10 01 4
		EISU1799988	A3 10 02 1
		EMCU1369897	A3 10 02 2
		IMTU1090812	A3 10 02 3
		DFSU4125150	A3 10 02 4
		HMCU1011416	A3 10 03 1

(续)

卸 货 港	箱 型	箱 号	堆 场 位 置
	40E	XINU4060056	A3 42 01 1
		EISU1722543	A3 42 01 2
		HMCU1016383	A3 42 01 3
		EMCU1411868	A3 42 01 4
		EISU1833070	A3 42 02 1
		EISU1752091	A3 42 02 2
		EISU1780072	A3 42 02 3
		EISU1800970	A3 42 02 4
		EISU1760749	A3 42 03 1
		EMCU1389390	A3 42 03 2
		CBHU6311608	A3 42 03 3
		GVCU4064994	A3 42 03 4
		HMCU1036775	A3 42 04 1
		EMCU1456902	A3 42 04 2
		CBHU1861833	A3 42 04 3
		CBHU6410302	A3 42 04 4
		BMOU3106019	A3 42 05 1
		EISU1790234	A3 42 05 2
	40F（R）	TEMU9022367	L6 02 01 1
		CBHU6253815	L6 02 01 2
		YMLU4926170	L6 02 02 1
		YMLU5009940	L6 02 02 2
		CBHU1998359	L6 02 03 1
		CBHU1837863	L6 02 03 2
		CBHU1811600	L6 02 04 1

陆浩在师傅的帮助下顺利地完成了集装箱船舶实配图的绘制项目。你是否也解决了相应的问题和完成了相应的任务呢？与表 10-8 对比一下吧。

表 10-8 任务考核表

任务名称：绘制集装箱实配图（箱贝位图）

序 号	考核内容	配 分	评分标准	考核记录	得 分
1	核查集装箱的出口放行情况	20	会核查实际集装箱的出口放行情况		
2	确认集装箱码头堆放情况	20	会确认集装箱码头堆放情况		
3	绘制实配图的箱位图	60	会绘制实配图的箱位图		

考核员签名： 日期：

项目十一 控制作业

Project 11

 **情景创设**

时间过得真快,在堆场的三个月轮岗实习时间又过去了。这一次,陆浩来到了控制中心。在别的岗位实习时,陆浩经常要跟控制中心接触。在印象中,控制岗位是最辛苦的,但是也是最锻炼人的,很多领导都是从控制员升上去的。陆浩也暗暗下决心,要认真学习,尽快独立工作。在控制岗位,陆浩的师傅可是一位资深的控制员,大家都亲切地叫他老李。陆浩一来,李师傅就开始给他介绍起来:"小陆,你看我们控制室永远是最繁忙的地方。我们每天要安排这么多条船的装卸作业。要把码头上的人员、机械资源合理安排,达到最大的效用,使船舶能准时靠港,又能准时离港。装卸船作业是我们控制的一个主要任务,但是我们每个班都会安排人员做进、提箱作业,就是每天有这么多外集卡送出口集装箱到码头,又有很多外集卡来港区提走进口箱,我们要在堆场及时安排龙门吊司机帮这些外集卡上的集装箱卸到堆场,或装上集卡。你先跟着我学一段日子,慢慢领会。"陆浩连连说好,拿着笔和本,认真做着笔记。

想一想:
1. 在控制岗位,到底需要做哪些事?
2. 在做控制作业时,需要收集哪些资料?

 **项目分析**

李师傅为了帮助陆浩更好地理解船舶计划岗位的工作,编制了一个学习计划表,见表11-1。

表 11-1 船舶计划项目分析表

工 作 项 目	工 作 任 务	工 作 目 标
控制作业	卸船作业	能完成卸船作业
	装船作业	能完成装船作业

任务一　卸　船　作　业

任务描述

陆浩学习了一段时间后，感觉基本掌握了要点，就开始尝试一下一艘小船的卸船作业。

任务准备

一、码头生产控制

码头生产控制是指对集装箱码头生产全过程进行统一的管理和指导，它是现代化企业管理的重要手段，也是码头生产作业计划的有机连续。

由于在编制码头生产作业计划时，不可能把一切情况都考虑进去，因此在实施计划时，必然会出现某一生产环节或内部的不平衡，这就需要码头生产控制部门能创造性地工作，来保证生产作业计划顺利地进行。

（一）码头生产控制的作用

码头生产控制工作是执行生产作业计划的关键，它的主要作用就是依据生产作业计划对码头生产经营活动进行日以继夜地组织、指挥、衔接、协调和平衡，在安全优质的基础上保证生产作业计划的完成。

由于码头生产的变化因素太多，因此控制工作的变化性比较大。要发挥控制人员的主观能动性，考虑情况要周到全面，工作要深入细致，生产潜力要深层挖掘，这样才能提高装卸效率和扩大码头通过能力。

（二）码头生产控制的工作内容

控制员主要是对码头装卸船、场地进提箱以及移箱进行监控和协调，处理在各类作业过程中出现的问题。

（1）合理配置集装箱码头的各种生产资料。码头生产控制就是根据昼夜生产计划的要求，合理安排集装箱码头的人员、机械设备，完成当班作业，同时要提高码头作业效率，压缩集装箱船舶在港停泊时间，以及外集卡在码头的作业时间。

（2）控制员对集装箱码头前沿装卸船作业进行安排。根据集装箱船舶集装箱箱量、作业时间等要求，合理安排该船的作业路数，以及作业人员、桥吊、龙门吊、理货等生产要素。

（3）控制员对场地进提箱以及移箱作业进行监控和协调。集装箱码头每天都有大量的集装箱要进出港区堆场，因此要安排龙门吊在相应的堆场位置，给等候的外集卡装上要提走的集装箱或者是卸下进港的集装箱。

（4）控制员对场地移箱作业进行监控和协调。为了提高集装箱船舶作业效率，会对场地上的一些箱子进行场地位置的调整。控制员需要安排龙门吊、内集卡负责移箱作业，并且对整个移箱作业进行监控和协调。

二、卸船作业

卸船作业指集装箱船进入港口，集装箱从船上卸下，之后放入堆场的作业。这个过程是码头业务管理中的核心内容之一。

（一）控制人员配置

控制室船舶作业控制员有两种配置方式：按泊位数配置和按船舶数配置。一般采用按泊位数配置，即如果码头有3个泊位，都要进行作业，则每班设3名船舶作业控制员。

（二）控制员在装卸船作业过程中的任务

一条船基本都会有先卸后装，或者是同时装卸的情况，因此，在这里同时讲装卸船三个阶段的任务。从集装箱船舶装卸操作来看，集装箱船舶的装卸大体经过装卸作业前准备工作、装卸作业和装卸结束后工作三个阶段，控制员在这三个阶段也有相应的相关工作任务。

1．装卸船作业前准备工作

（1）预审船图，根据从船图反映出来的信息，估算作业时间。
（2）预先查询装卸箱被安排的场地和箱量、箱型。
（3）准备好所需要的记录单据。
（4）预先安排要卸箱场地的机械（龙门吊、正面吊、空箱叉车等）。

2．装卸船作业中

（1）按照装卸船作业的思路进行码头人员和设备的安排。
（2）及时与船舶和堆场人员沟通，合理调整作业顺序、场地安排。
（3）对现场人员反映上来的问题及时处理。
（4）用无线终端给龙门吊司机（见图11-1）、桥吊司机以及拖车司机发送工作指令。

图11-1　龙门吊司机操作图

（5）控制作业进度，对现场作业人员的执行情况进行监督。
（6）按作业需要，与相关岗位人员进行沟通协调。

3．卸船结束后

（1）检查各项工作情况。

(2)填写单船作业小结。

(三)卸船作业的原则

在卸船作业时,要遵循一定的原则,才能使卸船作业更准确有效。

(1)卸船尽量按照从岸侧到海侧的顺序。这个原则是从桥吊司机的角度出发的,因为桥吊司机在这么高的高空作业,有视线盲点,如果先卸海侧的集装箱,桥吊司机会比较难看清楚海侧的集装箱情况。因此卸船从岸侧到海侧,桥吊司机作业时,一路视野清晰。

(2)先舱面后舱内的卸船顺序。舱内与舱面由舱盖板隔开,只有先把舱面卸完,才能打开舱盖板,卸舱内的集装箱。

(3)要注意特殊箱子的卸船情况。冷藏箱卸箱前要先拔插头,卸到堆场后,也要及时通知冷箱班插插头。危险品箱,如果是2.1类直卸箱,要及时通知外集卡来船边提箱,直卸箱不在港区堆放,直接出卡口。

(4)要注意装卸之间的衔接。装船图提前出来的情况下,为了提高装卸效率,也有可能装卸船同时进行,需要做好衔接作业。

(5)溢短卸重箱的处理。一般情况下重箱船图位置准确,极少有溢短卸的情况发生。在卸船过程中如发现有疑似重箱溢卸,要第一时间与船公司联系,得到确认后再做进一步的处理。船公司原则上重箱在码头不做溢卸处理,要原船返回。

 任务实施

陆浩拿到了意珍轮的卸船船图,如图 11-2 所示,船舶已经停泊在 2 号泊位。陆浩在李师傅的帮助下,开始做起卸船作业。

图11-2 意珍轮的卸船船图

步骤一：打开船图

陆浩拿到船图后，首先打开船图，进行船图分析，如图 11-2 所示。根据集装箱船舶要卸的集装箱箱量以及分布的贝位，安排作业路数，决定重点路和重点贝位。根据意珍轮的船图，分析结果为：意珍轮总共有 62 个集装箱要卸船，而且是个小船，只需要开一路作业即可。

步骤二：安排场地、机械

堆场已经安排好了卸船的堆场位置，为 F1 区（见图 11-3）。同时，需要安排的机械人员有：堆场 F1 区安排一台龙门吊 R10 作业；2 号泊位的意珍轮船舶，安排一台桥吊 CR3 作业；安排 4 辆内集卡车 T01、T02、T03、T04 作业；同时配备一名现场理货员。

图11-3　堆场

步骤三：分派卸船任务

一路的集装箱船舶作业安排是先卸所有贝位的舱面集装箱，再卸所有贝的舱内集装箱，从船尾卸到船头。偶而大副也会要求先卸船头的集装箱，后卸船尾的集装箱，最后卸中间的集装箱。而针对意珍轮集装箱船舶，经大副同意，卸船的顺序是先船头后船尾。卸船顺序确定后，控制员就把卸船的指令，通过网络服务器传输到所有在作业意珍轮的人员和机械的终端上面。首先作业的贝位是 01（02）贝位，又根据先卸陆侧集装箱、后卸海侧集装箱的原则，且意珍轮是右舷靠泊，因此，01（02）贝位的卸船顺序如图 11-4 所示，每格的右上角代表了这个集装箱的卸船顺序。

步骤四：卸船作业

意珍轮集装箱船舶的卸船作业由以下几部分组成：

（1）内集卡司机根据指令停到码头前沿的卸船位置，桥吊司机根据终端提供的卸船位置 020302，把箱号为 ZCSU8398380 的集装箱从船上卸下来，放到内集卡 T01 的车上。

（2）该船理货员核对船图和集装箱箱号，并与船上工人一起检查集装箱的外表箱体，看有无破损和封条是否完好。如有问题立即联系外理处理。若无问题，则在终端输入集装箱箱号 ZCSU8398380 和内集卡号码 T01，确定后，系统会自动给内集卡一个堆场箱位号 F102011。

（3）内集卡司机根据终端提供的堆场箱位号，开车到堆场 F102011 车道停车，龙门吊 R1 根据终端指令，把内集卡上的集装箱卸到 F102011 位置上。

（4）内集卡司机在堆场卸完箱子，再开到码头前沿的作业位置，等待桥吊把集装箱卸到集卡上，重复上述过程，直至意珍轮船图上要卸的集装箱全部卸完为止。

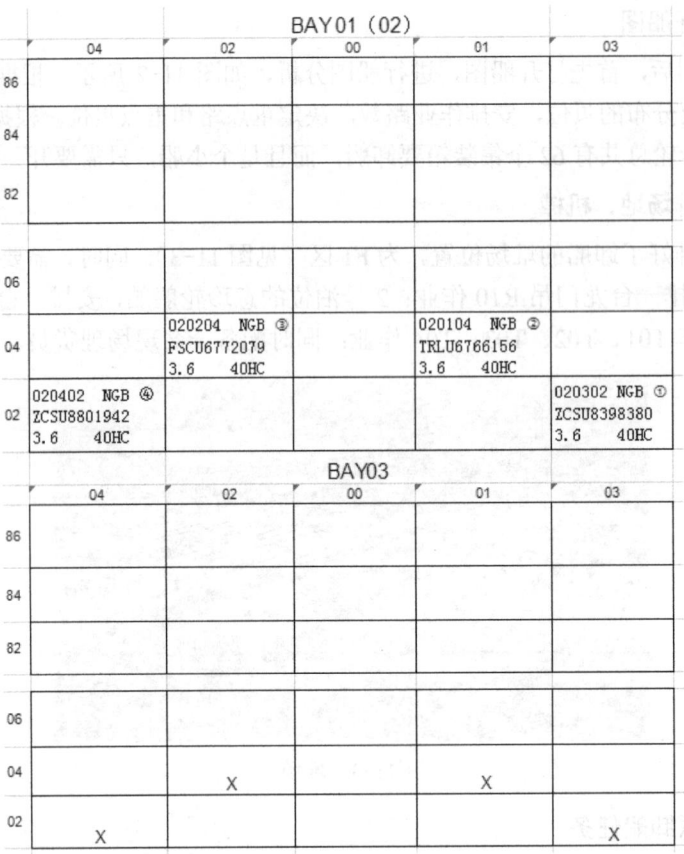

图11-4 01（02）贝位的卸船顺序

步骤五：填写单船作业分析表

按正常情况下，集装箱船舶既有卸船又有装船，船图出来后，就可以按作业要求开始安排装船作业。先根据卸船情况，填写单船作业分析表，见表11-2，等装船结束后，补充表11-2。

表11-2 宁波港单船作业分析表

宁波港单船作业分析表								
							2014年 月 日	
船 名	船舶参考号	航 次	航 线	船舶净吨	船舶代理	是否联检	是否抄船	
意珍轮	LTUCA50	0320W	东南亚线	/	兴港	是	否	
实际靠泊时间	实际离泊时间	实际开工时间	实际完工时间	出图时间	联检结束时间	抄船结束时间	翻箱率	
09-24 10：00			09-24 10：40		09-24 10：40	/	/	
进口箱量/TEU		出口箱量/TEU		倒箱箱量	溢短卸数	舱板数	总 MOVES	
20F×5						8		
40F×3				/	/	销子箱数	总 TEU	
40E×54						1		

（续）

第一工班作业路	待工时间及原因			交接事项及作业分析		
					控制员：	当值主管：
	作业起止日/时	重点贝位	重点贝位箱量	舱板数	销子箱数	溢短卸数量
						/
第二工班作业路	待工时间及原因			交接事项及作业分析		
					控制员：	当值主管：
	作业起止日/时	重点贝位	重点贝位箱量	舱板数	销子箱数	溢短卸数量

 任务考核

任务布置：根据09、11的箱贝位图，如图11-5所示，安排操作09、11贝位的集装箱的卸船作业。

图11-5　09、11箱贝位图

陆浩在师傅的帮助下顺利地完成了卸船作业任务。你是否也解决了相应的问题和完成了相应的任务呢？与表11-3对比一下吧。

表11-3 任务考核表

任务名称： 卸船作业

序 号	考核内容	配 分	评分标准	考核记录	得 分
1	安排场地和机械	30	合理安排场地和机械		
2	安排卸船顺序	30	能合理安排卸船顺序		
3	说出卸船的过程	40	能说出卸船的过程		

考核员签名： 日期：

任务二 装船作业

任务描述

陆浩做小船做得挺顺手，想挑战一下更大的难度，主动申请要做大一点的船舶，于是接到了长驰轮的装船作业。

任务准备

一、控制员

（一）控制员装船岗位职责

（1）按规定时间提前上班，接受工作任务，做好开工前的各项准备工作。

（2）掌握船舶靠离港动态，了解出口箱量及堆场的安排，与堆场计划和船舶计划协调配合，对船舶作业进行合理安排。

（3）了解各种船舶规范及特殊装卸作业要求，做到心中有数。

（4）与其他控制员协调作业机械和人员调配，处理好与配载员、堆场计划员、现场控制员等协作人员的关系。

（5）结合现场作业灵活指挥，及时、准确地发送作业指令，与现场随时保持联系，合理处理现场作业中发生的各类问题。

（6）记录船舶在港作业动态及机械故障时间、原因并计算作业效率，为分析考核提供依据。

（7）协助当值主管（值班控制员）做好当班期间防台、防汛的检查落实工作。

（8）完成上级交办的其他工作。

(二)控制员装船操作细则

(1)与上一班的船舶控制员进行交接,了解作业船舶的船期、作业路数、作业机械、堆场位置和上一班控制员对该船作业的思路。

(2)根据工作安排,分配集卡的作业任务。

(3)在系统的窗口里查看该船的出口堆场安排,并告诉堆场控制员安排堆场作业机械,随时和其他船舶控制员沟通了解其他作业船舶的船期和堆场情况,结合船舶积载贝位和堆场机械分布情况合理安排作业,优先考虑船期较紧的船舶作业,在保证船舶准时的情况下,极力提高船时效率及单机效率。

(4)在开始装船作业之前,船舶控制员要告诉现场作业人员的装船贝位。

(5)船舶控制员对冷藏箱作业之前,要及时通知场地班值班人员,要求他们拔掉冷藏箱插头并在系统里做相应的确认。

(6)船舶控制员随时监控场地机械的发箱情况,特别是双箱作业时要提醒场地。

(7)船舶控制员要根据现场的作业情况,随时调整作业分路,尽量不要影响整船的作业进度。

(8)做好各路作业时间和特殊情况(如短溢卸、加载、现场退关、车船直装等)的记录,及机械故障情况的记录。

(9)工班结束要在单船作业分析表中记录当班的作业情况。

(10)特种箱的操作。如2.1类危险品箱出口操作,需有主管经理签字的受理中心预约凭条,按预约凭条所留的联系方式,在该箱作业前2h通知其进箱至作业泊位等候装船,并通知现场控制员。2.1类危险品箱进口操作,作业过程中发生的船损,要及时通知值班经理或当值主管处理。

二、装船作业原则

装船作业指集装箱码头根据事先计划安排,把在集装箱码头堆场上的集装箱,装上靠泊在码头泊位上的集装箱船舶的工作。

在装船作业时,要遵循一定的原则,才能使装船作业更准确有效(见图11-6)。

(1)装船要注意两个小箱要放在一个大箱的下面,不能出现小箱压大箱的情况。

(2)先舱内后舱面的装船顺序。舱内与舱面由舱盖板隔开,只有先把舱内装完,才能盖上舱盖板,装舱面的集装箱。

(3)装船尽量按照从海侧到岸侧的顺序。这个原则是从桥吊司机的角度出发的,因为桥吊司机在这么高的高空作业,有视线盲点,如果先装陆侧的集装箱,后装海侧的集装箱,由于陆侧集装箱已装好,有一定高度,桥吊司机在装海侧的集装箱的时候,视线被挡住,无法看清楚。

(4)发箱要尽量避免悬空,减少嵌档,减少翻箱。控制给堆场发送发箱指令的时候,要按照顺序来,不能弄错先后顺序,否则会导致,放在上面的集装箱已到码头前沿等候装船,它下面的集装箱还在堆场堆放着,两个箱子都无法上船。

图11-6 装船作业

（5）要注意特殊箱子的装船情况。冷藏箱在从堆场装上内集卡前要通知冷箱班先拔插头，装到船上后，也要及时插上插头。危险品箱，如果是 2.1 类直装箱，要及时通知外集卡送箱子到港区码头前沿，直装箱不在港区堆放，装船前才能进港区。

（6）要注意装卸之间的衔接。装船船图提前出来的情况下，为了提高装卸效率，也有可能装卸船同时进行，需要做好衔接作业。

任务实施

陆浩拿到图 11-7 所示的装船船图，李师傅正好有空，就过来帮陆浩一起分析如何做长驰轮的装船作业。

图11-7 长驰轮实配图

步骤一：船图分析

陆浩拿到船图后，首先打开船图，进行船图分析。根据集装箱船舶要装的集装箱箱量以及分布的贝位，安排作业路数，决定重点路和重点贝位。根据长驰轮的船图（见图 11-7），分析结果为：长驰轮总共有 8 个贝位，根据箱量以及集装箱的分布情况，可以分两路进行作业。第一路作业的贝位为 05、07、09、11，总共箱量为 97 个集装箱，TUE 为 188 个。第二路作业的贝位为 17、19、21、23，总共箱量为 133 个集装箱，TUE 为 254 个。根据箱量可知，重点路为第二路，重点贝位是 17、19、21、23。因此在作业过程中要尽量保证重点路数的作业，以免影响船舶作业效率。

步骤二：安排场地、机械

堆场已经整理好了长驰轮的出口集装箱的堆场位置，见表 11-4。同时，需要安排的机械人员有：堆场 A1 区安排一两台龙门吊 R01、R02 作业，堆场 A3 区安排一台龙门吊 R03 作业，等装冷藏箱之前，再把 A1 区一台龙门吊转到 L6 区；1 号泊位的长驰轮船舶，安排两台桥吊 CR1、CR2 作业；每一路分别安排 6 辆内集卡车作业；同时每一路配备一名现场理货员。

表 11-4 长驰轮的集装箱在码头堆场的堆放情况

卸 货 港	箱型（重量）	堆场位置			
TYO	40F（20）	A1	26,30,34	06>>01	1>>4
		A3	26,30,34	06>>01	1>>4
	20F（15）	A1	03	06>>01	1>>4
	40E	A1	14,18,42,44	06>>01	1>>4
		A3	14,18	06>>01	1>>4
	40F（R）	L6	02	06>>01	1>>4
	40F（D）	直装			
YOK	40F（20）	A3	02,06,10	06>>01	1>>4
	40E	A3	42,48	06>>01	1>>4
	40F（R）	L6	12	06>>01	1>>4

其中，05、07 贝位的集装箱在码头堆场的位置见表 11-5。

表 11-5 长驰轮集装箱船舶 05、07 贝位的集装箱在码头堆场的堆放情况

卸 货 港	箱型（重量）	箱 号	堆场位置
TYO	40F（20）	CBHU6067723	A1 26 01 1
		CBHU6056307	A1 26 01 2
		CBHU6204702	A1 26 01 3
		YMLU5009940	A1 26 01 4
		FSCU5015580	A1 26 02 1
		FSCU5017216	A1 26 02 2
	40F（15）	PCIU4560852	A1 30 01 1
		IMTU1091589	A1 30 02 1

（续）

卸 货 港	箱型（重量）	箱 号	堆 场 位 置
		PCIU4623349	A1 30 03 1
		PCIU4487480	A1 30 04 1
		CBHU6138365	A1 30 05 1
	40F（10）	PCIU4569269	A1 34 01 1
		CBHU1827870	A1 34 01 2
		CBHU6387223	A1 34 01 3
		CBHU6014744	A1 34 01 4
		TRLU8620962	A1 34 02 1
		CBHU1850572	A1 34 02 2
		FSCU5017031	A1 34 02 3
		TTNU4863939	A1 34 02 4
		TTNU5768134	A1 34 03 1
		CBHU6237080	A1 34 03 2
		TTNU4365392	A1 34 03 3
	40E	YMLU4880654	A1 14 01 1
		YMLU4989774	A1 14 01 2
		DFSU4089725	A1 14 01 3
		YMLU4914395	A1 14 01 4
		YMLU5109596	A1 14 02 1
		YMLU4908854	A1 14 02 2
		DFSU4227824	A1 14 02 3
		DFSU4117030	A1 14 02 4
		YMLU4930816	A1 14 03 1
		CBHU6330629	A1 14 03 2
	20F	SEGU1100549	A1 03 01 1
		TRHU2024314	A1 03 01 2
		YMLU3125068	A1 03 01 3
		YMLU2820471	A1 03 01 4

步骤三：分派装船任务

根据长驰轮集装箱船舶的实配图，按照先舱内再舱面的原则，进行作业。第一路的作业安排是首先装 07 贝舱内的 4 个小箱，再装 06 贝的大箱，接着装 11 贝的 2 个小箱，最后装 10 贝的大箱。第二路的作业安排是先装 18 贝的大箱，再装 21、23 贝的 12 个小箱，最后装 22 贝的大箱。

装船顺序确定后，控制员就把装船的指令，通过网络服务器传输到所有正在作业意珍轮的人员和机械的终端上面。首先第一路作业的贝位是 05、07 贝位，又根据先装海侧集装箱、后装陆侧集装箱的原则，且长驰轮是右舷靠泊，因此，05、07 贝位的装船顺序如图 11-8 所示，每格的右上角代表了这个集装箱的装船顺序。

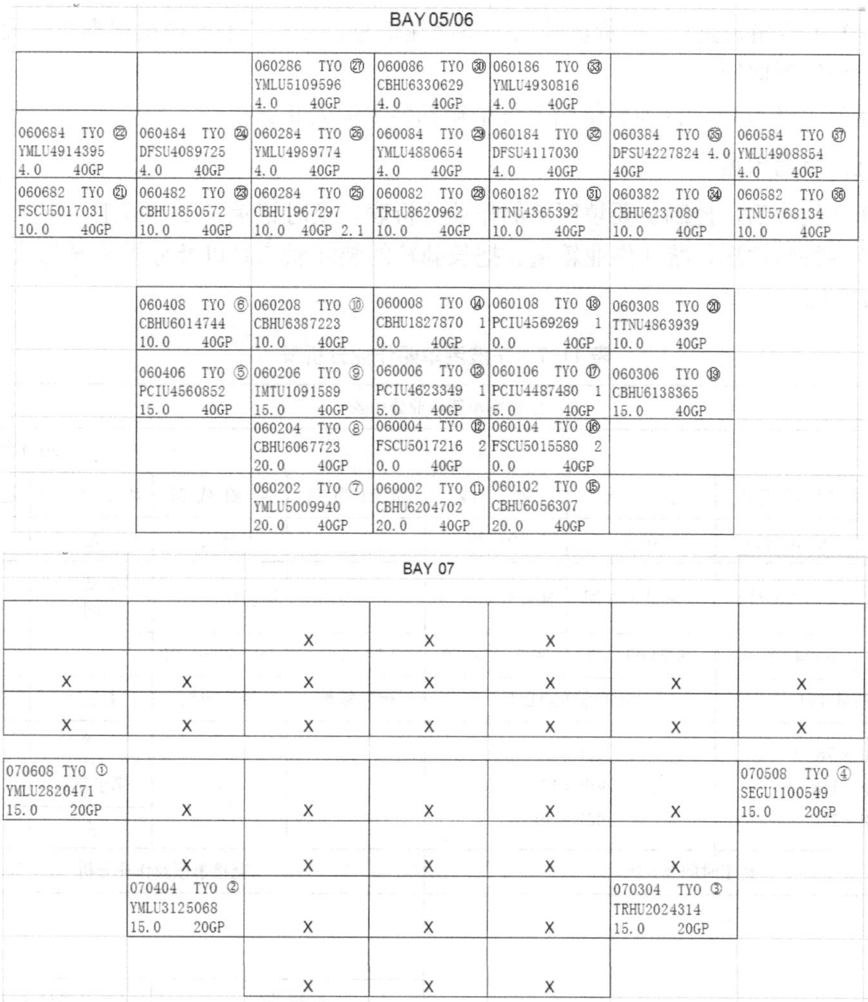

BAY 05/06

		060286 TYO ㉗ YMLU5109596 4.0 40GP	060086 TYO ㉚ CBHU6330629 4.0 40GP	060186 TYO ㉝ YMLU4930816 4.0 40GP		
060684 TYO ㉓ YMLU4914395 4.0 40GP	060484 TYO ㉔ DFSU4089725 4.0 40GP	060284 TYO ㉖ YMLU4989774 4.0 40GP	060084 TYO ㉘ YMLU4880654 4.0 40GP	060184 TYO ㉜ DFSU4117030 4.0 40GP	060384 TYO ㉟ DFSU4227824 4.0 40GP	060584 TYO ㊲ YMLU4908854 4.0 40GP
060682 TYO ㉑ FSCU5017031 10.0 40GP	060482 TYO ㉒ CBHU1850572 10.0 40GP	060284 TYO ㉕ CBHU1967297 10.0 40GP 2.1	060082 TYO ㉓ TRLU8620962 10.0 40GP	060182 TYO ㉛ TTNU4365392 10.0 40GP	060382 TYO ㉞ CBHU6237080 10.0 40GP	060582 TYO ㊱ TTNU5768134 10.0 40GP
	060408 TYO ⑥ CBHU6014744 10.0 40GP	060208 TYO ⑩ CBHU6387223 10.0 40GP	060008 TYO ⑭ CBHU1827870 0.0 40GP	060108 TYO ⑱ PCIU4569269 1 0.0 40GP	060308 TYO ⑳ TTNU4863939 10.0 40GP	
	060406 TYO ⑤ PCIU4560852 15.0 40GP	060206 TYO ⑨ IMTU1091589 15.0 40GP	060006 TYO ⑬ PCIU4623349 1 5.0 40GP	060106 TYO ⑰ PCIU4487480 1 5.0 40GP	060306 TYO ⑲ CBHU6138365 15.0 40GP	
		060204 TYO ⑧ CBHU6067723 20.0 40GP	060004 TYO ⑫ FSCU5017216 2 0.0 40GP	060104 TYO ⑯ FSCU5015580 2 0.0 40GP		
		060202 TYO ⑦ YMLU5009940 20.0 40GP	060002 TYO ⑪ CBHU6204702 20.0 40GP	060102 TYO ⑮ CBHU6056307 20.0 40GP		

BAY 07

			X	X	X			
X	X	X	X	X	X	X	X	X
070608 TYO ① YMLU2820471 15.0 20GP	X	X	X	X	X	X	070508 TYO ④ SEGU1100549 15.0 20GP	
		X	X	X	X			
	070404 TYO ② YMLU3125068 15.0 20GP	X	X	X	070304 TYO ③ TRHU2024314 15.0 20GP			
		X	X	X				

图11-8 05、07贝位装船顺序图

步骤四：装船作业

长驰轮集装箱船舶的装船作业由以下几部分组成：

（1）内集卡司机 T05 收到指令（见表 11-6），开车到相应堆场。

表 11-6 作业指令

集 装 箱 号	箱　　型	堆 场 位 置	船上箱位号
YMLU5009940	40GP	A1 26 01 4	060202

（2）龙门吊 R01 司机根据终端的指令提示，将堆场 A1 26 01 4 上的集装箱 YMLU5009940 吊到集卡 T05 上面，并确认指定。

（3）内集卡 T05 装上集装箱，直接开到码头前沿 2 号泊位长驰轮的 06 贝装船位置。

（4）理货员核对箱号、铅封号，并确认好手持终端信息。

（5）桥吊司机 CR1 根据终端提供的位置 060202（同时理货员也会把箱位号通过高频报给桥吊司机），桥吊司机把该集装箱装到集装箱船舶的 060202 箱位上。

（6）这个集装箱装完后，理货员确认手持终端信息，内集卡 T05 司机根据终端显示指令，去堆场另一个位置取箱。

（7）重复上述过程，直到贝位图上每个箱都装上船为止。

步骤五：填写单据

装船作业结束后，控制员要填写单船作业分析表，及时记录开工、停工、完工、设备故障时间及各种特殊情况，统计作业箱量。把长驰轮的装卸船信息以及分析情况都填到表格里面，见表 11-7。

表 11-7　宁波港单船作业分析表

宁波港单船作业分析表								
							2014 年　月　日	
船　名	船舶参考号	航　次	航　线	船舶净吨	船舶代理	是否联检	是否抄船	
长驰轮	EVRER26	0606E	中日线	/	外代	是	否	
实际靠泊时间	实际离泊时间	实际开工时间	实际完工时间	出图时间	联检结束时间	抄船结束时间	翻箱率	
09-24 09：00	09-24 19：00	09-24 09：40	09-24 18：50	09-24 15：00	09-24 09：40	/	/	
进口箱量/TEU		出口箱量/TEU		倒箱箱量	溢短卸数	舱板数	总 MOVES	
20F×78 40F×118 40E×210		20F×18 40F×132 40E×80		/	/	18		
						销子箱数	总 TEU	
						4		
第一工班作业路	待工时间及原因			交接事项及作业分析				
				控制员：		当值主管：		
	作业起止日/时	重点贝位	重点贝位箱量	舱板数	销子箱数	溢短卸数量		
	9：40/16：00	17、19、21、23、25、27	225	10	2	/		
第二工班作业路	待工时间及原因			交接事项及作业分析				
				控制员：		当值主管：		
	作业起止日/时	重点贝位	重点贝位箱量	舱板数	销子箱数	溢短卸数量		
	16：00/18：50	18、21、23	105	8	2			

任务考核

任务布置：根据长驰轮的船舶信息，安排一下 17（18）贝的装船作业。

陆浩在师傅的帮助下顺利地完成了装船作业任务。你是否也解决了相应的问题和完成了相应的任务呢？与表11-8对比一下吧。

表11-8 任务考核表

任务名称： 装船作业

序 号	考核内容	配 分	评分标准	考核记录	得 分
1	安排场地和机械	30	合理安排场地和机械		
2	安排装船顺序	30	能合理安排装船顺序		
3	装船的过程	40	能说出装船的过程		

考核员签名： 日期：

项目十二　理货作业

Project 12

 **情景创设**

陆浩看着码头上装卸船的热闹场面，想起了当初刚刚来公司时，负责集装箱装卸船理货岗位（见图12-1），跟着师傅在码头前沿穿梭的情景。夏天烈日炎炎，冬天寒风刺骨，虽然工作较为辛苦，但过程中也充满了很多快乐和满足。

陆浩拿起曾经在码头理货员岗位任职时整理出来的岗位职责，感触颇深，泛黄的笔记本上写着码头理货员岗位职责：

（1）负责公司装船加固的管理，确保船运计划的完成。

（2）负责与运输队、仓库、箱架车间等部门的沟通与指挥协调。

（3）负责码头劳务工的管理及吊机工计件工资数据统计、理货统计。

（4）按规定及时向港务部门结算运单，并根据实际发生的各项费用，做好码关下水费用表及船运保险单的编制。

（5）负责船运空架返回的卸架管理。

现在让我们一起跟着陆浩去回忆一下当时的工作场景吧。一艘船舶正在码头进行装卸作业，陆浩作为一名新上任的理货员，又该如何操作呢？

想一想：

1. 在码头装卸船理货岗位，到底需要做哪些事？
2. 在进行装卸船理货工作时，需要收集哪些资料？

图12-1　码头理货员

# 项目分析

陆浩的师傅为了帮助陆浩更好地理解装卸船理货岗位的工作，编制了一个学习计划表，见表12-1。

表12-1 理货作业项目分析表

工作项目	工作任务	工作目标
理货作业	卸船理货作业	能够完成卸船理货作业
	装船理货作业	能够完成装船理货作业

任务一 卸船理货作业

# 任务描述

陆浩刚刚上任成为了一名理货人员，作为一名理货人员应该如何完成集装箱货物的卸船理货作业呢？陆浩要想顺利地完成集装箱货物的卸船理货作业，首先应掌握卸船理货岗位职责、卸船理货作业流程及在作业操作中的注意事项。

陆浩接到通知有一艘集装箱船舶将要靠岸卸下一箱集装箱货物，陆浩要如何安排这个集装箱货物的卸船理货作业呢？

# 任务准备

一、卸船理货职责

（1）指挥车辆（拖车）运行，保证交通畅通。

（2）核对集装箱号码。

（3）按行箱位图规定的装卸箱顺序指挥装卸机卸箱。

（4）桥下理货员负责将集装箱资料输入笔记本电脑，包括箱号、封条号、尺寸、是不是烂箱、拖车号等。

（5）桥下理货员根据笔记本电脑上指示的堆场位置，告诉拖车司机到该位置去卸箱。

（6）卸船作业允许理货员坐在理货室内操作。

（7）卸船作业须核对箱号全称、尺寸类型，按实际箱号确认指令，发现系统或船图的箱号与实际不一致，在确认未卸错位置的前提下，重箱须报控制中心和外理确认。

（8）卸船作业须按规定会同码头指挥手共同检查箱体，确保进口箱的质量，发现问题及时汇报外理签制《集装箱残损记录》。

（9）卸船碰到需临时倒箱的，理货员应及时反馈现场指导员、控制中心和外理，待其确

认后再作业，最好出具书面单证。

（10）卸油罐箱、超限箱、危险品箱、捆绑超高等特种箱子时，理货员应及时提醒本路集卡司机，按部门相关规定操作。

> **问题思考：**
> 作为一名理货员应掌握哪些理论知识？达到什么技能要求呢？

二、码头前沿理货作业相关单证

（1）单船残损箱记录单。理货员记录装卸船作业时发现的残损箱情况的记录单称为单船残损箱记录单。工班长拿到外理集装箱残损记录单后进行核对确认。

（2）单船理货作业交接单。单船理货作业交接单是理货员记录装卸贝位、作业箱量、剩余箱量、特殊情况的单证，也是理货员进行现场交接的重要凭证。

> **问题思考：**
> 除了上述介绍的主要单据外，还应掌握哪些其他的相关单据呢？

三、卸船理货作业注意事项

（1）仔细核对集装箱箱号、箱型尺寸，与船图是否一致。

（2）卸船时，要仔细做好验箱工作，如有问题及时与外理联系，并做好残损记录。

（3）如有倒箱、加载箱、退关箱，要有书面单证为据。

（4）做好桥吊移动大车的监护工作。

（5）做好桥吊吊舱盖板的监护工作。

四、舱盖板起吊注意事项

（1）接到桥吊吊舱盖板指令后，立即通知码头指挥手分别到东、西两端进行监护。

（2）当所卸舱盖板过海侧横梁时，必须阻止任何行人或车辆在该桥吊下通过。

（3）陆侧有灯塔须提前告知桥吊司机。

（4）舱盖板过陆侧横梁时，监护人员跟随舱盖板向陆侧移动。理货员先监护陆侧舱盖板是否碰撞灯塔、护栏，正确指挥桥吊司机下放舱盖板。再到通道海侧观察舱盖板是否超出黄线，是否会碰撞桥吊楼梯（原则上舱盖板不得超过两侧黄线，极限不得超过码头水泥接缝）。

（5）待舱盖板平稳叠放整齐后，监护人员才能离开。

（6）装舱盖板前观察舱盖板起吊是否会碰撞护栏及桥吊楼梯，所装舱盖板过陆侧横梁时应阻止任何行人或车辆在该桥吊下通过，并跟随舱盖板监护到安全位置。

知识链接

倒箱、溢卸箱、过境箱、卫生处理箱及箱货分离作业注意事项：

1. 临时因各种原因所造成的倒箱，应严格按照箱子种类进行堆放。例如，冷冻箱应倒在冷冻箱区，危险品箱应倒在危险品箱区。

2. 温控箱倒箱时，应按实际倒箱单进行倒箱，把所倒的箱子卸到冷冻箱区继续进行制冷保温。

3. 倒箱的温控箱只需要在本港场地逗留两个小时以内，温度确认无异常，由值班经理确认后，可以把冷冻箱暂时卸到非冷冻箱区。

4. 对倒箱温控箱要搞清楚是冷冻箱或是冷冻箱代替干货箱。信息不明前，可以暂停作业，待值班经理确认后再作业。

5. 箱号不符，在确认未卸错位置的前提下，重箱须报控制中心和外理确认。

6. 过境箱卸船或临时倒箱，应报现场指导员及控制中心同意并通知外理，记录箱号、船上箱位，创建并确认箱号。作业结束前根据记录或倒箱清单装回船上指定位置。当班未装回的须将书面记录交接给下一班理货员。

7. 废品卫生处理箱在船图上标有"WS"字符或堆场计划提供卫生处理箱清单，在卸双箱时要求桥吊司机将箱距拉开至30cm以上。

箱货分离箱即集装箱和上面所装货物分开提运。货物卸下后，理货员在货物包装上用记号笔写上进口船名、航次、箱号，并注明箱货分离的标志"␣"。

> **问题思考：**
> 在处理倒箱、溢卸箱、过境箱、卫生处理箱等特殊集装箱时，除了注意上述几点外，我们还应注意些什么？是否需要填制一些特殊单据？如果需要，请分别列举出所填单据的名称。

 **任务实施**

陆浩收到了船代公司发来的船舶靠泊的通知，通知内容包括了船舶将于今天上午11时靠泊，靠泊船名为意珍轮，靠泊后需卸下箱号为ZCSU8398380的集装箱，卸船位置为020302，堆场箱位号为F102011，同时也接收到了船代公司发送来的集装箱卸船清单和船图等船舶资料。意珍轮卸船船图如图12-2所示。

图12-2 意珍轮的卸船船图

```
                    BAY 01（02）
        04        02        00        01        03
   86 ┌────────┬────────┬────────┬────────┬────────┐
      │        │        │        │        │        │
   84 ├────────┼────────┼────────┼────────┼────────┤
      │        │        │        │        │        │
   82 ├────────┼────────┼────────┼────────┼────────┤
      │        │        │        │        │        │
      └────────┴────────┴────────┴────────┴────────┘

   06 ┌────────┬────────┬────────┬────────┬────────┐
      │        │        │        │        │        │
   04 ├────────┼────────┼────────┼────────┼────────┤
      │        │020204 NGB ③     │020104 NGB ①    │        │
      │        │FSCU6772079      │TRLU6766156     │        │
      │        │3.6    40HC     │3.6    40HC    │        │
   02 ├────────┼────────┼────────┼────────┼────────┤
      │020402 NGB ④    │        │        │        │020302 NGB ②    │
      │ZCSU8801942      │        │        │        │ZCSU8398380     │
      │3.6   40HC      │        │        │        │3.6   40HC     │
      └────────┴────────┴────────┴────────┴────────┘
                      BAY 03
        04        02        00        01        03
   86 ┌────────┬────────┬────────┬────────┬────────┐
```

图12-2　意珍轮的卸船船图（续）

陆浩要如何安排这个集装箱货物的卸船理货作业呢？陆浩跟着张师傅进行卸船理货作业操作。

步骤一：进行准备工作

陆浩在接到卸船理货工作任务时，首先要做好卸船理货的准备工作，工作内容见表12-2。

表12-2　卸船理货的准备工作内容

顺　序	准备工作内容
1	确认船停靠时间为11时，确认集装箱卸船清单、舱单、船图、贝位020302等相关信息
2	陆浩联系堆场管理员安排合理的堆场位置
3	打开高频，播到特定频道，以便跟桥吊在同一频道，便于作业中的交流与沟通
4	理货员协助桥吊司机移动桥吊到作业贝位。理货员根据控制员所指示的作业贝位，协助桥吊司机把桥吊移动到船舶的作业贝位
5	理货员在监护桥吊大车行走时，要观察大车周围情况，相邻机械是否碰撞，车辆、人员及轨道上的杂物是否影响桥吊行走，如有情况要及时提醒或阻止

为了使集装箱船舶在短时间内完成卸货工作，防止卸船计划发生差错，防止货箱在码头滞留时间过长造成码头生产的混乱和延迟交货，集装箱码头理货员需随时同船公司、收货人及其他有关部门保持密切联系。

步骤二：核对作业计划

准备工作结束后，便可等船舶到港，船舶到港前，陆浩再次核对卸船清单、舱单，确定了贝位，根据配载员提供的卸船顺序表准备进行箱号为 ZCSU8398380 集装箱的卸船理货作业，该集装箱的贝位为 020302（见图12-3和图12-4）。

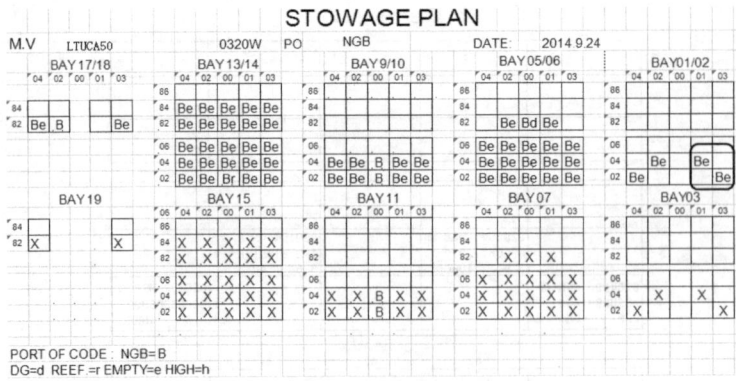

图12-3 卸船船图

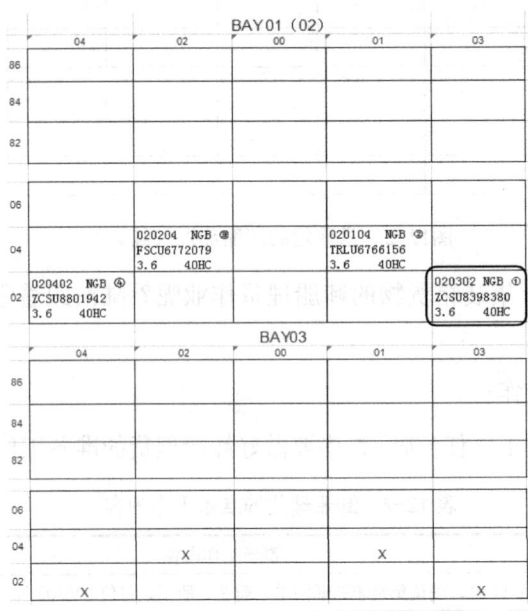

图12-4 贝位01(02)卸船顺序图

步骤三：卸船作业

核对作业计划之后 11 时船舶也已靠泊，中控室根据卸船船图和卸船顺序图，将确切的卸船位置 020302 告知瞭高员和桥吊司机进行卸船作业（见图12-5），并做好各部门协调工作。

图12-5 告知卸船位置

当桥吊把集装箱 ZCSU8398380 卸到集卡 T01 前（见图 12-6），理货员通过桥吊摄像显示屏，检验箱顶和铅封，督促码头指挥人员检查箱体四周及底部。

图12-6　卸船

集装箱箱体检验后，理货员将箱体上的箱号 ZCSU8398380、箱型与系统船图上的箱号、箱型进行核对后，将实际所卸箱号 ZCSU8398380 和集卡编号 T01 输入终端，并确认，并在船图上消号（见图 12-7）。

图12-7　核对箱信息

当舱面集装箱卸完，要卸舱内集装箱的时候，需要先把舱盖板吊起，放在码头前沿空闲的位置。理货员要做好舱盖板起吊的监护工作，避免人员受伤、车辆损坏（见图 12-8）。

图12-8　起吊舱盖板卸货

发现异常及时确认并通知外理货员做原残记录。

步骤四：移入指定箱位

桥吊司机将集装箱 ZCSU8398380 吊到等在码头前沿的内集卡 T01 上，拖车司机根据终端显示的计划堆场箱位号 F102011 将 ZCSU8398380 集装箱移至指定箱位（见图 12-9）。站内管理员进行货物信息核对，完成集装箱货物的交接。

图12-9　移入指定箱位

步骤五：单据整理

陆浩根据作业情况，编写单船理货作业交接单，完成整个卸船理货作业，见表 12-3。

表 12-3　单船理货作业交接单

船名：意珍轮		航次：		进　　出		船舶代码：		年　　月　　日　　班
理货员	BAY	舱面	舱内	卸	装	计划数量	作业数量	剩余数量	特殊情况说明（特种箱、溢卸箱、过境箱、倒箱、箱位调整、退关、加载、指令确认）
当班情况记录（理货员　　　　　　）：									
接班情况记录（理货员　　　　　　）：									

 **任务考核**

任务布置：

陆浩跟着张师傅完成了卸船理货作业，这时，张师傅对陆浩进行了业务考核，进一步查看陆浩对卸船理货作业的熟悉程度，要求陆浩根据 09、11 的箱贝位图（见图 12-10），安排操作 09（10）、11 贝位的集装箱的卸船理货作业。

```
                BAY 09 (10)
        04       02       00       01       03
   86 |        |        |        |        |        |
   84 |        |        |        |        |        |
   82 |        |        |        |        |        |
   06 |        |        |        |        |        |
      |100404 NGB|100204 NGB|090004 NGB|100104 NGB|100304 NGB|
   04 |ZCSU8273640|ZCSU8592014|CRXU1784944|UESU4696261|ZCSU8300621|
      |3.6   40HC|3.6   40HC|3.6   40HC|3.6   40HC|3.6   40HC|
      |100402 NGB|100202 NGB|090002 NGB|100102 NGB|100302 NGB|
   02 |FSCU9196212|DFSU6258001|TEMU2627320|TCNU5369173|ZCSU8443710|
      |3.6   40HC|3.6   40HC|27.0  40HC|3.6   40HC|3.6   40HC|
                   BAY 11
        04       02       00       01       03
```

图12-10 09(10)、11贝位图

陆浩顺利地完成了卸船理货作业。你是否也解决了相应的问题和完成了相应的任务呢？与表12-4对比一下吧。

表12-4 任务考核表

任务名称： 卸船理货作业

序号	考核内容	配分	评分标准	考核记录	得分
1	安排卸船理货前的准备工作	20	能合理安排卸船理货前的准备工作		
2	安排卸船顺序及堆放位置	20	能合理安排卸船顺序及堆放位置		
3	卸船理货作业	60	能顺利完成卸船理货作业		

考核员签名：   日期：

任务二 装船理货作业

任务描述

陆浩作为一名理货人员应该如何完成集装箱货物的装船理货作业呢？陆浩要想顺利地完成集装箱货物的装船理货作业，首先应掌握装船理货岗位职责、装船理货作业流程及在作业操作中的注意事项。

陆浩接到通知，有一艘集装箱船舶将要靠岸，需装上一箱集装箱货物，陆浩要如何安排这个集装箱货物的装船理货作业呢？

 **任务准备**

一、装船理货职责

（1）指挥车辆（拖车）运行，保证交通畅通。

（2）核对集装箱号码。

（3）按船图规定的装卸箱顺序指挥桥吊司机装卸集装箱。

（4）理货员负责将集装箱信息输入到终端，包括箱号、铅封、尺寸、箱型、内集卡号等。

（5）外理货员对码头装卸箱数量及种类确认，发生装卸事故造成货损时需公证。

（6）装船作业时其他作业路的集卡或码头前面的舱盖板挡住本路集卡时，理货员须站到看得见箱子的安全位置，进行核对及确认。

（7）装船作业须及时调整码头上集卡所装箱子的顺序，尽量按顺序装船。舱面箱注意调整好箱门朝向，确保装船作业顺利进行。不主动调整而影响效率的，按有关规定考核。

（8）桥吊吊舱盖板时，必须以身作则做好监护工作。同时督促码头指挥手共同配合做好监护工作。

（9）桥吊移动大车时，必须到陆侧大车行走方向前面进行监护，同时督促指挥手到海侧大车行走方向前面进行监护。

（10）理货员在装卸船图上，必须按统一的打钩方式消号，并且在每张船图上签上自己的姓名。

（11）装船作业须认真填写各类表单，各项内容记录清楚，做到不涂改，认真落实交接班制度，每条船做到有据可查。

> **问题思考：**
> 请简要描述一下理货员岗位工作的重要性。

二、装船理货注意事项

（1）码头作业时必须走在斑马线上，不得进入"车道"。跨入车道等于跨入死位。确因工作需要通过时，须在确认安全的前提下迅速通过。

（2）码头作业时不要站在"关路"下，要及时避让关路，确因工作需要须在关路下停留时，须通过高频通知司机暂停作业。禁止站在小车悬挂电缆下面区域。

（3）不得站在"桥吊海侧轮距"之间作业，桥吊轮距之间的位置是死位。

（4）不得穿越桥吊轮距之间进入作业区域，因"桥吊陆侧轮距"之间距离较小，违章穿越时，桥吊大车稍作移动，就会造成人身伤亡事故。

（5）吊舱盖板时，保持好与舱盖板之间的"安全距离"，以免舱盖板上面的各种锁销、捆扎杆坠下伤人。

（6）码头作业时应避开集卡转弯时"最小半径"，以免集卡车尾平板伤人。

（7）当"高压电缆"出现断落、冒烟、冒火等异常情况时，应及时避开，并通知有关人员。

（8）突现紧急情况来不及通知桥吊司机时，应立即按下"紧停开关"。

总之，现场安全环境是相对的、动态的，人员的进入、站位应随当时的状况及时作出调整，远离运动物体，以保护自身的人身安全。

 小贴士

理货是集装箱码头的一个重要部门，是集装箱装卸船操作的一个重要组成部分。每天要进行大量的理货作业，是进口集装箱进入码头的第一道关卡，也是出口集装箱走出码头的最后一道关口，责任重大。所以做好理货安全作业至关重要！

 知识链接

各类特种箱作业注意事项

1. 单证中标有 Gl 箱型的，卸船时应检查箱子上角的透气罩是否完整、完好，发现异常及时编制残损记录。

2. 单证中标有 G3 箱型的，说明该箱一端和两侧设有箱门，要求对每个箱门的铅封进行检查，发现异常及时编制残损记录。

3. 单证中标有 TN 箱型的，为罐式非危险性液体货集装箱，有两处铅封，一处在顶部（进口），另一处在靠近底部位置（出口）。箱子为不锈钢材质，价格较贵，检查时应严格把关，并检查两处铅封，发现异常及时编制残损记录。要求使用大件平板进行运输。

4. 单证中标有 UT 箱型的，为敞顶式集装箱。不仅要检查箱子的外形、铅封，而且要仔细检查箱顶雨布是否完好（或空箱雨布是否在箱内），发现异常及时编制残损记录。

5. 单证中标有 RF 箱型的为温控箱。不仅要认真检查箱子的外形，铅封，而且要检查制冷设备的各种仪器仪表是否完好，发现问题及时编制残损记录。卸船前提醒瞭高员拔插头，装船前问清发动机朝向。

6. 单证中标有 PL 或 PF 的为平台箱或框架箱。在检查箱体是否完好的同时，还要检查装载的各种设备机械，如果外部包装及所有裸露在外面可以看到的有异常现象，应及时编制残损记录。捆绑式台架箱须报控制中心并做好单证记录。

单证上标有危险品等级代码的危险品箱，不仅要检查箱子的外形、铅封，还须检查箱子四面是否贴有危标，类别是否相符，要求桥吊司机和集卡司机须具一年以上驾龄，注意轻取轻放和控制车速。1类、2类、7类危险品箱必须车—船直装/直取。

问题思考：

在进行装船理货作业时，针对箱型和具体操作步骤，我们还需要注意些什么呢？

任务实施

陆浩收到通知,通知长驰轮将于今天下午15时靠泊装船,有一箱箱号为YMLU3125068的集装箱需要装船,堆场位置A1 26 01 4,船上箱位号070404,陆浩根据船代公司发送来的长驰轮实配图和05(06)、07贝位装船顺序图等船舶资料(见图12-11和图12-12),完成该集装箱的装船理货作业。

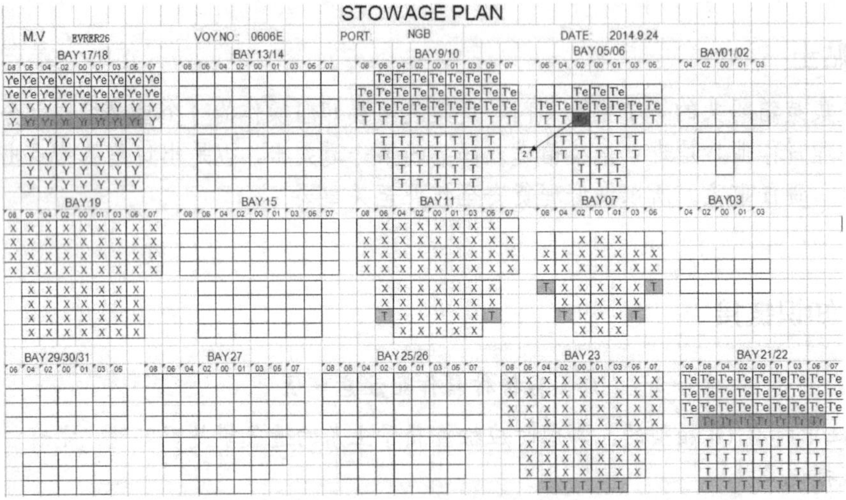

图12-11 长驰轮实配图

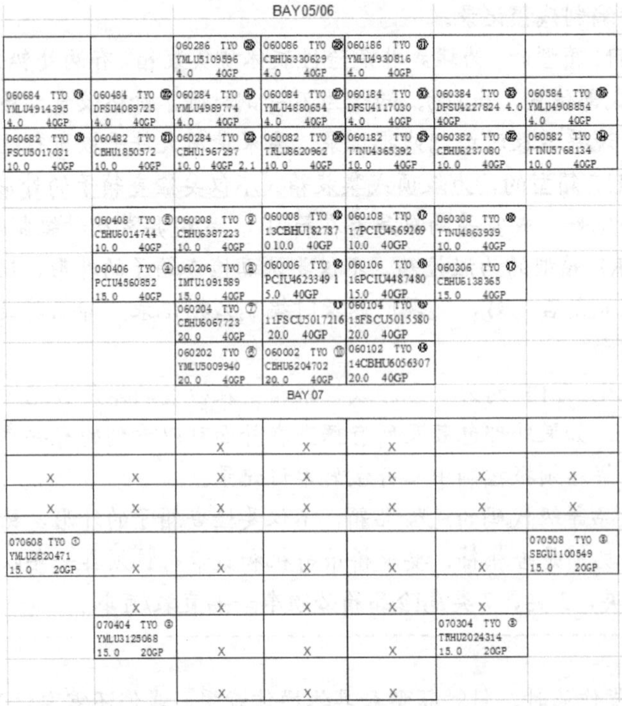

图12-12 05(06)、07贝位装船顺序图

项目十二　理货作业

步骤一：进行准备工作

码头一般根据船期，对堆场出口的重箱进行安排，陆浩在接到重箱出口的装船指令后，首先要进行装船理货的准备工作，陆浩将装船理货前需要完成的准备工作整理见表12-5。

表 12-5

序号	准备工作内容
1	在装船作业前，理货员应核对船公司提供的船舶装货清单，并确定箱号为YMLU3125068的集装箱进场情况，如有未进场箱或未到单证应及时联系相关部门了解情况
2	接收装船指令，核对YMLU3125068箱号等相关信息，并确认重箱的堆场位置为A1 26 01 4
3	与堆场场地机械司机进行沟通和确认
4	打开高频，播到特定频道，与桥吊司机在同一频道，便于作业中的交流
5	理货员根据控制员所指示的作业贝位，协助桥吊司机把桥吊移动到船舶的作业贝位

为了及时装运出口集装箱，按计划完成船舶作业，集装箱码头应紧密联系船公司及货代公司，掌握出口集装箱的动态情况，以保证出口航次的顺利作业。

步骤二：核对作业计划

在准备工作结束后，陆浩又再次核对箱号为YMLU3125068的集装箱贝位是否为070404、场位是否为A1 26 01 4等信息（见图12-13），并检查箱体状况，信息和箱体均无误后，便可协调堆场场地机械司机准备进行装集卡作业。

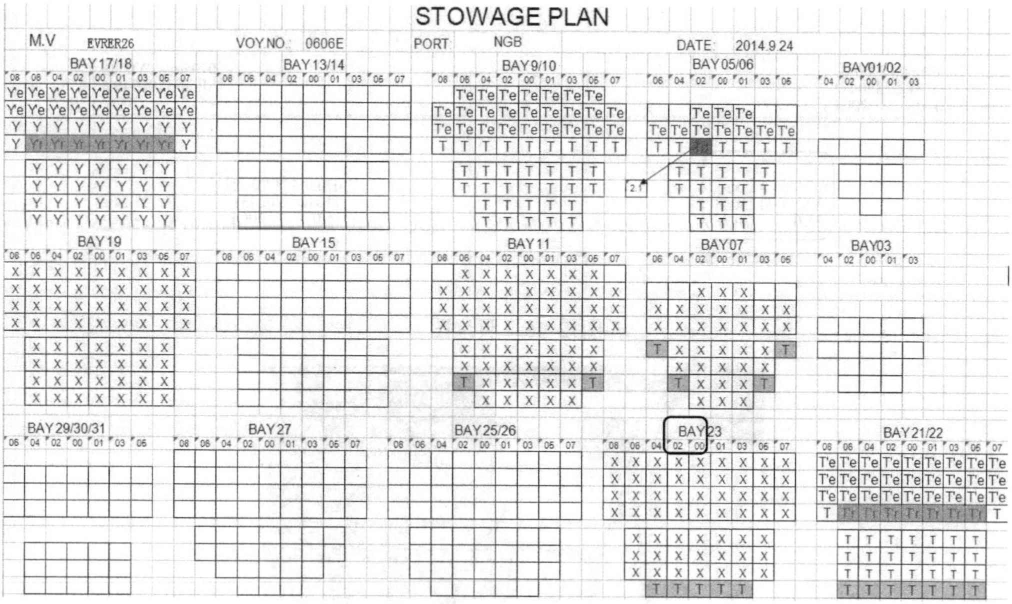

图12-13　长驰轮实配图

步骤三：装集卡作业

核对作业计划无误后，便可以开始装船作业了，码头中控室调派集卡 T02 和场机到指定场位 A1 26 01 4，根据装船指令发布的顺序提箱，集卡 T02 将集装箱 YMLU3125068 移至码头后，船边交接员会同外轮理货员核对箱号及箱体状况，核对无误后准备进行装船作业，如图 12-14 所示。

图12-14 集卡运输集装箱至码头

步骤四：装船作业

集卡 T02 将集装箱货物移至码头后，便可开始装船作业了，陆浩确定 070404 贝位（见图12-15），中控室协调瞭高和桥吊司机装船位置，进行装船作业（见图12-16）。

		BAY 07				
			×	×	×	
×	×	×	×	×	×	×
	×	×	×	×	×	
070608 TY0 ① YMLU2820471 15.0 20GP		×				070508 TY0 ③ SEGU1100549 15.0 20GP
		×				
070404 TY0 ① YMLU3125068 15.0 20GP					070304 TY0 ③ TRHU 2024314 15.0 20GP	
		×	×	×		

图12-15 贝位图

图12-16 桥吊司机

理货员将箱体上的箱号 YMLU3125068、箱型与船图上的箱号、箱型进行核对，要求一致。箱体、终端和船图的箱号、箱型三者都一致，才能起吊装船（见图12-17）。

图12-17　核对箱信息

在进行吊装船作业的同时,理货员将实际装船箱号确认后,在船图上消号(见图12-18)。

图12-18　装船

在装船作业中,当舱内集装箱装完,要装舱面集装箱的时候,需要先把舱盖板吊起,并盖在船舶的相应位置。理货员要做好舱盖板起吊的监护工作,避免人员受伤、车辆损坏(见图12-19)。

图12-19　起吊舱盖板

如果箱号、箱体或封志与清单不符,船边理货员应及时制止装船,不得擅自签署交接记录,应联系理货员进行核实,业务处理完毕得到装船指令后方可将此箱装船,并与理货人员做好交接记录。

步骤五：单据整理

陆浩根据作业情况，编写单船理货作业交接单，完成装船理货作业（见表12-6）。

表12-6 单船理货作业交接单

船名：　　　　航次：　　　进　　　出　　　船舶代码：　　　年　月　日　班

理货员	BAY	舱面	舱内	卸	装	计划数量	作业数量	剩余数量	特殊情况说明（特种箱、溢卸箱、过境箱、倒箱、箱位调整、退关、加载、指令确认）

当班情况记录（理货员　　　　　　）：

接班情况记录（理货员　　　　　　）：

任务考核

任务布置：

陆浩跟着张师傅完成了装船理货作业，这时，张师傅对陆浩进行了业务考核，来查看陆浩对装船理货作业流程的熟悉程度，要求陆浩根据长驰轮的船舶信息，安排一下05（06）贝的装船理货作业（见图12-20）。

陆浩顺利地完成了装船理货作业。你是否也解决了相应的问题和完成了相应的任务呢？与表12-7对比一下吧。

表12-7 任务考核表

任务名称：　装船理货作业

序　号	考核内容	配　分	评分标准	考核记录	得　分
1	安排装船理货前的准备工作	20	1. 能合理安排装船理货前的准备工作		
2	确定装船顺序及堆放位置	20	2. 能合理确定装船顺序及堆放位置		
3	完成装船理货作业	60	3. 能顺利完成装船理货作业		

考核员签名：　　　　　　　　　　　　　　日期：

BAY 05/06

		060286 TYO ㉖ YMLU5109596 4.0 40GP	060086 TYO ㉘ CBHU6330629 4.0 40GP	060186 TYO ㉛ YMLU4930816 4.0 40GP		
060684 TYO ⑳ YMLU4914395 4.0 40GP	060484 TYO ㉒ DFSU4089725 4.0 40GP	060284 TYO ㉔ YMLU4989774 4.0 40GP	060084 TYO ㉗ YMLU4880654 4.0 40GP	060184 TYO ㉚ DFSU4117030 4.0 40GP	060384 TYO ㉟ DFSU4227824 4.0 40GP	060584 TYO ㉝ YMLU4908854 4.0 40GP
060682 TYO ⑲ FSCU5017031 10.0 40GP	060482 TYO ㉑ CBHU1850572 10.0 40GP	060284 TYO ㉓ CBHU1967297 10.0 40GP 2.1	060082 TYO ㉕ TRLU8620962 10.0 40GP	060182 TYO ㉙ TTNU4365392 10.0 40GP	060382 TYO ㉜ CBHU6237080 10.0 40GP	060582 TYO ㉞ TTNU5768134 10.0 40GP

		060408 TYO ⑤ CBHU6014744 10.0 40GP	060208 TYO ② CBHU6387223 10.0 40GP	060008 TYO ⑬ 13CBHU182787 0 10.0 40GP	060108 TYO ⑰ 17PCIU4569269 10.0 40GP	060308 TYO ⑱ TTNU4863939 10.0 40GP	
		060406 TYO ④ PCIU4560852 15.0 40GP	060206 TYO ⑥ IMTU1091589 15.0 40GP	060006 TYO ⑫ PCIU4623349 15.0 40GP	060106 TYO ⑯ 16PCIU4487480 15.0 40GP	060306 TYO ⑰ CBHU6138365 15.0 40GP	
		060204 TYO ⑦ CBHU6067723 20.0 40GP	⑪ 11FSCU5017216 20.0 40GP	060104 TYO ⑮ 15FSCU5015580 20.0 40GP			
		060202 TYO ⑧ YMLU5009940 20.0 40GP	060002 TYO ⑩ CBHU6204702 20.0 40GP	060102 TYO ⑭ 14CBHU6056307 20.0 40GP			

BAY 07

			X	X	X		
X	X	X	X	X	X	X	X
X	X	X	X	X	X	X	X

070608 TYO ① YMLU2820471 15.0 20GP		X	X	X	X	X	070508 TYO ⑨ SEGU1100549 15.0 20GP
		X	X	X	X	X	
	070404 TYO ③ YMLU3125068 15.0 20GP		X	X	X		070304 TYO ⑤ TRHU2024314 15.0 20GP
			X	X	X		

图12-20 05（06）贝位图

参 考 文 献

[1] 罗勋杰,樊铁成. 集装箱码头操作管理[M]. 大连:大连海事大学出版社,2010.
[2] 杜学森. 集装箱码头操作与管理实训[M]. 北京:中国劳动社会保障出版社,2008.